KB201085

40년 목회 단상

진짜 같은 가짜, 가짜 같은 진짜

40년 목회 단상

진짜 같은 가짜, 가짜 같은 진짜

2021년 8월 25일 초판 1쇄 인쇄

지은이 | 이흥배
펴낸이 | 황성연
펴낸곳 | 글샘출판사

주소 | 서울특별시 중랑구 망우로 192(상봉동) 성신빌딩
등록번호 | 제 8-0856
총판 | 하늘물류센타
전화 | 031-947-7777
팩스 | 0505-365-0691
북디자인 | 최수정

ISBN : 978-89-91358-56-0

※ 정가는 뒷 표지에 있습니다.
※ 잘못 만들어진 책은 구입한 곳에서 친절히 바꾸어 드립니다.

40년 목회 단상

진짜 같은 가짜, 가짜 같은 진짜

이흥배 목사

글샘

　　이흥배 목사님의 저서를 읽다 보면 평범한 이야기 속에서 진리를 밝히는 데 탁월하다는 생각을 하게 합니다. 그가 건네준 여러 권의 책들이 그랬습니다. 그 중에서 『목회는 사랑입니다』에는 그의 목회 사상을 엿볼 수 있는데 특별히 말씀을 사랑하고, 영혼을 사랑하고, 교회를 사랑하는 이야기들이 큰 감동을 주었습니다. 그의 연구 저서인 『목회자 탈진 클리닉』, 『사모 탈진 클리닉』은 그의 사역에서 겪어 온 삶을 그린 것 같아 동병상련의 동역자들에게 이해와 치유의 길을 열어 주기도 했습니다.

　　이흥배 목사님은 진리의 말씀과 영혼과 교회를 사랑하는 만큼이나 세상과 맞서야 했고, 빛과 어둠을 밝혀야 했습니다. 『목회는 사랑입니다』에 이어 이번에 펴낸 40년 목회 단상 『진짜 같은 가짜, 가짜 같은 진짜』라는 저서에서 복음을 이야기를 하고 있습니다.

　　예수님께서 산에 올라가시자 무리들이 나아와 귀를 기울여 그분의 말씀을 듣는 것처럼 마치 이 글을 읽으면 시원한 그늘 아래 멍석을 펴놓고 무더위에 지쳐 있는 교우들에게 색소폰으로 찬송을 들려주며 입을 열어 가르치는 이흥배 목사님을 보는 것 같습니다.

이 책의 목차를 먼저 보기를 권합니다. Part1 "복음을 목회에 담다"로 시작하여 복음에 진리를 흘러넘치게 하고 있습니다. 이 책에서 저자가 뜻하는 바를 다음 이야기에서 볼 수 있을 것 같았습니다. Part 6의 130번째 이야기입니다. 어거스틴에 의해 시작되어 멜데니우스가 선언하고, 리처드 백스터에 의해 널리 알려졌고, 존 스토트에 의해 강력하게 주장되었던 기독교 격언이 있다. 이는 "본질적인 것에는 일치를, 비본질적인 것에는 자유를, 모든 것에는 사랑을(in necessaris unitas, in unnecessaris libertas, in omnes charitas)"이다. 본질적인 것에는 목숨을 걸고, 비본질적인 것에는 자유를 가지고, 모든 일은 사랑으로 행해야 한다는 사실을 저자와 함께 공감하며 추천하는 바입니다.

이 책을 대하는 모든 이들이 풍성한 은혜를 받을 것 같아 감사합니다. 그리고 이홍배 목사님은 격월간 큐티교재 『생명의 샘가』 집필위원이어서 자랑스럽습니다.

2021년 8월 『생명의 샘가』 대표 **이영훈 목사**

이 책에 수록된 이흥배 목사님의 이야기 속에는 저자가 직접 체험했던 젊은 시절의 사연부터 40년 동안의 목회 현장에 이르기까지 가정, 사회, 교회 안에서 빚어진 에피소드로 가득하다. 이 이야기들은 저자의 과거 경험으로만 끝나는 것들이 아니라 오늘 삶의 현장에서 우리가 겪고 있는 일들이다.

저자는 이 책에서 인간의 위기, 아픔, 후회, 갈등, 실수를 쉬운 이야기로 풀어내면서 오늘을 사는 우리들에게 지혜와 힐링을 제공해 준다. 뿐만 아니라 저자는 에피소드 속에서 우리의 가치관, 인생관, 세계관의 민낯을 드러내면서 복음 진리 없이 살아가는 세상 사람들의 한계가 무엇인가를 드러낸다. 그래서 이 책을 읽은 독자들은 '진짜 같은 가짜'와 '가짜 같은 진짜'의 삶이 무엇인가를 깨닫게 될 것이다.

또한 이 책을 읽다 보면 저자가 어떤 분인가를 알게 된다. 현대인이 겪는 다양한 실수와 아픔들을 복음 진리로 치유하고자 하는 마음, 더 나아가 우리의 가정과 사회와 세상이 복음 진리로 변화되기를 간절히 바라는 저자의 마음이 이 안에 스며들어 있다. 또한 다양한 분야에 대한 저자의 박학다식한 지적 능력에 놀라지 않을 수 없다.

  본인은 이 책을 읽으면서 저자의 마음과 동화되어서 가슴 뭉클한 순간이 여러 번 있었고 또한 마음이 치유되는 경험을 하였다. 그럴 때마다 다른 사람들에게도 이 이야기들을 정말 들려주고 싶었다. 목회자, 신학생, 성도뿐만 아니라 삶의 지혜를 얻기 원하는 모든 분들에게 이 책을 강력하게 추천한다. 늘 곁에 두고 보신다면 삶의 지혜를 얻으실 뿐만 아니라 주변 분들에게 들려주고 싶은 이야기들을 얻게 될 것이다.

2021년 8월 성결대학교 총장 **김상식 박사**

심리학적으로 인격의 3요소는 지·정·의라고 한다.
다시 말하면 지성(知性), 감성(感性), 의지(意志)이다.
일반적으로 인격적인 사람은 지성(知性), 감성(感性),
의지(意志) 세 가지 요소를 두루 지닌 사람을 말한다.
그러나 이 세 가지 중에 어느 부분이 결여된 사람을 비
인격적인 사람이라고 한다. 인격적인 사람이 많을수록
사회는 건강하고, 그 공동체는 행복하게 된다.

교회가 아름다운 공동체가 되려면 성도(聖徒)는 적어
도 삼성(三性)을 지니고 있어야 한다. 여기서 말하고자
하는 '삼성'은 인성(人性), 지성(知性), 영성(靈性)이다.
인성은 '된 사람'을 말하고, 지성은 '든 사람'을 말하고,
영성은 영적으로 '깨어 있는 사람'을 말한다.

교회가 건강한 공동체가 되려면 장로(長老)는 적어
도 오성(五性)을 지니고 있어야 한다. 여기서 말하고자
하는 '오성'은 인성(人性), 지성(知性), 영성(靈性), 감성
(感性), 야성(野性)을 말한다.

교회가 행복한 공동체가 되려면 목사(牧師)는 적어도
칠성(七性)을 지니고 있어야 한다. 여기서 말하고자 하
는 칠성은 인성(人性), 지성(知性), 영성(靈性), 감성(感
性), 야성(野性), 이성(理性), 체성(體性)을 말한다.

'삼성 성도(三性 聖徒)', '오성 장로(五性 長老)', '칠성
목사(七性 牧師)'가 있는 교회는 더욱 교회다워지고, 더
욱 아름다워지고, 더욱 건강해지고, 더욱 행복해질 것
이다. 본서가 교회 안에 있는 모든 사람들을 '삼성 성

도', '오성 장로', '칠성 목사'가 되도록 자극하는 밑거름으로 여러 분야에서 자유롭게 쓰여지길 소망한다.

이곳에 수록된 내용들은 매주 목회칼럼을 쓰거나 여러 신문에 게재했던 것을 정리한 것이다. 가능한 대로 인용한 것을 밝히고자 했지만 때로 제대로 밝히지 못한 부분도 있음을 양해해 주시고 복음이 힘 있게 증거되는 일에 귀하게 쓰여지길 바란다.

필자는 목회자로 소명을 받은 후 지금까지 40년 이상 목회를 하면서 한 번도 목회자가 된 것을 후회하지 않고 여기까지 온 것이 주님의 각별한 은혜임을 고백한다. 또한 오직 목양일념으로 자기계발과 온전한 성도 세우기에 전념할 수 있었음에 감사한다.

오로지 주님만 바라보며 '진리에 기초한 건강한 목회', '말씀에 순종하는 행복한 목회'를 할 수 있도록 눈물로 내조한 아내에게 감사한 마음을 전하고 싶다.

이 책을 기쁨으로 추천해 주신 이영훈 목사님과 김상식 총장님께 깊이 감사드린다. 또한 책이 나오기까지 주님의 멍에를 함께 메어 준 당회원들과 동역하는 교역자들과 성도들에게 감사한 마음을 전하고, 특별히 많은 수고를 아끼지 않으신 하늘기획과 글샘출판사 직원들에게 감사의 마음을 전한다.

2021년 8월 15일 관악산 아래 목양실에서 **이흥배 목사**

C·O·N·T·E·N·T·S

아버지여 창세 전에 내가 아버지와 함께 가졌던 영화로써

지금도 아버지와 함께 나를 영화롭게 하옵소서

- 요한복음 17장 5절 -

복음. 목회에 담기다

001. 하나님은 지금도 일하신다

교회를 다닌다고 핍박을 하던 어머니가 어느 날 밤, 대학 입시공부를 하고 있던 필자를 다급하게 불렀다.

안방으로 달려가 보니 나를 향하여 "네 아버지를 데려와. 나는 방금 이 약을 먹었으니 이제 30분도 못 살 거야!"라고 하셨다. 곁에는 빈 쥐약병과 반쯤 마시고 남은 물그릇이 있었다.

비록 시골에서 어렵게 사시면서 가끔 아버지와 티격태격 하기는 했지만 이런 극단적 선택을 할 줄은 꿈에도 몰랐다. 하늘이 무너지는 것과 같았고, 앞이 캄캄해졌다. 아무 생각도 나지 않았다.

어머니를 붙잡고 살려 달라고 기도하는데 갑자기 "믿는 자들에게는 이런 표적이 따르리니 … 무슨 독을 마실지라도 해를 받지 아니하며"(막 16:17~18)라는 말씀이 떠올랐다. 그래서 그 말씀대로 이루어 주시지 않으면 하나님을 더 이상 믿을 수 없다며 부르짖었다. 어머니는 몸에 독이 퍼져 가는지 괴성을 지르며 몸부림을 치기 시작했다. 필자는 몸부림을 치는 어머니를 붙잡고 계속 울부짖었다.

갑자기 어머니가 쓰러졌다. 깜짝 놀라서 눈을 뜨고 보니 내 무릎을 베고 있었다. 혹시 돌아가신 것은 아닌가 하여 자세히 보니 잠을 자는 것 같이 평안한 모습이었고, 어머니의 코에 귀를 대고 보니 숨을 쌕쌕 쉬고 있었다.

벽에 걸린 시계를 보니 이미 1시간 30분이나 경과되었다. 그 순간 '하나님이 살려 주셨구나.'하는 생각과 함께 감사기도와 눈물이 쏟아졌다. 깨어난 후에 병원에 가자고 하니 죽으려고 약을 먹었는데 그냥 죽겠다며 거부했다. 그 후 어머니는 35년간 더 사셨다. 그런데 또 놀라운 일은 어머니의 복부에 딱딱한 돌처럼 뭉쳐 있는 것 때문에 늘 소화제를 주머니에 넣고 다니며 드셨는데 그것이 '툭'하고 떨어지는 것 같더란다. 그 사건이 있은 후에 복부에 있던 딱딱한 것이 없어졌다고 했다.

필자는 지금도 어머니의 복부에 있던 것이 무엇인지 알지 못한다. 하지만 하나님은 그것까지 완벽하게 고쳐 주셨다. 결국 어머니는 하나님의 살아계심을 믿게 되었다. 그 이후 건강하게 사시면서 부족함이 많은 아들 목사와 목회를 위해 불철주야 기도하시다가 천국에 입성하셨다.

하나님은 구약시대에도 살아계셨고, 신약시대에도 살아계셨고, 지금도 살아서 역사하시는 분이다.

002. 소 심방 ☕

시골에서 목회할 때 저녁을 먹은 후 쉬고 있는데 갑자기

심방을 와 달라는 연락이 왔다. 무슨 일이냐고 했더니 그냥 빨리 와 달라고 했다. 그래서 성경책을 챙겨 아내와 함께 달려갔다. K권찰이 문 앞에서 기다리고 있었다. 뒤를 따라 들어갔는데 방으로 안내하지 않고 거적으로 가려놓은 외양관으로 들어갔다.

무슨 일이냐고 물었더니 지금 소가 새끼를 낳다가 힘이 없어 낳지 못하고 주저앉아 있다는 것이다. 그러면 어떻게 해야 하느냐고 물었더니 송아지 다리에 지게꼬리로 묶어 놓았는데 그것을 잡고 있으라고 했다. 그래서 그것을 꽉 잡고 있었다.

지게꼬리를 잡고 제법 시간이 지났는데도 송아지는 나오지 않았다. K권찰 부부는 한숨만 쉬며 우왕좌왕하고 있었다. 갑자기 기도를 해야 되겠다는 생각이 들어 주인 양반에게 잡고 있던 지게꼬리를 붙잡으라고 하고 누운 채 가쁜 숨을 내쉬고 있는 어미 소 배 위에 손을 얹고 안수기도를 했다. 그때 어미 소는 알지도 못하는 사람이 자기 배 위에 손을 얹고 하는 소리에 놀랐는지 일어서려고 용을 쓰는데 송아지가 쑤욱 나와 버렸다.

그 계기로 대심방만 필요한 것이 아니라 소심방도 필요하다는 것을 깨달았다. 또한 사람에게만 안수기도가 필요한 것이 아니라 동물도 필요하다는 것을 알게 되었다.

지난해는 코로나19로 인해 춘계 대심방을 할 수가 없었다. 그래서 고심하던 중에 가을에 '비대면 문고리 대심방'을 통하여 '날아오르고(飛)', '갖추어지고(備)', '부요해지는(肥)' 심방을 소망하며 문고리를 잡고 축복하는 심방을 하기로 하고 몇 가지 준비를 했다. 심방은 비대면으로 진행하고, 쇼핑백 준비(마스크, 건강에 좋은 각종 차, 핸드메이드 손 비누, 담임목사와 사모의 편지 등 20여 종)하고, 담임목사가 지역 담당교역자들과 함께 각 가정을 방문하여 문 앞에서 축복하고, 그 모습을 촬영하여 사진을 즉시 전송하도록 했다. 하루에 30~40가정을 심방하는 힘든 일정이었지만 그 결과는 참으로 좋았다. 또한 연초에는 사업을 하는 성도들을 위해 '사업장 축복을 위한 비대면 야베스 축복 심방'(비: 비록 어렵고 힘들지라도, 대: 대로(大路)가 활짝 열리는, 면: 면밀히 보시는 하나님이 야베스처럼 축복하시길 소망합니다.)라는 의미를 담아 쇼핑백(야베스 액자, 『생명의 샘가』, 담임목사의 축복 편지 등)을 전달하고 사업장 문 앞에서 축복하는 심방을 했다. 이 또한 큰 감동과 축복의 시간이었다. 하나님도 심방하셨고, 예수님도 심방하셨으니 어찌 주의 종이 심방하지 않을 수 있겠는가.

교회 개척은 예나 지금이나 어렵기가 마찬가지일 것이다. 지하실에서 개척할 때, 절반을 막아 예배실로 쓰고, 절반은 살림방으로 꾸몄다. 구석에 있는 쪽방에서 네 식구가 생활을 했다. 그런데 그 쪽방에는 창문이 하나도 없었다. 창문이 없다 보니 겨울이 되면 벽에 결로가 발생하여 곰팡이가 사라질 날이 없었다. 일주일이 멀다하고 도배를 하게 되었는데 그때 도배하는 실력이 생긴 것 같다. 거의 매주 도배를 하다 보니 비용도 만만치 않아서 벽지를 대신하여 신문지를 붙였더니 곰팡이가 더 많아졌다.

　궁리 끝에 쓴 비법은 곰팡이가 안 생기고, 생겨도 닦기만 된다는 생각으로 비닐로 도배하기로 했다. 비닐로 도배를 했더니 곰팡이는 없는데 벽에 생긴 결로가 비닐을 타고 방바닥으로 물이 줄줄 흘러내렸다. 방바닥으로 흘러내려 이불이 젖지 않도록 벽 밑에 수건을 빙 둘러 놓고 아침에 일어나서 젖은 물을 짜냈다.

　필자가 쓴 『목회는 사랑입니다』에 언급했던 대로 필자는 아내에게 집에서 아이를 분만하기로 하고 기도하면서 피 묻은 아이를 받고, 탯줄을 끊고, 아이를 씻어 배내옷을 입히고 산후 마무리까지 했다. 그 아이가 제 발로 걸을 정도로 성장했지만 곰팡이가 가득한 지하 쪽방에서 생활하다 보니 감기가 떨어질 날이 없었다. 병원에 가 보니 천식이라고 했다. 그 아이는 감기 기운만 있으면 목에서 '쌔~액, 쌔~액'하는 소리가 났다. 주치의는 우리 내외에게 신신당부하기를 혹시 급하게 다른 병원에 갈 때에는 반드시 천식이 있다는 이야기를 하라고 당부했다. 천식은 치료약이 없다고 하면서 평생 갈 수도 있다고 했다.

의사로부터 그 말을 들을 때 우리 내외는 '좋은 환경에서 키워 주지 못해 이런 병이 생겼구나.' 하는 자책과 함께 개척 교회 목회자의 딸로 태어난 아이에게 너무 미안했다.

그런데 그 아이에게 특별한 약을 먹인 적이 없음에도 불구하고 오직 기도만 했을 뿐인데 하나님께서 깨끗하게 고쳐 주셨다. 지금은 그 딸이 결혼하여 딸을 낳았음에도 불구하고 그 손녀까지도 아무렇지도 않다. 천식이 있던 딸이 지금도 교회에서 찬양대 반주자로 봉사를 잘하고 있다. 할렐루야!

필자는 집에서 자연분만으로 아이를 받았으니 돌팔이 조산사요, 한 주가 멀다고 도배를 했으니 돌팔이 도배사요, 아들과 딸이 고등학교 졸업할 때까지 그들의 머리를 깎아주었으니 돌팔이 이발사까지 하게 되었다.

개척 교회 시절은 광야를 지나는 것과 같아서 하나님이 만나를 주시고, 메추라기를 보내야 먹는 시기이다.

　교회 재정은 어렵고, 필자는 대학원에서 공부하고 있어서 살림이 어려웠다. 경제적으로 힘든 상황에서 아내는 자기 옷 사는 것을 감히 엄두도 내지 못하고 있었다. 혹시 심방을 하거나 외출을 하게 될 때, 겉에 입을 만한 옷이 별로 없었다. 그래서 아내는 겉에 걸칠 만한 코트 하나만 있으면 속에 무엇을 입어도 감추어질 것 같아서 코트 하나만 있으면 좋겠다고 했다. 그런데 어느 날 한 집사님이 보따리를 머리에 이고 와서 혹시 교인 중에 옷이 필요한 사람이 없느냐고 물었다. 아내가 왜 그러냐고 물었더니 어떤 사람이 교통사고로 갑자기 세상을 떠났는데 별로 입어 보지 않았던 옷들이 있는데 혹시 교인들 중에 필요한 사람에게 주면 좋을 것 같다고 했다.

　그 집사님이 가져온 보따리를 열어 보니 여러 가지 옷들이 있는데 그 중 코트가 하나 있었다. 아내는 그 코트를 보는 순간 두 가지 생각이 들었다고 한다. 하나는 코트를 달라고 했는데 이것이 그 기도의 응답인가 하는 것과 다른 하나는 자신이 입어야 다른 교인들도 거리낌 없이 가져온 옷을 입을 수 있을 것 같다는 생각이 들었다고 한다. 필자는 값싼 외투조차 사 주지 못하는 처지였지만 차마 그것을 입으라고 할 수 없었다. 그런데 아내는 거리낌 없이 그 외투를 입겠다고 했다. 그 외투 덕에 여러 해 동안 겉옷 걱정없이 지낼 수 있었다. 이런 아내의 눈물어린 내조가 없었다면 '현재의 나'는 없었을지도 모른다.

어느 날 아내는 교인들과 함께 싱싱한 김치를 먹을 수 있도록 김치냉장고가 있으면 좋겠다고 했다. 그런데 길을 지나다가 매장 유리벽에 저렴한 가격에 가전제품을 판다는 글이 붙어 있었다. 알고 보니 그 매장에 불이 났었는데 화재를 진압한 후에 진열되었던 제품들을 고물로 처분하는 가격으로 판다는 것이었다.

또한 아내는 세탁기가 없어서 손빨래로 세탁을 해오고 있었다. 아내는 하나님이 세탁기 하나 주셨으면 좋겠다고 하고, 필자도 그랬으면 좋겠다고 했다. 마침 부흥회를 다녀와 받은 사례비가 있어서 세탁기를 사 주려고 하자 아내는 시골에서 부모님을 모시는 큰 집에 세탁기를 사 주자고 해서 세탁기를 보내 주었다. 그런데 하나님은 다른 방법으로 더 좋은 세탁기를 주셨다.

하갈의 신음 소리에도 응답하시고, 다윗의 신음 소리에도 응답하셨다. 그렇다. 하나님은 지금도 작은 신음에도, 지나치며 하는 말에도 응답하신다.

005. 평생 처음 타 본 리무진 ☕

시골에서 목회하던 시절, 이른 봄에는 비포장으로 된 길이 얼었다가 녹으면서 질퍽해진다. 그 길을 걷다 보면 구두에 붙은 흙이 무겁게 들러붙는다. 그때 경운기를 운전하던 아저씨가 시골에 와서 고생이 많다고 하면서 경운기를 태워 주었을 때 비록 덜컹거리고 쿠션은 없지만 참으로 행복했었던 순간이었다.

필자는 장례 목회를 중요하게 여기고 임종예배, 발인예배, 천국환송예배, 유골안치기도, 유족 위로예배 등 가능한 대로 직접 집례하며 유족들이 죽음을 준비하는 삶을 살게 하고, 천국과 부활의 소망을 가지고 살도록 위로한다. 장례예배는 죽음, 구원, 천국에 대한 주제로 3일 부흥회를 인도하는 것과 같다. 일반 사람들은 듣기 싫으면 안 듣는다. 그러나 유족들은 듣기 싫어도 들어야 하고, 안 믿어도 그 자리에 앉아서 들어야 한다. 비록 여러 번의 예배를 인도하는 것이 힘들기는 하지만 담임목사가 직접 인도할 때 큰 감동을 받고, 새 힘을 얻는 것을 보고 목회의 보람을 얻는다.

연로하신 K권사님이 세상을 떠나 장례식 발인예배를 마치고 운구를 하고 났는데 "목사님, 이 차에 타시죠?"라는 말에 얼떨결에 "네"하고 그 차에 탔다. 그 차는 장의용 8인승 리무진이었다. 함께 탄 상주들에게 "오늘 권사님 덕에

제가 평생 처음 리무진을 타게 되었습니다."고 하자 그 리무진에 탄 사람들이 묘한 표정(?)을 지어 보였다.

아내는 미용실을 개업한 새 신자가 교회에 잘 정착할 수 있도록 하려고 일부러 그 미용실에 머리를 하러 갔다. 머리를 하는데 갑자기 어지럽고 속이 메스껍더란다. 미용실 원장도 머리가 아프다면서 소파에 눕더란다. 나중에 안 사실이지만 가스가 누출되었던 것이다.

가스중독으로 집사람이 미용실 바닥에 정신을 잃고 쓰러져 가까운 병원으로 앰뷸런스를 타고 갔다. 소식을 듣고 급히 병원으로 갔더니 고압산소통이 없어서 치료할 수가 없다고 하면서 다른 병원으로 가라고 했다. 급히 아내를 앰뷸런스에 옮겨 태우고 함께 그 차를 타고 부천○○병원으로 갔다. 사이렌을 울리자 막혔던 도로가 확 열리며 쏜살같이 달려갔다. 아내는 고압산소치료 후유증으로 청력 저하가 발생했다. 미용실 원장 내외는 '사모님이 쓰러지시는 바람에 저희들이 살았다.'고 감사했다. 아내는 그 미용실 앞을 지날 때마다 자기 목숨과 바꾼 사람이라며 믿음생활을 잘 하도록 지금도 중보기도를 한다.

목회를 하다보면 가끔 호사(?)를 누릴 때가 있다. 경운기를 탈 때도 있고, 비행기를 탈 때도 있고, 리무진을 탈 때도 있고, 앰뷸런스를 탈 때도 있다.

006. 카레밥 ☕

 아내가 사모들의 모임이 있어서 집을 비우게 되어 여러 가지 반찬을 준비해 놓고 떠났다. 저녁에는 카레를 준비해 놓았으니 밥에다가 냉장고에 있는 카레를 넣고 전자레인지에 살짝 데워 먹으면 된다고 했다.

 저녁이 되어 밥을 꺼내고 냉장고에 있다는 카레를 찾았더니 카레 봉지가 보였다. 꺼내어 열어 보니 가루로 되어 있었다. 밥에다가 그 카레가루를 붓고 전자레인지에 넣고 돌린 후, 시간이 되어 꺼내었더니 딱딱해서 도무지 먹을 수가 없었다. 물을 안 넣고 돌려서 제대로 안 된 것 같아 다시 물을 붓고 전자레인지에 넣고 돌린 후 꺼내었다. 그런데 전에 먹었던 카레밥이 아니었다. 아무리 먹어보려고 해도 더 딱딱해져서 먹을 수가 없었다. 할 수 없이 아내에게 전화를 했더니 그렇게 하면 안 된다고 했다. 이미 카레를 다 만들어서 넣어 둔 그릇이 있다며 가르쳐 주었다. 그러면서 하는 말이 "박사 학위를 두 개나 가지고 있는 사람이 카레밥도 못하면 어떡해요?"라며 핀잔을 주었다. 그러면서 덧붙이길 "박사학위 두 개 중 하나는 내가 할걸 …." 해서 웃었다. 하지만 지금도 카레밥은 물론 요리에는 자신이 없다.

 한 분야에서 같은 일에 종사하며 10년이 지나면 '전문가(expert)'가 되고, 30년이 지나면 '달인(master)'가 되고,

50년이 지나면 '전설(legend)'이 된다고 한다. 우스갯소리로 철학자의 머리를 툭 치면 칸트가 나온다고 한다. 개그맨을 툭 치면 개그가 나오고, 가수를 툭 치면 노래가 나오고, 목사를 툭 치면 말씀이 나와야 하지 않을까?

전설적인 가수에게 "노래를 정말 잘하시네요."라고 하면 기분이 나쁘다. 그에 대한 칭찬은 '당신의 노래에 감동을 받았습니다.'는 말이다. 비전문가들에게는 '잘한다.'는 것이 칭찬이지만 전문가들에게는 '잘한다.'고 하면 오히려 기분이 상한다.

'설교를 잘한다'는 말은 목사에게 있어서 결코 칭찬이 아니다. 목사 안수를 받으려면 최소 10년 이상 수련과정을 거친다. 목사는 설교에 있어서는 전문가이므로 설교를 잘하는 것은 당연한 일이다. 그러므로 목사는 설교를 잘한다는 말에 관심을 두지 말고, 그 설교가 얼마나 은혜를 끼쳤는지에 대해 관심을 두어야 한다. 요즘 일반 사람들도 '다 알고 있는 내용을 가지고 잔소리하지 말라'는 뜻으로 '설교하지 마(Stop preaching to me)'라는 표현을 쓴다. 이와 같이 성도들도 설교를 잘하는 목사 또는 말을 잘하는 목사보다 은혜를 많이 끼치는 목사를 더 좋아한다.

007. 별일 다 하네 ☕

 우리 동네에 도림천이 있다. 많은 사람들이 자신들의 건강을 위하여 매일 저녁이 되면 걷거나 조깅을 하기도 하고 물가에 앉아서 더위를 식히곤 한다. 필자는 요일별로 정해진 팀과 함께 요구르트나 생수를 가지고 나가서 전도한다. 필자는 전도하는 성도들을 뒤에서 후원하는 역할을 하면서 색소폰으로 찬양을 불며 사람들의 이목을 집중하게 한다. 매주 두 차례씩 나가다 보니 알아 보는 사람들도 제법 있다. 어떤 때는 '수고 한다'고 하면서 갖고 가던 과일을 덜어주고 가는 이도 있고, 음료수를 사다가 건네는 이도 있고, 천 원짜리 한 장 놓고 가는 이도 있고, 동영상을 찍고 가는 이들도 있다.

 전도팀의 한 권사님이 생수를 건네며 "건강하세요. 제가 드리는 생수를 마시면 다시 갈증이 있지만 예수님께서 주시는 생수를 마시면 영원히 목마르지 않습니다."라고 하자 어떤 사람이 반갑게 인사하더란다. 알고 보니 전에 시장에서 장사할 때 알던 분이었단다. 그 사람이 "지금, 뭐 하시는 거예요?"라고 물어서 권사님께서는 "지금 노방 전도하고 있어요."라고 했더니 "별일 다 하네(?)"라고 하면서 깜짝 놀라더란다. 그 이야기를 듣고서 필자가 "그 분은 뭐하는 분이세요?"라고 물었더니 전에 교회에 다녔었는데 지금 호프

집을 한다고 했다. 그 말을 듣고 '교회 다녔던 분이 별일 다하네(?)'라고 했다. 그 말을 들은 모든 사람들이 한바탕 크게 웃었다.

'별일'은 '드물고 이상한 일'이라는 의미를 갖고 있다. 노방전도가 드물고 이상한 일로 보였던 것인지, 아니면 그 권사님이 노방전도하는 것이 그랬던 것인지는 알 수 없으나 그의 눈에는 '별일'로 보였던 것이다. 그 분은 노방 전도하는 우리 권사님을 볼 때는 이해가 되지 않았을 것이다. 또한 우리 또한 교회를 다니던 분이 호프집을 하는 것이 이해되지 않는다.

008. 더욱 큰 은혜

오래 전에 목회자 축구대회에 나가 경기를 하다가 발을 다친 적이 있다. 병원에 가서 치료를 하고 난 후에도 조금만 삐끗하면 또다시 발등이 붓고 통증이 발생하여 불편함이 많았다. 치료를 받으면 그때는 괜찮은데 다시 도져서 여간 힘든 것이 아니었다.

어느 주일 예배시간에 갑자기 마음에 발이 아픈 사람을 고쳐 주셨다는 확신이 와서 "오늘 오신 분 중에 발이 아프신 분을 주님께서 고치신 것 같습니다. 그런 분이 있으면 손을 들어보세요."라고 했다. 그런데 손을 든 사람이 아무도 없었다. 쓸데없는 말을 한 것 같아서 쥐구멍이라도 있으면 들어가고 싶은 심정이었다. 그래서 예배를 마치자마자 곧바로 서재로 들어가 의자에 앉았는데 갑자기 "네 발을 움직여 보라"는 음성이 들리는 것 같았다. 즉시 발을 움직였는데 통증은 온데간데없이 사라졌다. 그때 이후로 30년이 지난 지금까지 조금의 불편함도 없이 잘 지내고 있다.

'나는 너희를 치료하는 하나님이다'(출 15:26)라고 하신 대로 신유는 하나님의 은혜로 병에서 고침을 받는 것을 말한다. 병에서 고침을 받는 것을 '특별신유'라고 하고, 병에 들지 않는 것을 '일반신유'라고 한다. 특별신유보다 일반신유가 더 큰 은혜이다. 죽을 병에서 치료받는 것보다 작은 병에서 고침을 받는 것이 더 큰 은혜이다. 작은 병에서 고침을 받는 것보다 병에 걸리지 않게 해 주시는 것이 더욱더 큰 은혜이다. 죽을 병에서 고침을 받으면 집을 팔아 헌금하기도 하고, 자신의 생명을 주께 헌신하기도 한다. 그러나 병에 걸리지 않고 건강한 것이 더욱 큰 은혜임을 알고 헌신하는 것이 진정 바른 믿음의 태도이다.

너희는 세상의 소금이니 소금이
만일 그 맛을 잃으면 무엇으로 짜게 하리요
후에는 아무 쓸 데 없어 다만 밖에 버려져
사람에게 밟힐 뿐이니라

- 마태복음 5장 13절 -

복음. 진리를 담다

　매스컴에서 '서울 사람들이 아파트를 쇼핑하듯 쓸어 간다'며 '묻지 마 투기'가 보도된 적이 있다. 외국에 갔다가 귀국하면서 싹쓸이해서 오는 '묻지 마 쇼핑'도 있다. 이름도 묻지 않고, 나이도 묻지 않고, 연락처도 묻지 않고 하루 종일 즐겁게 여행하는 '묻지 마 관광'도 있다. 신뢰할 수 있는 사람 또는 기업이 보낸 문자메시지인 것처럼 속여 개인 정보와 돈을 가로채는 '묻지 마 스미싱'도 있다. 최근 불특정 다수를 대상으로 무차별적으로 흉기를 휘두르는 이른바 '묻지 마 범죄'가 잇따라 발생해 충격을 주고 있다. 대표적인 '묻지 마 범죄'에는 '묻지 마 폭행'이나 '묻지 마 살인'이 있다. 아무런 이유나 원한 관계가 없음에도 폭행이나 살인이 발생하곤 한다. '묻지 마 ○○'하면 대부분 '묻지 마'가 부정적인 행위를 대변하듯 사용되고 있다. 그러나 성경에는 이와는 반대로 '묻지 마 친절'이 나타나 있다.

　예수님은 한 율법 교사가 자신에게 '내 이웃이 누구인가?'라는 물음에 한 가지 비유로 대답해 주었다. 어떤 사람이 예루살렘에서 여리고로 내려가다가 강도를 만나 매를 맞고 거의 죽게 된 상태로 버려졌는데 제사장도 그냥 지나쳤고, 레위인도 지나쳤다. 그런데 어떤 사마리아 사람이 그것을 보고 기름과 포도주를 그 상처에 붓고 싸매고 자기 짐승에 태워 주막으로 데리고 가서 돌보아 주었다고 했다. 예수님은 율법 교사에게 '이 세 사람 중에 누가 강도 만난 자의 이웃이 되겠느냐?'고 물었다. 이에 그는 사마리아인이라고 했다. 그 말을 들으시고는 '가서 너도 이와 같이 하라'고 했다(눅 10:30~37 참조).

예수님께서는 이미 산상수훈에서 '너희는 세상의 소금이요, 세상의 빛이므로 너희 착한 행실을 보고 하늘에 계신 너희 아버지께 영광을 돌리게 하라'고 했다(마 5:13~16 참조). '묻지 마 친절'로 주의 말씀에 순종하고, 하나님께 영광을 돌려야 한다.

010. 외식 🍵

어느 유튜브에서 읽은 글이다. 가난한 부부가 있었는데 아이가 생겨 배는 만삭이 되었다. 당장 저녁 끼니도 문제였지만 새벽마다 일을 나가는 남편에게 차려 줄 아침거리조차 없는 게 서러워 아내는 그만 부엌 바닥에 주저앉아 울어 버렸다. 남편은 아내에게 다가가 어깨를 감싸 안고 "당신 갈비 먹고 싶다고 했지? 우리 외식하러 갈까?"라고 했다. 외식할 돈이 있을 리 없었지만 아내는 오랜만에 들어보는 남편의 밝은 목소리가 좋아서 그냥 피식 웃으며 따라나

섰다.

남편이 갈비를 먹자며 아내를 데려간 곳은 백화점 식품매장이었다. 부부는 이렇게 넓은 매장을 돌며 이것저것 시식용 음식들을 먹었다. "오늘 외식 어땠어?"라는 남편의 물음에 아내는 환하게 웃으며 "좋았어요."라고 했다. 마른 떡한 조각만 있고도 화목하는 것이 제육이 집에 가득하고 다투는 것보다 낫다(잠 17:1).

외식(外食)은 집에서 직접 해 먹지 아니하고 밖에서 음식을 사 먹는 것을 말한다. 생활양식이 서구화되고 맞벌이가많아지고 소득의 증가로 인하여 외식하는 경우가 점점 많아지고 있다. 외식에는 밖에 나가 식사하는 외식만 있는 것이 아니라 회칠한 무덤과 같은 외식(外飾)도 있다. 예수님은 외식하는 자들을 향하여 '화 있을 것'이라고 7번씩이나경고했다.

예수님이 경고한 외식에는 사람에게서 영광을 받으려고회당과 거리에서 나팔을 부는 구제 외식이 있다(마 6:2). 사람에게 보이려고 회당과 큰 거리 어귀에 서서 기도하기를 좋아하는 기도 외식도 있다(마 6:5). 사람에게 보이려고 슬픈 기색과 얼굴을 흉하게 하는 금식 외식도 있다(마 6:16). 자기 눈 속에는 들보가 있으면서 남의 눈 속에서 티를 빼라는 비판 외식도 있다(마 7:5). 입술로는 하나님을공경한다고 하면서 마음이 멀리 떠난 공경 외식도 있다(마

15:8). 박하와 회향과 근채의 십일조는 드리면서 그보다 더 중요한 정의와 긍휼과 믿음은 버린 율법준수 외식도 있다(마 23:23).

011. 말의 온도 🐚

경북 예천군 한 마을에 특이한 무덤인 언총(言塚, Language Tomb)이 있다. 그 유래는 이 마을에 여러 성씨들이 살고 있었는데 문중 간의 싸움이 그칠 날이 없었다고 한다. 이 마을에는 개가 입을 벌리고 있는 형상과 같은 주둥개산이 있었다. 개가 입을 벌리고 항상 짖으니 시끄러울 수밖에 없다고 여긴 마을 사람들은 싸움의 발단이 되어 온 많은 말들을 사발에 담아 산에 묻어 말 무덤을 만들었다고 한다. 그 이후, 싸움은 없어지고 화목하게 잘 지냈다고 한다.

이기주는 그의 책 『언어의 온도』에서 언어에도 온도가 있다고 했다. '넌 얼굴도 예뻐.'라고 하면 미소를 짓게 하는 반면 '넌 얼굴만 예뻐.'라고 하면 얼굴을 붉히게 된다. 한 글자 차이임에도 기분 좋은 말이 있고, 기분 나쁜 말이 있다. 입으로 하는 말에 따뜻한 말이 있고, 차가운 말도 있다. 분위기를 업(up)시키는 말이 있는가 하면 분위기를 다운(down)시키는 말도 있다.

김윤나는 그의 책 『말 그릇』에서 사람마다 말을 담는 그릇이 있다고 했다. 어떤 이는 말 그릇이 항아리처럼 크고, 어떤 이는 소주잔과 같이 작다고 했다. 그는 말 그릇이 작은 피구형과 말 그릇이 큰 캐치볼형이 있다고 했다. 피구형은 상대방과 상관없이 자신이 하고 싶은 대로 말하는 스타일이다. 그러나 캐치볼형은 상대방이 볼을 잘 받을 수 있도록 자신의 감정을 조절하고 상대방의 입장도 고려하는 스타일이다.

말 그릇이 큰 사람이 따뜻한 말을 한다. 따뜻한 말에는 사랑의 말, 위로와 격려의 말, 소망을 주는 말, 안정을 주는 말 등이다. 반면 말 그릇이 작은 사람은 차가운 말을 한다. 차가운 말에는 자존심을 상하게 하는 말, 상처를 주는 말, 딱딱한 말, 명령적이고 지시적인 말, 일방적인 말 등이다. 따뜻한 선한 말은 마음을 즐겁게 한다(잠 12:25).

012. 빨리빨리 ☕

외국에 가면 자신들과 다른 외모를 보고서 "어디서 왔느냐?"며 물을 때 "한국에서 왔다"고 하면 "빨리빨리"라고 하는 말을 자주 듣곤 한다. 그 말이 친근감을 나타내려는 것인지, 아니면 한국말을 할 줄 안다고 은근히 자랑하는 것인지 의구심이 들 때가 많았다.

우리나라에 거주하는 외국인을 대상으로 한국인들의 '빨리빨리' 모습에 대해 조사한 글을 읽은 적이 있다. Top 10을 소개하면 커피 자판기 안에 손을 넣어 컵 잡고 기다리기, 버스 정류장에서 버스가 출발하면 뛰어가면서 추격전 벌이기, 화장실 들어가기 전부터 지퍼 미리 내리기, 삼겹살이 익기도 전에 먹기, 엘리베이터에서 2초도 못 참고 '닫힘' 버튼 누르기, 3분 기다려야 하는 컵라면도 시간이 되기 전에 뚜껑 열기, 영화관에서 엔딩 자막이 끝나기도 전에 일어나 나가기, 화장실에서 볼일 보면서 양치질하기, 웹 페이지가 3초 안에 안 열리면 닫아 버리기, 편의점에서 음료수를 구매한 뒤 먼저 마시고 계산하기 등이었다.

고려대 안산병원 김도훈 교수 연구팀이 건강 검진을 받은 8,771명(2007~2009년)을 대상으로 식습관과 각종 건강 지표를 비교 분석한 결과에 따르면, 식사 시간이 5분 미만인 경우는 조사 대상의 약 8%, 5분~10분 미만이 44.4%, 10분~15분 미만이 36.2%로 나타났다. 이 조사 대상의 약 90%는 식사 시간이 채 15분을 넘지 않는다. 그 연구팀은 식사 시간이 짧을수록 고지혈증이 발생할 확률이 높아 심혈관계 질환의 위험도가 높아진다고 했다.

빠르다고 항상 좋은 것이 아니다. 식사 시간이 빠르면 건강에 좋지 않다. 사울은 사무엘이 올 때까지 기다리지 못하고 직접 제사를 드렸다가 사무엘로부터 책망을 받았다(삼상 13:13). 피 흘리는 데 빠르면 좋지 않다(잠 1:16). 죄를 짓는 일에 빠르면 빠를수록 축복과 멀어진다.

013. 가시나무 ☕

조용기 목사의 『쓸모 있는 사람, 쓸모 없는 사람』에서 세상에는 '가시나무와 같은 사람'이 있다고 했다. 이 사람은 이해심도 없고 동정심도 없고 마음이 좁아서 양보심도 없고, 자기 권리만 주장하고 자기 욕심만 내세우고, 함께 있는 사람들은 언제나 피투성이가 된다고 했다. 더 중요한 것은 나 자신이 가시나무가 아닌가 살피는 것이다. 대부분의 경우에 고슴도치처럼 남의 가시에 찔려서 아프다고 하지만 정작 자신의 가시에 찔려서 아파하는 다른 사람이 있다는 것을 생각하지 않는다.

하나님은 시내산에서 모세에게 성막을 지으라고 하실 때 법궤를 비롯하여 대부분의 성구(聖具)를 만들 때 조각목으로 만들라고 했다(출 25:10, 13, 23, 28; 26:15, 37; 27:1, 6). 광야에서 자라는 조각목은 오늘날 싯딤나무로 불리는데 이 나무는 잎사귀는 적고 가시는 많고 단단한 가시나무이다. '조각목으로 만들라'고 한 대로 이와 같은 나무로 성막의 기구를 만들게 했던 것이다.

가시가 많고 보잘것없는 조각목이라도 하나님께서 쓰시면 귀한 성막의 도구로 된다. 조각목을 쓰기 위해 먼저 자르고, 가시를 잘라 내고, 껍질을 벗기고, 적당한 크기로 자르고 다듬어서 모양을 만든 다음에 금을 입히고 기름을 바르게 했다. 가시가 많던 모습은 전혀 찾아볼 수 없고 번쩍번쩍 광채가 나는 금만 보일 뿐이다. 가시나무라고 할지라도 겸손하게 주님께서 쓰실 수 있도록 자기를 부인하고 쳐서 복종시키면 귀한 도구가 된다.

014. 같은 행동, 다른 의미 ☕

카네만(Kahneman)과 트버스키(Tversky)는 '액자효과(framing effect)' 이론으로 노벨상을 수상했다. 누구든지 자신이 가지고 있는 틀(사고)에 의해서 보고 들은 것을 판단하고 말하고 결정하게 된다. 우리는 일반적으로 식사할 때 수저로 먹어야 정결하다고 생각하지만 중동 사람들은 식사할 때 손으로 먹어야 정결하다고 생각한다. 한국에서는 'V'사인은 승리의 표식이지만 영국에서는 손등 보이는 'V'사인 모욕의 표식이다. 엄지와 검지 끝을 맞붙인 'OK'사인은 우리에게 긍정, 좋다는 뜻을 지니고 있지만 프랑스에서는 이런 OK사인이 '0', '가치 없음'을 의미하고, 그리스, 덴마크, 노르웨이, 스페인, 러시아 등 대부분의 유럽 국가와 터키에서는 모욕이나 외설적이고 부정적 의미를 쓰인다. 엄지손가락을 치켜들면 한국에서는 최고라는 뜻이지만 그리스에서는 상대를 무시하는 것을 의미한다. 고개를 끄덕이는 행동은 긍정을 의미하지만 인도에서는 부정을 뜻한다. 손가락을 머리에 가까이 대고서 빙빙 돌리면 '맛이 간 사람' 혹은 '제 정신이 아닌 사람'을 뜻하지만 네덜란드에서는 전화가 왔다는 것을 의미한다.

사무엘의 모친 한나는 성전에서 중얼거리며 기도하다가 엘리 제사장으로부터 술 취했다는 오해를 받았다. 횡설수설한다고 모두 술 취한 것이 아니다. 중얼거린다고 모두 정신이 나간 것이 아니다. 지역이나 문화 차이로 인하여 전혀 다른 뜻으로 전달되기도 하고, 오해를 불러일으키기도 한다. 그러므로 성도들은 자신이 재판관이 된 것처럼 형제를 함부로 비방하거나 판단하지 말라고 했다(약 4:11).

015. 고슴도치 딜레마 뛰어넘기 ☕

날씨가 너무 추울 때 고슴도치들은 따뜻함을 얻으려고 서로에게 다가간다. 그러나 다가가면 갈수록 몸에 돋친 가시 때문에 서로의 몸에 상처를 내고 떨어진 채로 떨고 있게 된다. 이렇게 가까이할 수도 없고 떨어질 수도 없는 어려운 상황에 처하게 되는 데, 이를 '고슴도치 딜레마'(Hedgehog's dilemma)라고 부른다. 고슴도치에게만 이런 어려운 상황이 있는 것이 아니다. 인간관계에 있어서도 상대방과 일정한 거리를 두고 가까이 가지도 못하고, 멀리하지도 못하고 자기를 방어하려는 사람들이 있다. '불가근 불가원'(不可近 不可遠)이란 말대로 사람들과의 관계에서 너무 가깝게 할 수도 없고, 너무 멀리 할 수도 없어서 어려움을 겪기도 한다. 고슴도치 딜레마는 '대인기피증' 혹은 '은둔형 외톨이'로 나타나기도 한다. 이런 사람들은 '최적의 대인거리'를 유지함에 있어서 곤란을 겪는 경우가 적지 않다.

이 세상에 의인이 없는 것처럼 완벽한 사람도 없다. 아이들이 자라면서 넘어져 상처가 나기도 하고, 아프기도 하지만 상처도 아물고 병도 낫는다. 그러므로 누구든지 사람들과 부대끼며 사는 세상에서 상처를 주고받지만 그 상처는 곧 아물게 된다. 상처를 주는 것만 생각하면 가까이할 수 없지만 상대방에게 기쁨과 위로를 줄 수 있다고 생각하면 가까이함의 이득이 훨씬 크다. "너희가 열심으로 선을 행하면 누가 너희를 해하리요"(벧전 3:13)라는 주님의 말씀대로 선을 행하는 자가 되어야 한다.

016. 당신이 지키고 싶은 곳

　정신의학자 킨젤(S. Chinsel)은 다른 사람의 접근에 대하여 어떤 민감한 반응을 보이는가에 대한 실험을 통하여 '영역권 이론'을 제시했다. 폭력적인 사람의 공간은 보통 사람보다 4배에 달하는 것으로 나타났다. 그래서 난폭한 사람은 거리에서 지나가는 사람과 괜한 시비를 거는 것을 보게 되는데 이는 일상적인 거리를 두었음에도 그는 자신의 공간이 침범을 당했다고 여기기 때문이다.

　일반적으로 남성은 전방 공간이 더 넓으므로 정면으로 다가서는 사람을 경계하고, 여성은 측면 공간이 더 넓으므로 옆으로 다가서는 사람을 경계한다. 일반적인 사람은 전방이 더 넓고, 폭력적인 사람은 후방이 더 넓은 것으로 나타났다. 그래서 보통 사람은 앞쪽으로 접근하는 사람을 더 경계하고, 폭력적인 사람은 뒤쪽으로 접근하는 사람을 더 경계한다. 그러므로 개인 공간을 잘 유지하면 불필요한 마찰을 피할 수 있고, 복잡한 사회생활에 도움이 된다.

　'상대와의 거리가 얼마나 좁으냐?' 하는 것은 친밀도의 척도가 된다. 대개 친구나 연인, 가족 등 가까운 사람에게 허용하는 친밀한 거리(45.7cm 미만), 개인적 거리(~1.2m), 사회적 거리(~3.7m), 공적 거리(3.7m 초과)등으로 나뉜다. 먼저 자리를 잡은 사람이 뒤에 들어오는 사람에 대한 특권 의식 및 뒷사람을 업신여기는 '텃세'도 자기 영역권을 유지하려는 행동 중의 하나이다. 그러므로 새신자에 대한 텃세는 그들에게 상처를 주고, 정착을 방해하는 죄를 짓는 것이다(창 26:15, 18).

017. 대승(大勝)의 비결 ☕

프랑스 철학자 라 로슈푸코 (François de La Roche-foucauld)는 적을 만들려면 친구에게 이기고, 벗을 만들려면 친구가 이기게 하라고 했다. 적을 많이 두고 사는 자보다 친구를 많이 두고 사는 자가 행복하고 더 풍성한 삶을 살 수 있다. 먼저 가겠다고 하다가 개에게 물리는 것보다는 개가 먼저 가도록 길을 양보해 주는 게 나은 법이다. 개에게 물리고 나서 개를 죽이더라도 상처가 남는 법이다.

세상에는 속된 말로 '개 같은 인간'도 있지만 '개만도 못한 놈'(?)도 있다. '피로스의 승리(Pyrrhic victory)'라는 말이 있다. 피로스는 탁월한 전략가로 많은 전투에서 승리를 거두었고, 특히 로마와의 전투에서 이기고도 너무나 많은 병력을 잃어 그때부터 그는 몰락하기 시작하게 되었다. '피로스의 승리'는 많은 희생적 비용의 대가를 치르는 승리로, 패배와 다름이 없는 승리를 가리킨다.

손자병법(孫子兵法) 모공(謀攻) 편에 나오는 '상병벌모'(上
兵伐謀)는 적의 계획을 공격해서 무력화시키는 것이 최상
의 용병이라는 뜻으로, 전쟁은 싸우지 않고 이기는 것이 중
요하다고 했다. 손자는 최상의 전법은 적을 모략으로 분쇄
하는 일이고, 그다음이 외교 관계를 파괴하는 일이며, 그다
음은 군사를 정벌하는 일이요, 최하는 적의 요새를 공격하
는 일이라고 했다. 우리 성도들은 주님께서 '네 이웃을 네
몸과 같이 사랑하라'고 가르쳐 주신 대로 사랑하면 모든 일
에 넉넉히 이기고 승리할 것이다(롬 8:37).

018. '뛰고 있는 사람', '걷고 있는 사람', '서 있는 사람'

회사에서 직원을 뽑을 때 나름대로의 기준이 있다. 차이
는 있겠으나 학력, 경력, 인성, 적성, 열정, 비전 등을 살핀
후에 뽑는다. 입사할 때는 같이 들어왔지만 시간이 지나면
서 차이가 발생한다.

어떤 회사에서 사원들의 가치를 평가하여 '뛰고 있는 사
람', '걷고 있는 사람', '서 있는 사람'으로 분류했다고 한
다. '뛰고 있는 사람'은 현재 잘하는 사원으로 회사에 유익
한 사람이다. '걷고 있는 사람'은 일반적이고 평균적인 사
원들로 뚜렷한 실적도 없지만 과오도 없는 사람이다. 마지

막으로 '서 있는 사람'은 실적이 없을 뿐 아니라 회사에 부담이 되는 사람으로 자리만 차지하는 사람이라고 했다. 같은 회사에, 같은 시기에 입사했음에도 시간이 지남에 따라 차이가 났다.

신앙생활을 같이 시작했어도 "먼저 된 자로서 나중 되고 나중 된 자로서 먼저 될 자가 많으니라"(마 19:30)는 말씀처럼 앞서 가는 자도 있고, 뒤에 처지는 자도 있다. 그러므로 먼저 된 자가 나중 될 수도 있음을 알고 우쭐대지 말고 겸손해야 하며, 나중 된 자가 먼저 될 수도 있음을 알고 좌절하지 말고 소망을 가져야 한다.

바리새인과 사두개인들은 창기와 세리보다 먼저 믿었으나 '화 있을진저, 외식하는 서기관과 바리새인들'이라고 책망을 받았다. 그러나 창기와 세리는 늦게 믿었어도 먼저 구원을 받았다. 당신은 지금 '뛰고 있는 사람', '걷고 있는 사람', '서 있는 사람' 중에 어디에 속하는가? 우리 그리스도인들은 모든 일에 전심전력하여 좋은 열매를 맺고 선한 영향력을 드러내야 한다.

019. 말에 좋은 옷 입히기

신영란은 그의 책 『성공한 1% 리더들의 고품격 대화』에서 성공을 향하는 사람은 대화의 격이 다르다고 했다. 인맥이 돈이고, 사람이 재산인 시대에 말은 가난한 사람도 부자로 만드는 신비한 마력을 발휘하기도 하고, 후원자를 하루아침에 돌아서게 만들기도 한다. '말 한마디로 천 냥 빚을 갚는다.'는 속담이 있다. 말의 중요성과 영향력은 이루 말할 수 없다.

로렌스 크랩(Lawrence J. Crabb)과 댄 알렌더(Dan B. Allender)는 훌륭한 대화의 5가지 태도를 '솔러(SOLER)'로 표현했다. 'SOLER'는 다음과 같은 다섯 가지 태도의 첫 글자를 따서 만든 것이다. '정면으로 마주보라(Squarely face)', '솔직하게 대하라(Openly face)', '상대방을 향해 앞쪽으로 굽혀서 앉으라(Lean forward)', '눈으로 상대방을 접촉하라(Eye contact)', '자신이 먼저 마음의 긴장을 풀라(Relax)'고 했다. 이와 같은 태도는 성도들 간의 대화, 주변 사람들과의 대화에서 꼭 필요한 것이라고 할 수 있다.

좋은 사람을 만나는 것은 인생에서 큰 축복 중의 하나이다. 하지만 좋은 사람을 곁에 둘 수 있는 것은 그 사람의 대화의 내용과 태도에 달려 있다고 해도 과언이 아니다. 스타의 주변에 많은 사람이 몰리고, 권력자의 곁에 많은 사람이

들끓고, 맛이 좋은 음식점에 사람들의 발길이 끊이지 않는다. 좋은 말과 태도를 자신의 삶에 적용한다면 지금보다 훨씬 더 매력적인 사람이요, 사람들이 부러워하는 사람이 될 수 있다. 성도들은 더욱 매력적인 신자가 되기에 충분할 것이다. '옷이 날개다(Fine feathers make fine birds.)'는 속담이 있다. 사람들만 좋은 옷을 입으면 품위가 생기는 것이 아니다. 좋은 말에도 아름다운 옷을 입히면 품격이 높아진다. 아름다운 옷은 좋은 태도이다.

020. 맞장구

말을 잘하는 사람은 많은 사람의 부러움의 대상이 된다. 반면에 질투의 대상이 되기도 한다. 그러나 사람들은 말을 잘하는 사람보다 말을 잘 들어주는 사람을 좋아한다. 같은 부탁이라도 자기 말을 잘 들어주는 사람의 요구를 더 잘 들어준다.

'맞장구를 친다.'는 말은 풍물놀이에서 서로 주거니 받거니 하면 장단을 맞춰 장구를 치는 것을 말한다. 더 나아가 다른 사람의 말에 호응하거나 동조 또는 동의하는 표현으로 사용되고 있다. 풍물놀이에서의 맞장구는 흥을 돋우고, 대화에서의 맞장구는 대화 분위기를 고조시킨다. 맞장구는 말하는 사람을 기분 좋게 만드는 최고의 방법이다. 상대방을 기분 좋게 하는 '1:2:3 대화법'은 1분 말하고, 2분간 들어주고, 3분 동안 상대방의 말에 맞장구를 쳐 주는 것이다. 맞장구를 치는 방법에는 "네.", "맞아요.", "그래요."라는 말로 맞장구를 칠 수 있다.

맞장구는 말로만이 아니라 상대방을 바라보면서 고개를 끄덕이는 것도 맞장구를 쳐주는 좋은 방법이다. 설교자의 설교에 성도들의 "아멘"으로 하는 맞장구는 예배의 분위기를 더 좋게 한다. 전도자가 전도대상자에게 복음을 전할 때 전도보조자의 맞장구는 더 좋은 결과를 가져온다.

021. 맹점 ☕

발명가 에디슨은 달걀을 삶으려다가 시계를 끓는 물에 집어넣기도 했으며, 수학의 귀재였던 폴 에어디쉬는 자기 신발 끈도 제대로 맬 줄 몰랐다. 때때로 정치인들이나 기업의 CEO들, 교수들이 상식적으로 이해할 수 없는 어이없는 언행으로 구설수에 오를 때가 있다. 비단 유명인들뿐만 아니라 당신의 친구나 직장동료 심지어 당신 자신도 당연히 알 만한 것을 모른다거나 어리석은 행동을 연발하는 경우가 종종 있다. 이처럼 양식 있는 사람들이 어이없는 행동이나 바보 같은 실수를 저지르게 되는 이유가 매들린 L. 반 헤케는 '사고의 맹점(blind spots)' 때문이라고 한다.

도로에서 운전할 때 옆 차선으로 옮겨 가려는 찰나 갑자기 보이지 않던 차가 나타나 깜짝 놀란 경험을 한 적이 있을 것이다. 헤케는 이것을 '블라인드 스팟(blind spot)'이라고 하였다. 헤케는 차를 운전할 때는 사이드미러에 포착되지 않는 사각지대(맹점)가 있는 것처럼 누구에게나 정신적 맹점이 있는데 우리의 사고방식 중 일부이기 때문에 완전히 없애기란 불가능하다고 했다. 그러나 일단 누구든지 맹점을 지니고 있다고 생각하면 상대방의 실수와 엉뚱함에 대해 너그러워지고, 자신도 실수할 수 있음을 알고 겸손해진다.

잠언의 솔로몬은 너그러운 사람에게는 은혜를 구하는 자가 많고, 선물을 주기를 좋아하는 자에게는 사람마다 친구가 된다고 했다(잠 19:6).

022. 메멘토 모리

옛날 로마에서는 원정에서 승리를 거두고 개선하는 장군이 시가행진을 할 때 노예를 시켜 행렬 뒤에서 큰 소리로 '메멘토 모리(Memento Mori)'를 외치게 했다고 한다. '메멘토 모리'는 '죽음을 기억하라.'는 말이다. 곧 '너는 반드

시 죽는다는 것을 기억하라.', '네가 죽을 것을 기억하라.'
를 뜻하는 라틴어이다. '전쟁에서 승리했다고 너무 우쭐대
지 말라. 오늘은 개선장군이지만, 너도 언젠가는 죽을 수
있으니 겸손하게 행동하라'는 이런 의미로 생겨난 풍습이
라고 한다.

2010년 기대수명(여명)은 남자가 77.2세, 여자가 84.07
세로 30년간(1980~2010년) 남녀 각각 15.4년, 13.4년 증
가하였다. 한국보건사회연구원에 의하면 우리나라 국민의
기대수명은 80세를 넘었지만 질병 없이 건강하게 사는 기
간은 70년에 불과한 것으로 나타났다. 즉 일생을 살아가면
서 약 10년 정도는 질병을 앓고 살아간다는 뜻이다. '죄의
삯은 사망이라'는 말씀대로 건강하든지, 병에 걸리든지 한
번 죽는 것은 정해진 것이다. 그러나 많은 사람들은 건강할
때, 성공했을 때 마치 자신은 죽지 않을 것처럼 착각하고
산다.

인간은 누구든지 세 종류의 세상을 사는데 첫째는 복중
의 세계(태생)요, 둘째는 이 땅의 세계(이생)요, 셋째는 천
국 혹은 지옥에서의 영원한 세계(영생)이다. '거듭나지 아
니하면 하나님의 나라를 볼 수도 없고, 들어갈 수 없다'
(요 3:3, 5)는 말씀대로 지금 당신은 천국에 들어갈 준비가
되어 있는가? 다시 말해 거듭났는가?

023. 메시아 콤플렉스 ☕

굵고 곧은 줄기에다가 껍질에 흠집을 내면 줄기에서 몸에 좋은 수액이 나오고, 가지는 우아한 모습을 하고, 잎사귀는 무성하여 시원한 그늘을 제공하고, 사시사철 열매를 맺을 수 있는 나무가 있었으면 하지만 그런 나무는 없다. 사자처럼 용맹스럽고, 치타처럼 빠르고, 곰처럼 힘이 세고, 공작처럼 아름다우며, 학처럼 오래 살 수 있는 동물을 원하지만 그런 동물도 없다.

아브라함과 같은 믿음에, 이삭과 같은 순종이 있고, 야곱과 같은 집념을 가지고, 요셉처럼 인내하며, 에스라 같은 박식함에, 다니엘처럼 믿음의 절개를 지니고, 예레미야와 같은 풍부한 감성에, 베드로와 같은 능력에, 바울과 같은 논리적 사고를 지닌 사람을 찾지만 이 세상에는 그런 사람도 없다.

단 한 번의 설교에도 불구하고 가슴을 치고 마음을 찢게 만드는 명설교가요, 늘 기도로 사는 기도의 용사요, 교인들이 원할 때는 언제든지 심방도 잘하고, 항상 독서를 열심히 하여 필요한 정보를 제공하고, 각종 애경사(돌, 생일, 입학, 졸업, 개업, 출산, 이사, 약혼, 결혼, 임종, 입관, 하관, 추모 예배, 결혼기념일, 회갑, 출국, 귀국, 승진 등)를 빠짐없이 챙기고, 얼굴도 잘 생기고(얼짱), 운동도 잘하고(운짱), 몸

매도 뛰어나고(몸짱), 대인관계도 탁월하고, 사회활동도 왕성하게 하는 목사를 원하지만 그 모든 것을 만족시켜 줄 수도 없을 뿐 아니라 그렇게 할 수 있는 목사는 이 땅에 없다. 하지만 이런 욕구를 다 충족하려다가 그것에 이르지 못해 메시아 콤플렉스(Messiah Complex)에 시달려 탈진되는 경우가 많다.

024. 무단횡단 ☕

어떤 사람이 빨간 신호등이 들어왔을 때 횡단보도를 무단으로 건너는 사람이 있으면 다른 사람들도 그를 따라서 무단횡단하는 경우를 보게 된다. 프리드와 챈들러는 옷을 잘 입은 사람이 무단으로 건너는 경우와 초라하게 옷을 입은 사람이 무단으로 건널 때에 그들을 따라 무단으로 건너는 경우를 실험하였다. 옷을 잘 입은 사람이 신호등을 무시하고 건널 때 그를 따라서 건너는 사람들의 수가 옷을 초라하게 입은 사람을 따라 건너는 사람들보다 3.5배나 많았다. 이는 사람들이 옷을 초라하게 입은 사람보다 잘 입은 사람을 더 신뢰한다는 결과를 보여주고 있다. 이와 같이 다른 사람이 하는 대로 자신이 따라하는 것을 '모델링(modeling)'이라고 한다.

어느 유치원의 선생님들이 뒷짐을 지고 걷는 원아의 모습을 보고 배꼽을 잡았다고 한다. 그 아이는 모든 것이 정상적인데 걸을 때는 항상 뒷짐을 지고 걷는다는 것이다. 알고보니 그 아이는 할아버지의 돌봄을 받고 자랐기에 걸을 때는 항상 뒷짐을 지고서 걷는 할아버지를 모델링한 것이다.

자신도 모르는 사이에 자식은 부모를 닮고, 제자는 스승을 닮고, 새신자는 자기를 이끌어 준 사람을 닮고, 성도는 목사를 닮는다. 닮고 싶어 닮는 경우도 있지만 '시집살이 호되게 한 사람이 며느리 시집살이를 호되게 시킨다.'는 속담처럼 닮고 싶지 않는데도 닮는 경우가 있다. 지금 당신의 모습은 누군가로부터 닮은 것이며, 또한 당신은 누군가에게 영향을 끼치고 있음을 기억하고 살아야 한다.

025. 물을 주는 것이 내 아버지의 뜻

맥스 루케이도가 쓴 『토비아스의 우물』에는 다음과 같은 이야기가 있다. 사막 가운데 사는 한 마을의 사람들은 우물 주인인 토비아스가 물이 필요한 사람이라면 누구든지 쓸 수 있도록 거저 주었기 때문에 물 걱정을 하지 않았다.

어느 날 토비아스는 그의 아들과 함께 먼 길을 떠나면서 우물 관리를 그의 종 엘제비르에게 맡기면서 사람들에게 물을 거저 주라고 했다. 처음 얼마동안 엘제비르는 주인의 뜻대로 모든 사람에게 즐거운 마음으로 물을 퍼 주었다. 그러나 얼마 지나지 않아 그는 자기에게 감사를 표하는 사람, 선물을 가져오는 사람에게만 물을 주었다. 사람들은 물을 얻기 위해 어쩔 수 없이 그의 눈 밖에 나지 않으려고 했다.

어느 날 우물가에 한 사람이 나타났다. 엘제비르는 그도 물을 얻으러 온 사람이려니 하고 거드름을 피웠다. 그러나 그 사람은 우물 주인인 토비아스의 아들이었다. 토비아스의 아들은 사람들에게 예전처럼 마음껏 물을 가져가도록 했다. 마을 사람들은 지금까지 엘제비르의 악행을 고발하며 그에게 물을 주지 말라고 청원했다. 그러나 토비아스의 아들은 엘제비르에게도 물을 주는 것이 '내 아버지의 뜻'이라며 그를 용서하고 물을 주었다.

토비아스의 아들은 그리스도를 닮은 성숙한 신자의 모습을, 엘제비르는 자기중심적인 미성숙한 신자의 모습을 보여주고 있다. 우리 모두는 예수 그리스도를 닮은 성숙한 성도로 자라야 한다.

026. 배가 고플 때, 배가 부를 때

어린 시절에 '보릿고개'란 말을 듣고 자랐다. '보릿고개'

는 여름에 추수하는 보리가 여물지 않은 상태에서 지난해 가을에 걷은 식량이 다 떨어져 굶주릴 수밖에 없게 되던 4~5월의 춘궁기(春窮期)를 말한다.

일제 강점기의 식량 수탈과 6.25 전쟁으로 인해 당시 사람들은 극심한 굶주림 속에 살아야 했다. 대부분의 농민들은 추수 때 걷은 농작물 가운데 소작료를 비롯하여 빚과 이자와 세금 등으로 지출한 다음, 남은 식량을 가지고 초여름 보리 수확 때까지 견뎌야 했다. 그래서 대개 풀뿌리나 나무껍질로 끼니를 때우거나 죽으로 연명하기도 했다. 보릿고개 때에 유행하던 속담을 보면 '금강산도 식후경', '먹고 죽은 귀신은 때깔도 좋다.' '수염이 석 자라도 먹어야 양반' 등과 같이 먹는 것에 초점을 두었다.

가난하여 배가 고플 때는 음식의 맛보다 음식의 양에 관심을 많이 둔다. 그러나 배가 부르면 음식의 양보다 음식의 맛을 더 추구하게 된다. 가난할 때는 먹고살기만 해도 더 바랄 것이 없다는 하위욕구를 추구하지만 먹고살만 하면 자기실현과 같은 상위욕구를 추구하게 된다. 이를 '욕구 전환의 법칙'이라고 한다.

신앙생활에서도 초신자일 때는 많은 성경 지식을 추구하지만 어느 정도 지나면 깊은 성경 진리를 추구하게 된다. 양적인 팽창이 있어야 이를 바탕으로 질적인 도약을 이룬다는 '양질전환의 법칙'도 있다. 기도의 양이 많아지면 기도의 질도 높아진다. 적은 기도는 얕은 기도에 이르게 하고, 많은 기도는 깊은 기도에 이르게 한다.

027. 보리밟기

우리 조상들은 겨울에 보리밭에 나가서 보리밟기를 했다. 보리밟기는 가을부터 겨울 동안 밭에서 자라고 있는 여리고 작은 보리를 발로 밟아 주는 것을 말한다. 보리를 발로 밟아 주면 뿌리가 땅 속 깊은 곳까지 파고들어 더 많은 수분을 흡수할 수 있다. 서릿발 때문에 토양 사이의 공간이 넓어지고 보리의 뿌리가 위로 들린 상태로 있게 된다. 보리를 밟아 주지 않으면 겨울을 나야 하는 보리는 수분과 영양분을 제대로 공급받지 못하고 얼어서 자칫 죽을 수도 있다. 이때 흙을 밟아 주어 흙 사이의 공간을 줄이고 작물의 뿌리가 얼지 않도록 해야 한다. 이와 같이 보리밟기를 하기 전에는 약 80개 정도의 이삭이 달리지만 밟아 주면 약 5배 정도 더 많이 맺힌다고 한다. 보리밭 밟기는 뿌리의 수와 양을 증가시켜 추위와 가뭄에 견디는 힘이 강해지고, 이삭이 많아지고, 넘어짐을 방지하는 효과가 있다고 한다. 그래서 우리말 속담에 '보리밭에 상여 지나가면 풍작이다.', '가을보리 밟아 주면 술이 석 잔이다.'라고 했다.

다윗은 '주의 손이 나를 누르셨다.'(시 32:4, 38:2)고 했으며, 그는 자기 영혼이 눌림으로 인하여 녹았다고 했다(시 119:28). 눌림을 당하면 땅바닥까지 낮추어지고, 자존심이 상하고, 체면이 뭉개지고, 숨을 제대로 쉴 수 없게 된다. 그럼에도 다윗은 훗날에 고난을 당하기 전에는 그릇되게 살았지만 고난당한 후에는 말씀을 지키게 되었다고 고백하면서 고난이 자기에게 유익이 되었다고 했다(시 119:71).

028. 빈정거림 ☕

남편이 아내를 향하여 하는 '잘난 척하지 마', '혼자만 똑똑한 척하지 마', '너 혼자만 깨끗한 척하지 마'라는 말은 아내의 마음에 깊은 상처를 준다. 반대로 아내가 남편을 향하여 하는 '별 볼 일 없는 주제에', '능력도 없으면서', '쥐뿔도 없으면서'라는 말도 남편의 마음에 큰 상처를 준다. 빈정대는 것은 본질적으로 열등감의 표현이며, 언어폭력이라고 할 수 있다.

욥기 15장에서 엘리바스는 욥을 향하여 '네가 정말 잘났느냐?', '네가 홀로 지혜를 가졌느냐?', '네가 홀로 의로우냐?'며 노골적으로 빈정대고 있다. 욥은 이로 인하여 말할 수 없는 깊은 상처를 입었다. 칼로 인한 상처보다 말로 인한 상처가 더 깊고 오래갈 수도 있다. 칼은 육체에 상처를 입히지만 말은 마음에까지 상처를 입힌다.

빈정거림은 어떤 사람이 다른 사람이나 그의 언행을 은근히 비웃는 태도로 놀리는 것을 말한다. 타인의 결점, 나쁜 점을 잘 보고 꼭 집어 지적하거나 빈정거리는 심리는 도대체 어디서 생겨나는 것일까?

심리학에서는 자존심이 강한 사람은 오히려 숨겨진 열등감이 강한 사람이라고 한다. 그러므로 빈정거림은 숨겨진 열등감의 표출이라고 할 수 있다.

이 세상에는 의인이 없는 것처럼 완벽한 사람은 없다. 그렇기에 아무리 훌륭한 인품의 사람이라도 그 결점을 찾아낼 수 있게 된다. 타인의 결점을 잘 본다고 해서 현명하고 뛰어난 사람이 될 수 없다. 옹졸한 사람은 빈정거림으로 타인의 잘못을 드러내어 자기만족을 누리지만 성숙한 사람은 타인의 결점을 보고도 덮어 주거나 모른 척해 주는 깊은 도량이 있다(벧전 4:8)

029. 사람을 일으키는 힘

레오나르도 다빈치는 르네상스를 대표하는 예술가로서 그 유명한 '모나리자'와 '최후의 만찬' 등을 남겼다. 또한 그는 회화, 건축, 기계, 해부학 등에서도 방대한 업적을 남겼다. 하지만 다빈치는 어렸을 때는 고아라는 이유로 따돌림을 당하여 집 밖에 나가는 것조차 싫어했었다. 그러나 그를 키웠던 할머니는 다빈치에게 "너는 무엇이든지 할 수 있어. 할머니는 너를 믿는다."는 말로 격려했다. 발명왕 에디슨은 네덜란드 출신의 이민자인 아버지와 스코틀랜드계 어머니 사이에서 태어났다. 그는 초등학교도 제대로 못 다니고 아홉 살 때 학교에서 저능아라고 쫓겨났다. 그의 어머니가 집에서 성경과 수많은 책을 읽히면서 격려했다. 어머니의 사랑과 격려를 힘입은 에디슨은 84세로 세상을 떠날 때까지 1,093가지의 발명품을 만들었다. 해가 지지 않는 나라를 세운 영국의 빅토리아 여왕도 힘들 때에 궁궐 밖에 사는 경건한 노파를 찾아가서 대화를 나누면서 위로를 받았다. 천하를 호령하던 로마 황제들도 지친 마음을 위로해 줄 사람을 항상 곁에 두고 있었다.

이 세상에는 격려가 필요하지 않은 사람은 아무도 없고, 격려하지 못할 사람도 아무도 없다. 누구든지 격려가 필요하고, 또한 누구든지 격려할 수 있다. 격려는 용기나 힘을 북돋아 주는 것을 말한다.

캘빈 밀러(Calvin Miller)는 그의 책 『격려』에서 격려는 '사람을 일으키는 가장 큰 힘'이고, 격려자는 '하늘 축복의 메신저'라고 했다. '수고했어요', '잘했어요', '고마워요',

'사랑해요', '괜찮아요', '미안해요'라는 따뜻한 말 한마디가 큰 격려가 된다. 주님은 우리들에게 "서로 격려하라"고 하신다(히 10:24). 다윗은 "이 말씀은 나의 고난 중에 위로"라고 했다(시 119:50).

030. 백향목 같은 그리스도인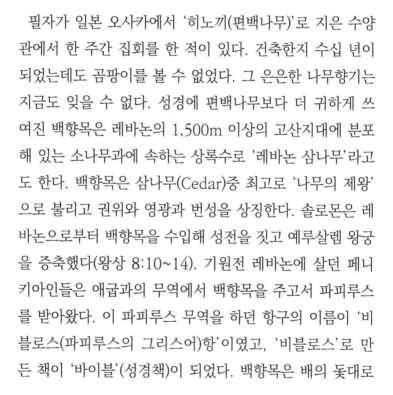

필자가 일본 오사카에서 '히노끼(편백나무)'로 지은 수양관에서 한 주간 집회를 한 적이 있다. 건축한지 수십 년이 되었는데도 곰팡이를 볼 수 없었다. 그 은은한 나무향기는 지금도 잊을 수 없다. 성경에 편백나무보다 더 귀하게 쓰여진 백향목은 레바논의 1,500m 이상의 고산지대에 분포해 있는 소나무과에 속하는 상록수로 '레바논 삼나무'라고도 한다. 백향목은 삼나무(Cedar)중 최고로 '나무의 제왕'으로 불리고 권위와 영광과 번성을 상징한다. 솔로몬은 레바논으로부터 백향목을 수입해 성전을 짓고 예루살렘 왕궁을 증축했다(왕상 8:10~14). 기원전 레바논에 살던 페니키아인들은 애굽과의 무역에서 백향목을 주고서 파피루스를 받아왔다. 이 파피루스 무역을 하던 항구의 이름이 '비블로스(파피루스의 그리스어)항'이였고, '비블로스'로 만든 책이 '바이블'(성경책)이 되었다. 백향목은 배의 돛대로 많이 사용하고, 바로의 관 제작에도 사용되었으며, 솔로몬 성전의 안벽과 성전 마루와 지성소에도 사용되었다(왕상 6:15~16). 솔로몬 궁궐의 기둥과 들보와 마루판도 이것을 사용했다.

백향목은 뿌리를 깊게 내리기에 높이가 40m 정도까지 곧게 자라고 재질이 단단하고 좋은 향기를 내는 고급 목재로서 잘 썩지 않는다. 백향목은 성경에서 '여호와의 나무'라고 불렸다(시 104:16). 백향목의 수명은 2,000~3,000년 정도 된다고 한다.

백향목은 곧게 성장하므로 좌우로 치우치지 않는 의인을 상징한다. 백향목은 뿌리를 깊게 내리므로 사시사철 푸르름을 유지하는 상록수이므로 시냇가에 심겨진 나무가 철을 따라 열매를 맺고 잎사귀가 마르지 않는 것과 같은 하나님 백성을 상징한다. 백향목은 아름다운 향기가 있는 것처럼 세상의 향기인 그리스도인을 상징한다. 당신이 바로 백향목이다.

031. 명의의 겸손 🍵

한 분야에 10년이 되면 전문가(專門家, expert)가 되고, 한 분야에서 30년이 되면 대가(大家, master)가 되고, 한 분야에서 50년이 되면 전설(傳說, legend)이 된다고 한다.

중국의 명의 편작(扁鵲)은 죽은 사람도 살려 냈다는 전설적인 의사였다. 그의 두 형도 또한 역시 의사였는데 그 삼형제에 관하여 중국의 고서 '갈관자(鶡冠子)'에 그들에 대한 기록되어 전해지고 있다.

어느 날 위(魏)나라의 임금이 편작에게 '그대 삼형제 가운데 누가 제일 병을 잘 치료하느냐?'고 물었다. 그는 '큰형님의 의술이 가장 훌륭하고, 다음은 둘째 형님이며, 자기의 의술이 가장 비천하다.'고 했다. 임금이 그 이유를 묻자 편작은 "큰형님은 얼굴빛만 보고도 그에게 장차 병이 있을 것임을 알아서 그가 병이 생기기도 전에 원인을 제거하여 줍니다. 그러므로 아파 보지도 않은 상태에서 치료를 받게 되어 자신을 치료해 주었다는 사실을 알지 못합니다. 큰형님이 명의로 소문나지 않은 이유는 여기에 있습니다. 둘째 형님은 상대방이 병세가 미미한 상태에서 그의 병을 알고 치료를 해 줍니다. 그러므로 이 경우의 환자도 둘째 형님이 자신의 큰 병을 낫게 해 주었다고 생각하지 않습니다. 그러나 저는 병이 커져서 환자가 고통 속에 신음할 때가 되어서야 비로소 병을 알아보았습니다. 병이 심하므로 그의 맥을 짚고, 수술을 하고, 약을 먹여 고칩니다. 그런데 사람들은 제가 대단한 의술로 자신의 병을 고쳐 주었다고 믿습니다. 명의로 소문이 나게 된 이유는 여기에 있습니다."라고 했다.

032. 일상의 착각 🐡

하버드대학교의 '투명 고릴라 실험'의 창시자인 크리스토 퍼 차브리스와 대니얼 사이먼스 교수는 검은 셔츠를 입은 3명, 흰 셔츠를 입은 3명, 도합 6명의 학생들이 각각 팀을 이뤄 농구공을 패스하는 실험을 했다. 이 실험의 과제는 흰 셔츠 팀의 패스 횟수만 세는 것이다. 실험에 참가한 학생들은 열심히 흰 셔츠 팀의 패스 횟수를 세었다. 그런데 진짜 과제는 따로 있었다. 그것은 영상에서 고릴라 보는 것이었다. 이 실험 영상에서는 고릴라 옷을 입은 학생이 천천히 등장하여 카메라 정면을 보고 가슴을 두드리고는 퇴장한다. 그러나 실험 참가자의 50%는 고릴라가 등장했다는 사실을 전혀 알아채지 못했다. 다시 영상을 본 그들은 당연히 고릴라를 발견했고, 왜 자신들이 그 고릴라를 알아보지 못했는지 크게 놀랐다. 그들은 재미있고 독창적인이 '투명 고릴라 실험'으로 2004년 이그노벨상을 수상했다.

크리스토퍼 차브리스와 대니얼 사이먼스는 그들의 책 『보이지 않는 고릴라』에서 사람들은 주의력 착각, 기억력 착각, 자신감 착각, 지식 착각, 원인 착각, 잠재력 착각 등과 같은 일상의 착각 속에 산다고 했다.

우리 인간이 '만물의 영장'이라고 하지만 본다고 해서 다 보는 것이 아니고, 들었다고 해서 다 기억하는 것도 아니다. 마음의 확신도 모두 맞는 것도 아니며, 피조물 중에 으뜸이라고 할 수는 있지만 완벽한 존재는 아니다. "그러므로 하나님의 능하신 손 아래에 겸손하라 때가 되면 너희를 높이시리라"(벧전 4:6)는 말씀과 또한 "너는 마음을 다하여 여호와를 신뢰하고 네 명철을 의지하지 말라 너는 범사에 그를 인정하라 그리하면 네 길을 지도하시리라"(잠 3:5~6)는 말씀을 따라 자신에 대한 절대 겸손과 하나님께 대한 절대 신뢰로 살아야 한다.

033. 여자의 눈물 ☕

영국 일간지 「데일리 메일」은 2010년도에 육아 전문지 「더 베이비 웹사이트」를 통해 여성 3,000명을 대상으로 조사해 본 결과 자기 생애를 마감할 때까지 우는 기간이 평균 16개월이나 되었다고 한다. 여성의 경우 생후 12개월까지 하루 3시간 울고, 생후 1~3년에는 하루 최장 2시간 5분 동안 울고, 10대에 들어서면 친구와 다툰 뒤, 다른 사람에게 욕을 먹거나 외출금지를 당했을 경우에 우는 데 주간 평균 2시간 13분간 우는 것으로 나타났다. 19~25세에는 주로 가슴 뭉클한 영화를 볼 때, 장기적인 인간관계 때문에 어찌할 바를 모를 때, 사랑하는 사람을 잃었을 때 주간 평균 2

시간 14분 정도 운다고 했다. 26세 이후의 여성은 연인과 헤어졌을 때, 가까운 사람의 안타까운 소식을 접했을 때, 너무 피곤할 때 주로 운다고 대답했다. 이처럼 여자가 평생 우는 시간을 모두 합하면 1만 2,000시간이 넘는다고 한다.

수많은 여자의 눈물 중에 가장 특별한 눈물은 기도의 눈물이다. 하나님께서는 선지자 말라기를 통해서 어려서 맞이한 아내, 서약한 아내에게 거짓을 행하여 눈물과 울음과 탄식으로 여호와의 제단이 가리어졌다고 했다(말 2:13~16). 사무엘의 아버지 엘가나는 자기 아내 한나에게 "어찌하여 울며 어찌하여 먹지 아니하며 어찌하여 그대의 마음이 슬프냐 내가 그대에게 열 아들보다 낫지 아니하냐"(삼상 1:8)며 위로해도 위로가 되지 않았다. 한나의 눈물의 기도는 사무엘이라는 아들을 얻는 기회가 되었지만 위기에 빠진 나라를 구하는 계기도 되었다.

눈물은 화학적으로 분석해 보면 약한 소금물에 지나지 않는다. 눈물의 기도 때문에 하늘 문이 닫히기도 하고, 그 문이 열리기도 했다. 아내의 눈물에 남편의 마음이 녹고, 성도들의 눈물에 하나님의 마음이 녹는다.

034. 분노 에너지를 창조 에너지로

1950년대 이탈리아에서 트랙터로 성공한 페루치오 (Ferruccio)는 당시 명품 스포츠카였던 페라리(Ferrari)를 구입해 신나게 즐기던 중에 자신의 페라리가 자주 고장이 나는 것을 의아하게 여겨 직접 페라리를 분해하였는데 몇 가지 문제점을 발견했다. 이에 페루치오는 페라리 창업자 이자 소유주였던 엔초 페라리(Enzo Ferrari)를 만나길 요 청했다. 그러나 엔초 페라리는 트랙터나 만드는 사람이 스 포츠카에 대해 뭘 안다고 그러느냐며 무시하며 만남을 거 절했다. 페라리 사장한테 무시를 당해 화가 난 페루치오 는 바로 페라리를 능가하는 스포츠카를 내놓겠다고 결심하 고 자신의 전 재산을 털어 최고의 스포츠카를 만들어 냈다. 그렇게 해서 탄생한 스포츠카 브랜드가 바로 람보르기니 (Lamborghini)다.

난로 위에 물을 담은 주전자를 올려 놓으면 물이 끓으면 서 에너지가 발생한다. 분노도 마음속에서 끓어오르면 에 너지가 발생하는데 대체적으로 분노 에너지는 소리를 지르 거나 물건을 부수거나 상대방에게 폭력을 사용하는 파괴 적인 에너지로 쓰이는 경우가 많다. 분노할 때 모습을 보면 이전과는 전혀 다른 사람으로 변하는 경우가 많다.

매튜 헨리는 "분노가 앞문으로 들어오면 이성은 뒷문으로 나간다"고 했다. 그의 말은 분노할 때 이성을 잃어버린다는 뜻이다. 기도의 사람이었던 다윗도 마온에 사는 나발의 모욕과 배은망덕함으로 분노가 치솟아 오르자 군사들에게 칼을 차게 하고 남자들을 죽이지 않으면 저주를 받으리라고 맹세하며 한 사람도 남기지 않겠다고 했다. 분노한 다윗은 기도하지 않았으며, 비류들이 사용하는 천박한 말을 쏟아 냈다. 분노하면 이성만 달아나는 것이 아니라 기도할 마음도 달아나고, 천박한 말을 쏟아 낸다.

035. 꾸미는 사람, 가꾸는 사람 ☕

김겸섭은 그의 책 『사랑이 위독하다』에서 '꾸미는 사람'과 '가꾸는 사람'이 있다고 했다. 우리 주변에 보면 자신을 꾸미는 사람이 있고, 자신을 가꾸는 사람이 있다. 꾸미는 사람은 외모의 가치를 중시하는 사람이고, 가꾸는 사람은 내면의 가치를 중시하는 사람이다. 시간이 흐르면 부패하는 음식이 있고, 발효하는 음식이 있다. 세월이 흐르면 어쩔 수 없이 아무리 꾸며도 점점 늙어 가는 것을 막을 수 없지만 내면을 가꾸는 사람은 점점 성숙해진다.

사울은 뛰어난 풍채로 사람들의 마음을 얻었지만 시간이 갈수록 자신을 가꾸지 못하여 결국 패망의 길을 걷게 된 반면 다윗은 외모도 보잘것없고, 집안에서도 인정받지 못했었지만 자신을 잘 가꾸어서 하나님 보시기에 합당한 사람이 되었다. 외모를 꾸밀 뿐만 아니라 내면을 가꾸는 사람이 있고, 외모는 꾸미지만 내면을 가꾸지 않는 사람도 있다. 그리고 외모는 꾸미지 않고 내면만 가꾸는 사람도 있고, 외모도 꾸미지 않고 내면도 가꾸지 않는 사람도 있다. 당신은 위의 네 종류의 부류에서 어디에 속하는가? 머리카락이 아름다웠던 압살롬은 내면을 선하게 가꾸지 못한 채 반역을 일으켰다가 결국 그 머리카락이 나무에 걸려 비참한 최후를 맞았다.

"우리가 낙심하지 아니하노니 우리의 겉사람은 낡아지나 우리의 속사람은 날로 새로워지도다"(고후 4:16)는 말씀과 같이 낡아지는 겉사람에 모든 것을 거는 사람은 경건의 모양은 있으나 경건의 능력이 없는 사람이다. 다시 말하면 지혜로운 사람이 아니다. 그러나 날로 새로워지는 속사람에 투자하는 사람이 반석 위에 집을 세우는 자처럼 지혜로운 사람이다. 겉을 꾸미기 위해 겉만 보여 주는 거울만 보지 말고, 속사람을 가꾸기 위해 내면을 보여 주는 말씀을 보아야 한다.

036. 하나님이 주도하시는 세상

텔레비전은 뉴스 및 오락을 통하여 대중들의 사랑을 받았었고, 정치인들의 선거운동에서도 중요한 역할을 해 왔다. 오랫동안 텔레비전은 중요한 위치를 차지했었지만 텔레비전의 위기가 다가오고 있다. 미국 방송의 시청자들의 평균 연령이 60대로 올라갔다. 젊은 세대는 텔레비전을 보는 것이 아니라 인터넷 포털, 블로그, 홈페이지에서 정보는 얻고 온라인에서 상품을 구매한다. 이미 미국의 텔레비전은 노년층을 주요 고객으로 바꾸기 시작했다. 또 다른 변화는 세계 2차 대전 이후 여성의 지위가 빠르게 향상되고 있다. 수렵시대, 농경시대, 산업시대에서는 남성의 힘이 필요했지만 오늘날의 정보화 시대, 4차 산업혁명의 시대에서는 여성의 섬세함과 감수성이 우위의 경쟁력이 된다. 영국의 US 뉴스 앤드 월드 리포트(USN&WR)에 의하면 대부분의 대학이 여자 대학으로 변하기 때문에 남학생들에게 가산점을 주어 신입생을 선발해야 한다고 했다. 또한 구매력에 있어서도 가구의 선정 94%, 휴가지의 선정 92%, 주택구입 결정의 91%, 헬스케어 선택의 80%, 자동차 선정의 68%, 가전제품의 선정 51%를 여성이 결정한다고 보도했다. 여성이 주도하는 시대로 변하고 있음을 보여주고 있다.

조지워싱턴대학교의 빌 할랄(Bill Halal)은 2024년이 되면 암 정복이 가능해지고, 2030년이 되면 줄기세포, 유전자 치료가 가능하고, 2038년이 되면 인간의 수명을 조절할 수 있게 된다고 내다보고 있다. 지금 세상은 마치 인간이 주도하는 세계, 여성이 주도하는 사회로 변하고 있다. "너는 마음을 다하여 여호와를 신뢰하고 네 명철을 의지하지 말라 너는 범사에 그를 인정하라 그리하면 네 길을 지도하시리라"(잠 3:5~6). 인간은 자신의 명철보다 하나님을 범사에 인정하고 의지해야 한다.

037. 축복언어의 황금 비율

노스캐롤라이나대학의 바버라 프레드릭슨 박사는 60개 기업을 연구 분석한 결과 20개 기업은 발전하였고, 20개는 현상유지를 하였고, 20개는 퇴보했다고 한다. 이 기업들을 분석한 결과는 매우 놀라웠다. 긍정적인 언어와 부정적인 언어의 비율이 3:1보다 높은 기업은 번창하는 반면 그보다 낮은 기업은 퇴보했다는 것입니다. 그래서 그는 이 연구를 처음 시도한 마르셀 로사다의 이름을 따서 '로사다 비율'(Losada Ratio)이라고 하였다.

워싱턴대학교의 고트먼 박사는 35년간 3,000쌍 이상의 부부 대화를 연구 분석한 결과 다음과 같은 사실을 확인하게 되었다. 오랫동안 행복한 관계를 유지하는 부부는 긍정적인 말을 부정적인 말보다 5배 정도 더 한다는 사실이었다. 긍정적인 대화와 부정적인 대화의 비율이 5:1 이하로 떨어지면 부부생활에 문제가 발생하는 것으로 나타났다. 그래서 고트먼 박사는 이를 '마법의 비율'(Magic Ratio)이라고 불렀는데 '고트먼 비율'이라고도 한다.

부엌에서 라면 국물 한 컵(1리터)을 버리면 그것을 맑은 물로 정화하는데 5,000배가 넘는 5톤의 물이 소요된다고 한다. 소주 1잔(20cc)을 정화시키는데 50,000배가 넘은 1톤의 물이 필요하다고 한다. 오염된 것은 반드시 정화되어야 한다. 정화되지 않으면 결국 그것이 부메랑이 되어 되돌아오기 때문이다.

행복한 부부관계를 위해서는 상대방에게 부정적인 말을 1번 할 때 적어도 5번 이상의 긍정적인 말을 해야 한다.

함부로 쏟아 내는 부정적인 말로 인한 오염은 더 심각한 결과를 초래한다. 그러므로 그것을 회복하기 위하여 많은 긍정적인 말이 필요하다. 그러므로 입에 파수꾼을 세워서 부정적인 말을 줄이고, 양약과 같은 긍정적인 말을 사용해야 한다(잠 12:18).

038. 헝겊엄마, 철사엄마 ☕

　미국 위신콘신대학교의 동물심리학자인 해리 프레드릭 할로우(Harry Frederick Harlow, 1905~1981) 교수가 '모형 엄마 실험(artificial mother experiment)'을 했다. 제왕절개로 태어나 한 번도 엄마를 본 적이 없는 아기 원숭이를 헝겊으로 만든 엄마(헝겊엄마)와 철사로 만든 엄마(철사엄마) 앞에다 놓았다. 철사로 만든 엄마 원숭이에게는 가슴에 우유병을 매달아 주었다. 아기 원숭이가 우유와 부드러운 품 중에 어느 것을 더 선호하느냐에 대한 실험이었다. 이 아기 원숭이는 단지 배가 고플 때만 철사엄마한테 가서 우유를 빨아 먹고 평소에는 부드럽고 포근한 헝겊엄마 옆에서만 놀았다. 아기 원숭이가 놀고 있을 때 갑자기 경고음을 울려 어느 엄마에게 달려가는지를 알아보는 실험을 했다. 아기 원숭이는 위험한 상황에서 역시 포근한 헝겊엄마에게 달려갔다. 이 실험을 통해 동물들조차도 부드럽고 온유한 것을 원한다는 것을 알게 되었다.

　자녀들에게 풍성한 먹거리, 입을거리, 놀거리도 중요하지만 더 소중한 것은 따뜻한 엄마와 아빠의 사랑이다. "온유한 자는 복이 있나니 그들이 땅을 기업으로 받을 것임이요"(마 5:5)라고 했다. 일반적으로는 사나운 자가 땅을 차지할 것 같지만 주님은 온유한 자가 복이 있다고 했다.

모세는 지면의 모든 사람보다 온유한 사람이라고 했다(민 12:3). 온유는 사람의 표정이나 성질이 온화하고 부드러움을 말한다. 강한 것은 부러지거나 깨지지만 부드러운 것을 그렇지 않다. 성경에서 '온유(praus)'는 '길들이다'는 뜻이다. 모세는 전에 애굽 사람을 때려죽였고, 금송아지를 만들어 섬기는 백성들을 보고 하나님이 주신 십계명 돌판을 던져 박살 낸 사람이었다. 하지만 불과 같았던 모세는 하나님께 길들여져서 온유한 사람이 되었다.

039. 선생이 많이 되지 말라

힐렐이라는 랍비가 있었다. 당시 이스라엘은 로마의 통치를 받고 있어 생활이 매우 어려웠다. 힐렐도 돈을 벌기가 매우 힘들었다. 일거리가 없는 때에는 단 한 닢의 동전조차도 벌지 못할 때도 있었다. 그러나 그는 동전 한 닢의 절반은 생활비로 쓰고, 나머지는 공부하는 데 충당하였다. 수업료를 낼 수 없었을 때는 교실 지붕에 난 창에 귀를 대고 강의를 들었다. 어느 겨울밤에 피곤에 지쳐 지붕 위 창에서 그만 잠이 들고 말았는데 눈이 그의 몸을 덮어 버렸다. 다음날 아침 다시 공부가 시작되었는데 다른 날과는 달리 교실 안이 어두웠다. 지붕에 난 창을 누군가가 가리고 있던 것이었다.

깜짝 놀라 지붕에 올라가 보니 힐렐이 눈에 파묻혀 있었다. 얼어 죽을 뻔 했던 그는 천만다행으로 다시 깨어났다. 그 후 힐렐은 수업료를 면제받고 공부하게 되었고, 또 그것이 계기가 되어 유대인 학교에서 수업료가 없어졌다고 한다.

힐렐은 예수님 시대에 샴마이와 쌍벽을 이루던 율법학자요, 훌륭한 랍비였다. 랍비(rabbi)는 '나의 스승', '나의 주인'이라는 뜻으로 '공인받은 율법교사'를 말한다. 오늘날에도 랍비가 되기 위해서는 성경, 히브리어, 아랍어, 유대인의 역사와 유대문학, 법률학, 심리학, 설교학, 처세철학, 교육학을 공부하고도 몇 편의 논문을 써야 한다. 랍비는 할례의식의 거행, 변호사, 법관, 주례 및 장례 등을 집례한다. 유대인들이 10명 이상 모이는 곳에는 반드시 회당(synagogue)이 있고, 토라와 탈무드를 연구하고 읽는 랍비가 있다. 랍비는 유대인들로부터 존경과 대접을 받았다. 그래서 많은 사람들이 존경과 대접을 받으려고 랍비가 되려고 했다. 그러나 바울은 '너희는 선생된 우리가 더 큰 심판을 받을 줄 알고 선생이 많이 되지 말라'(약 3:1)고 했다. 존경과 대접을 받으려고 랍비가 되지 말고, 먼저 존경과 대접을 받을 수 있는 랍비가 되어야 한다.

040. 당신은 어떤 역사관을 가지고 있는가?

오스왈드 스펜글러(Oswald Spengler)는 그의 책 『서구의 몰락, Der Untergang des Abendlandes』에서 모든 것은 '발생-성장-절정-쇠퇴-몰락'의 과정을 거친다고 했다. 그는 '자연적 역사관' 혹은 '생물학적 역사관'을 정립하고 그것에 기초하여 역사를 해석했다. 그래서 그는 대부분의 문명은 반드시 일련의 주기를 거치기 때문에 역사가는 과거를 재구성할 수 있을 뿐 아니라 아직 진행되지 않은 역사의 형식, 수명, 결과 등을 예측할 수 있다고 했다. 그는 자연적 역사관 혹은 생물학적 역사관을 정립하고 그것에 기초하여 서구의 몰락을 경고하고 새로운 시대의 도래를 예고했지만 그의 예측은 빗나갔다.

아놀드 토인비(Arnold J. Toynbee)는 그의 책 『역사의 연구, A Study of History』에서 모든 것은 자연적으로 쇠퇴하는 것이 아니라 위기를 어떻게 대처하느냐에 달려 있다며 그는 '도전과 응전의 역사관'을 정립하고 그에 따라 역사를 해석했다. 그는 세계 4대 문명을 예로 들었다. 세계 4대 문명은 모두 생존의 절대적 요소인 강을 중심으로 발생했다. 그러나 강은 홍수와 범람이라는 위험성을 지니고 있다. 그래서 어떤 이들은 홍수를 피하여 고지대나 넓은 평원으로 떠나 산악 민족이나 유랑민으로 전락하고 말았다.

그러나 어떤 이들은 관개수로, 토목 및 건축술의 발전, 달력의 발명, 해상 운송 수단의 발달 그리고 문자를 발명하여 발전의 기회로 삼았다.

하나님께서는 솔로몬에게 비가 내리지 않거나 메뚜기들에게 토산이 먹히거나 전염병이 유행할 때에 악한 길에서 떠나 스스로 낮추고 기도하여 내 얼굴을 찾으면 하늘에서 듣고 죄를 사하고 고쳐 주시겠다고 했다(대하 7:13~14). 하나님은 솔로몬에게 하나님 주권적 역사관을 가르쳐 주었다. 하나님은 지금도 살아계시고 역사를 주관하시므로 그분 앞에 겸손하게 엎드려야 한다.

041. 판다가 나무에서 내려오지 않는 이유

이철환의 "판다야, 미안해"라는 글에 나오는 어미 판다의 이해할 수 없는 행동이 오히려 감동을 주고 있다. 어미 판다는 눈이 내리면 나무에 올라가 아무 것도 먹지 않고 있었다. 전에 어미 판다는 눈이 왔을 때 배고픈 새끼들을 먹이기 위해 굴 밖으로 나갔다가 그 발자국을 보고 따라온 사냥꾼에게 새끼를 모두 잃었었다. 그 후, 어미 판다는 새끼를 잃고 발걸음을 옮길 수 없을 정도로 쇠약해졌다. 어미 판다는 눈만 내리면 나무 위로 올라갔다. 눈길에 찍힌 자신의 발자국이 두려웠다. 그래서 먹지를 못하고 야위어 가도 나무 위에서 내려오지 않았다. 어미 판다는 밤하늘에 빛나는 별들이 모두 아기 판다로 보여 눈물만 흘렸다. 지나가던 동물들은 나무 위에서 내려오지 않는 어미 판다를 이상하다고 비웃고 비난했다.

바이올리니스트의 대가 파가니니(Niccolo Paganini)는 당시에 '악마의 바이올리니스트'라고 불렸다. 다른 바이올리니스트와는 다르게 손가락이 너무 유연하게 움직였기에 뛰어난 실력을 위하여 파가니니는 악마와 계약을 했다는 소문이 있었기 때문이었다. 그러나 현대 의학에 의하면 그는 '마르팡 증후군(Marfan syndrome)'이라는 유전병을 앓고 있었다고 한다. 마르팡 증후군은 1896년 프랑스의 의사 장 마르팡(Jean Marfan)이 처음 보고하면서 알려진 선천성 유전성 질환이다. 두드러진 특징은 몸이 마르고 키가 크고 몸에 비해 팔다리가 비정상적으로 긴 것으로 환자들 중에는 농구, 배구 등 큰 키가 장점인 운동선수가 많다고 한다. 하지만 그 병은 관절은 유연해지지만 근력이 떨어지고 염증이 쉽게 생긴다고 한다. 그러나 파가니니는 이병을 앓으면서도 피나는 노력으로 다른 사람들이 따라올 수 없는 바이올리니스트의 대가가 된 것이다.

야고보는 초대 교회 성도들에게 서로 비방하지 말고 형제를 판단하지 말라고 했다(약 4:11). 이는 신앙의 좋은 덕목

이기 때문이다.

042. 과소평가, 과대평가 ☕

　예수님이 들려주신 '달란트 비유'(마 25장)에서 '달란트'는 고대 사회에서 사용하던 화폐의 단위였는데 성경학자들에 의하면 일반적으로 1달란트는 금 35kg 정도로 추산하고 있다. 금 1g이 43,141.14원(2014년 9월 시세)이다. 그렇다면 1달란트는 1,509,939,900원(약 15억 원)이다. 2달란트는 약 30억 원, 5달란트는 약 75억 원에 해당한다. 이렇게 볼 때 1달란트 받았던 종은 다른 종들이 받은 것과 자신의 것을 비교했을 것이다. 주인의 성품을 고려해 1달란트를 땅속에 묻어 두었다가 그대로 가져와서 책망을 받고 있는 것까지 빼앗겼다. 때로 비교하면 많은 것도 적게 느껴지고, 작은 것도 크게 생각하기 쉽다. 또한 못 사는 사람과 비교하여 잘살고 있다는 자긍심을 갖다가도 자기보다 잘사는 사람과 비교하면 너무 초라하고 못 살고 있다는 열등감에 빠지기도 한다.

　다윗은 이새의 여덟 명의 아들 중에 막내였다(삼상 16:11). 여기서 '막내'는 히브리어로 '카탄'인데 '어린', '하찮은', '중요하지 않은'이란 뜻을 가지고 있다. 아버지 이새에게 다윗은 막내이면서 하찮고 중요하지 않은 존재였다. 다윗의 잠재력을 전혀 알아채지 못했다. 그러나 하나님 아버지에게 다윗은 '막내'가 아니라 '장자'였고, '목동'이 아니라 '용사'였다. 사람들은 능력 있는 사람을 과소평가하여 능력 없는 사람으로 보기도 하고, 혹은 능력 없는 사람을 과대평가하여 능력 있는 사람으로 보기도 한다. 자신을 과소평가하여 열등감에 빠지지 말고, 과대평가하여 교만에 빠지지도 말아야 한다.

043. 나쁜 그리스도인

『나쁜 그리스도인』이란 책은 2007년 10월 출간된 이래 미국 사회에서 엄청난 반향을 일으키며 CNN과 「타임」지를 비롯한 주요 매스컴에서 뜨겁게 보도되었고, 기독교 분야 베스트셀러가 되었다. 이 책은 미국 '비그리스도인들의 눈에 비친 그리스도인들의 이미지에 관한 조사'를 토대로 저술되었다.

이 책은 비그리스도인(불신자)의 눈에 비친 부정적 이미지를 주는 그리스도인에 대한 평가라고 할 수 있다. 그들의 눈에 그리스도인은 위선적이고, 전도에만 열을 올리고, 동성애자를 혐오하고, 지나치게 정치적이고, 남을 판단하기 잘하는 신자라고 비난하면서 그리스도인을 '나쁜 그리스도인'이라고 부르고 있다. 그들의 '나쁘다'는 기준은 지극히 자기중심적이며, 현실중심적이다.

고기를 먹는 것이 건강에 좋다며 육식을 장려했던 적이 있다. 그러나 요즈음에는 육식은 건강에 해롭기 때문에 채식을 많이 하는 것이 좋다고 하는 세상이 되었다. 영양이 부족하였을 때는 육식이 결코 나쁜 것이 아니다. 그러나 영양이 충분할 때는 오히려 육식은 과도한 칼로리를 축적시켜서 비만에 이르게 하고 각종 성인병의 요인이 되기 때문에 좋은 것이 아니다. 그러므로 세상에서는 지금 좋았던 것이 얼마 지나지 않아서 나쁘게 될 수도 있고, 지금 나빴던 것이 조금 지나면 좋은 것으로 평가되기도 한다.

로마시대에는 그리스도인이 나쁜 사람들로 평가되었다. 황제를 주(Lord)로 섬기는 황제 숭배를 배척하고 오로지 예수님을 주(Lord)로 섬기며 목숨까지 내어놓기를 주저하지 않았던 초대교회의 그리스도인들은 암적인 존재처럼 여겨졌었다. 그러나 콘스탄틴 황제의 기독교 국교화 정책으로 인하여 오히려 그리스도인들은 공개적으로 좋은 사람들로 인정되었으며 많은 사람들이 앞다투어 그리스도인이 되려고 교회로 나아왔다.

'나쁜 그리스도인'은 영어로 'Unchristian'으로 '그리스도교적이지 않은', '그리스도교 정신에 위배되는'의 뜻을 가진 말로서 진정한 그리스도인(Christian)이 아니며 비그리스도인(Non-Christian)도 아닌 사이비 신자들로서 그들은 모양은 신자이나 본질은 신자가 아닌 자이다.

'나쁜 그리스도인'은 전 세계 어느 곳에서나 볼 수 있고 앞으로 보게 될 것이다. '나쁜 그리스도인'은 신자에 대한 세상의 비난일 수도 있고, 교회 내부의 자성의 목소리일 수도 있다. 여하튼 욕을 먹고 있는 교회와 신자들, 마이너스 성장에 이어 감소하고 있는 한국교회의 현실에서 '나쁜 그리스도인'이란 단어는 결코 듣기 좋은 것이 아니다. 그러나 한국교회는 '나쁜 그리스도인'이 없는 교회 환경을 만들기 위하여 주의 교훈에 귀를 기울여야 한다.

시몬 베드로가 대답하여 이르되 주는 그리스도시요
살아 계신 하나님의 아들이시니이다
- 마태복음 16장 16절 -

복음. 진리를 말하다

044. 잔머리 굴리지 말라 ☕

글을 읽던 중 재미있는 것이 있어 소개하고자 한다. 술도 좋아하고 놀기도 좋아하는 어떤 사람이 죽으면서 '나는 틀림없이 지옥 갈텐 데…' 하며 은근히 걱정이 되었다. 그러다 죽어 저세상으로 갔다. 그곳에 가 보니 천사가 문 앞에 서서 '당신, 천국 가고 싶어요, 지옥 가고 싶어요?'라고 물었다. 그래서 그는 혹시 먼저 천국과 지옥 구경을 할 수 있느냐고 물었더니 천사는 그렇게 할 수 있다고 했다.

먼저 천국엘 갔다. 흰옷을 입은 성도들과 천사들이 다 모여서 하나님을 찬양하고 하나님께 영광을 돌리는데 뒤에서 조금 앉아있으니 따분하고 영 마음이 안 들었다. 이번에는 지옥엘 갔다. 그곳에는 카지노도 있고 술집도 있고 여자들도 많고 맘에 쏙 들었다. 그래서 자기는 지옥 체질인 것 같다며 지옥으로 보내 달라고 했다. 그래서 그는 지옥으로 갔다. 그런데 지난번 왔던 데와 달리 술집이나 카지노도 여자도 없고, 뜨거운 불 속에서 일하라고 했다. 그는 안내자에게 지난번에 왔던 데는 이런 곳이 아니라며 따졌다. 그러자 안내자가 말했다. "그 때에는 관광비자로 왔고, 이번에는 영주권입니다."

잔머리를 굴리지 말라. "사람이 무엇으로 심든지 그대로 거두리라"(갈 6:7)고 했다. 심은 대로 거두는 법이다. 많이 심으면 많이 거두고, 적게 심으면 적게 거두는 법이다. 선한 것을 심으면 선한 것을 거두고, 악한 것을 심으면 악한 것을 거두는 법이다. "주 예수를 믿으라 그리하면 너와 네 집이 구원을 받으리라"(행 16:31)고 했다. 오직 구원은 믿음으로만 가능한 법이다. "선한 일을 행한 자는 생명의 부활로, 악한 일을 행한 자는 심판의 부활로 나오리라"(요 5:29)고 했다. 의인에게는 생명의 부활이, 악인에게는 심판의 부활이 있을 뿐이다.

045. 관 위에 놓인 돌멩이들 ☕

이스라엘의 예루살렘에 가면 예루살렘 성 동편, 곧 기드론 계곡 건너편 감람산에 공동묘지(cemetery)가 조성되어 있다. 석관으로 된 묘지들이 헤아릴 수 없을 정도로 쭉 늘어서 있다. 이 공동묘지는 유대인들의 묘지로서 지금은 거의 포화상태라고 한다. 이 공동묘지는 기드론 골짜기를 사이에 두고 예루살렘 성의 동문과 마주보고 있다.

성의 동문을 '황금문'(Golden Gate) 혹은 '미문'(Beautiful Gate)이라고 한다. 현재 이 문은 막혀 있다. 하지만 유대인들은 메시아가 오실 때 이 황금문이 열릴 것을 믿고 있다. 그 이유는 스가랴 선지자를 통해 "그 날에 그의 발이 예루살렘 앞 곧 동쪽 감람 산에 서실 것이요 감람 산은 그 한 가운데가 동서로 갈라져 매우 큰 골짜기가 되어서 산 절반은 북으로, 절반은 남으로 옮기고 그 산골짜기는 아셀까지 이를지라 너희가 그 산골짜기로 도망하되 유다 왕 웃시야 때에 지진을 피하여 도망하던 것같이 하리라 나의 하나님 여호와께서 임하실 것이요 모든 거룩한 자들이 주와 함께 하리라"(슥 14:4~5)고 하신 말씀을 믿고 있기 때문이다. 그들은 메시아가 오실 때 함께 부활하기 위해 동쪽에 위치한 감람산에 묻힌다고 한다. 유대인들은 오래 전부터 메시아가 올 때 함께 부활하기를 바라는 마음으로 이곳의 흙을 퍼 세계에 흩어져 있는 유대인들의 무덤에 넣기도 했다.

우리나라에서는 공동묘지에 가면 꽃을 꽂아 놓은 것을 볼 수 있는데 예루살렘 감람산의 공동묘지에는 석관들 위에 작은 돌들이 놓여 있다. 사무엘이 미스바에서 블레셋과의 전쟁에서 대승을 거둔 후 전승비를 세우고 '에벤에셀'(도움의 돌)이라고 했다. 돌을 말하는 단어가 히브리어로 '에벤'인데 그 단어는 바로 '아브'(아버지) + '벤'(아들)의 합성어이다. 그러므로 그들이 관 위에 돌을 얹어 놓는 이유는 아버지와 아들이 함께 있다는 뜻을 담고 있기 때문이다.

046. 가장 무서운 가방 ☕

　금번 바이든 미국 대통령 취임식 때 트럼프 전 대통령은 '핵 가방(nuclear football)'을 넘겨주지 않고 갖고 떠나서 언론의 주목을 받기도 했다. 핵무기 발사를 최종 명령하는 핵 가방은 미국 대통령을 항상 따라다닌다. 핵 가방은 검은색 가방이기에 '블랙백'이라고도 불린다. 그 가방의 무게는 18~20kg 정도 된다고 한다. 핵 가방은 대통령이 유사시 핵무기 공격 명령을 내릴 수 있는 시스템이 들어 있다. 핵 가방은 서류 가방 형태로 되어 있는데 도난방지를 위해 가방 손잡이와 가방을 든 보좌관의 손을 가죽으로 묶는 경우도 있다고 한다. 핵 가방은 3개 또는 4개인 것으로 알려져 있는 데 다른 가방은 부통령 또는 지정 생존자로 정해진 내각 관료 가운데 한 명이 보관한다고 한다. 핵 가방에는 핵무기를 사용하는 버튼이 있는 것이 아니라 핵무기의 사용을 지시하는 통신장치가 들어 있다. 핵무기는 핵분열에서 발생하는 방대한 에너지를 이용하여 방사선, 열, 폭풍으로 살상 또는 파괴하는 무기를 말한다. 그러므로 핵 가방은 세상에서 가장 무서운 가방, 판도라의 상자, 인류 멸망의 가방 등으로 불리고 있다.

　핵무기는 사람의 생명을 죽이고 시설을 파괴하는 도구이다. 그러나 생명을 살리는 도구가 있으니 바로 복음이다.

핵무기는 죽이는 능력이지만 "복음은 모든 믿는 자에게 구원을 주시는 하나님의 능력이 됨이라"(롬 1:16)고 한 대로 복음은 살리는 능력이다. 또한 성령이 임하면 권능을 받는다고 했다(행 1:8). 이 두 단어는 동일한 '뒤나미스'인데 이 단어는 영어의 다이나마이트(dynamite) 즉 폭탄을 의미하는 용어이다. 성령 안에서 생명을 살리는 복음의 능력을 절대 포기하지 않는 사람이 되어야 한다.

047. 결정 장애 세대의 치유

 젊은 세대는 행동·사고방식 달라 기성세대들과는 구분되어 불려졌다. 'N세대'(Net-generation)는 가상공간을 무대로 자유분방하게 살아가는 인터넷 세대를 말하고, 'X세대'(X-generation)는 자기 뜻대로 행동하여 어디로 튈지 모르는 럭비공 같은 세대를 가리키고, 'Y세대'(Y-generation)는 튀는 패션에 쇼핑을 즐기는 새 천년시대의 주역이 될 세대를 지칭하고, 이 외에도 'C세대', 'G세대', 'E세대' 등으로 불리고 있다. 하지만 젊은 세대는 쉴 새 없이 움직이며, 어디로 튈지 예측하기 어렵다. 그래서 그들의 특징을 포착하여 한 명칭으로 전체를 담아내기에 어렵다. 그런데 요즈음에 기회 과잉 시대가 만든 우유부단 '메

이비 세대'(Generation Maybe)가 있다. '메이비'(maybe)
는 '어쩌면', '아마'라는 뜻으로 결정을 잘 내리지 못하고,
어딘가에 잘 정착하지 못하며, 한 가지 일에 잘 집중하지
못한다는 특징을 지닌 젊은 세대를 가리키는 말이다.

올리버 예게스는 그의 책『결정 장애 세대 - 기회의 홍수
속에서 길을 잃은 사람들』에서 젊은 세대는 주의력 결핍과
결단력 박약이라는 증상을 가지고 있다고 했다. 경제적 풍
요와 기술의 발전으로 선택의 기회는 많아졌지만 쉽게 선택
하지 못하는데 그는 이를 '결정 장애'라고 했다. 그러나 결
정 장애는 젊은 세대가 조금 더 가지고 있을지는 모르지만
모든 세대가 가지고 있다. 결정 장애의 근본적 요인은 '기
준'(canon)이 없기 때문이다. 성경(canon)이 모든 일의 기
준이기에 오직 성경을 가르쳐야 이 문제를 해결할 수 있다.

048. 교회의 회복 ☕

유대인들은 하나님이 만드신 피조물의 세계를 광
물(mineral), 식물(vegetable), 동물(animal), 인간
(human)의 4가지 세계로 나눈다. 범죄함으로 하나님을 떠
나게 되었을 때 모든 피조물은 함께 탄식하며, 함께 고통
을 겪게 되었다(롬 8:22). 피조물들의 탄식과 고통이 회복

되는 곳이 바로 성전(혹은 교회)이다. 성전에서 드리는 희생 제사에는 이러한 4가지 피조물의 세계를 대표하는 상징이 등장한다. 희생 제사를 집례하는 제사장은 '인간'을, 바쳐지는 제물은 '동물'을, 소제의 제물은 '식물'을, 제물이 뿌려지는 소금은 '광물'을 각각 대표한다. 의식법에 대하여 기록한 레위기의 제사는 '모형'(model)과 '대체'(substitution)의 의미를 담고 있다. '모형'은 '실제'에 대한 예표이다. '모형'은 실제가 나타날 때까지 '시한부'라는 약점과 불완전성을 지니고 있다. 레위기의 제사는 두 가지 면에서 불완전성을 지니는데 제사를 드리는 제사장과 제사에 쓰이는 제물이다. 그러므로 온전하신 예수 그리스도가 오심으로 속죄 사역이 완성된다. '대체'는 희생제물이 그것을 가지고 온 사람을 대신하는 것이다. 희생제물의 죽음은 그 희생제물을 드리는 자를 대신하기에 제물이 죽으므로 드리는 자가 살게 된다. 제사를 통하여 불완전하고 허물과 죄로 더럽혀진 자들이 깨끗함을 얻고 하나님과 단절되었던 자들이 관계가 회복하게 된다. 오늘날 교회는 단순히 모였다가 흩어지는 장소가 아니라 하나님과 자신과 사회와 피조물과의 관계를 회복시키는 본질을 수행해야 한다.

의학자들은 우리 몸의 세포에는 유전자인 DNA와 면역 체계인 T림프구가 있다고 한다. T림프구 속에는 암세포를 죽이는 면역 물질이 나오는데 T림프구는 생각의 지배를 받는다고 한다. 이것은 오늘날 현대 의학자들의 연구 결과이지만 이미 성경에서 솔로몬을 통하여 '마음의 즐거움은 양약이라도 심령의 근심은 뼈를 마르게 한다'고 했다(잠 17:22). 행복하고 긍정적인 생각을 하면 T림프구는 활발하게 움직여 암세포를 죽이지만 부정적인 생각(시기, 분쟁, 원망, 불평, 좌절 등)을 하면 T림프구가 변이 되어 암세포나 병균을 죽이는 대신 자기 몸을 공격하여 병에 걸리게 만든다고 한다.

마음에 기쁨과 감격이 생기면 우리 몸에서는 '엔돌핀'과 '도파민'이 나오는데 특히 도파민은 류머티스 관절염의 치료제로 쓰인다. '옥시토신'도 나오는데 이는 우울증 치료제로 쓰인다. 그러므로 설교를 듣고 은혜를 받을 때 엔돌핀과 도파민과 옥시토신 등이 나와 병이 치유되는 일이 많이 일어나는 것이다. 질병이 어두운 마음에서 생기는데 해결의 방법은 어두운 마음을 밝은 마음으로 바꾸는 것이다. 그 해법은 '빛 되신 예수 그리스도'의 복음밖에는 없다.

세상의 어두움은 태양 빛으로 밝힐 수 있지만 심령의 어두움은 그리스도의 빛 외에는 쫓아내지 못한다. 그리스도가 마음에 주인이 되시면 생각이 달라지고, 생각이 달라지면 언어가 달라지고, 언어가 달라지면 행동이 달라진다. 축복하는 언어는 건강을 가져다주고, 부정적인 언어는 질병을 가져다준다. 당신의 언어는 어느 쪽인가?

050. 대체 문화시대 ☕

전쟁 후에 태어난 세대를 일반적으로 베이비붐세대라고 한다. X세대는 베이비붐세대와 다른 형태를 보이고 있지만 '마땅하게 정의할 용어가 없다'는 뜻에서 이름이 붙여졌다. 이들은 반발 심리를 지니고 개인적인 삶에 더 가치를 둔다. Y세대는 베이비붐세대의 자녀들로서 이들은 말을 배우기도 전에 TV를 보고 모방하면서 자기중심적, 개방적, 감성적인 특성을 지닌다. N세대는 태어나면서부터 컴퓨터를 보며 자라왔으며, TV보다 컴퓨터를 좋아하고, 전화보다 E-mail에 익숙한 개성이 강한 세대이다. 이외에도 386세대(80년대 학번, 60년대 출생한 소외된 세대라 하여 당시 486컴퓨터에 빗대어 한 말), C세대(Cyber, Computer, Chip, Card, Cable을 이용하면서 비판적이며(Criticism), 변화(Change)를 요구하는 세대), G세대(Green, Global

을 지향하며 건강하고 적극적이며 세계화한 미래지향적인 세대), E세대(Enterpriser를 동경하며 스스로 사업체를 일으켜 경영인이 되고 싶어 하는 세대) 등이 있다.

기성세대인 베이비붐세대를 지나면서 우유병이 어머니의 젖을 대신하고, 함께 놀아 주던 문화에서 TV, 컴퓨터, 인터넷으로 대체되는 시대로 접어들었다. 현대인들은 대체문화에 익숙해 있다. 그러나 아무리 시대가 발달하고, 세대가 변할지라도 예수 그리스도를 통한 구원의 진리는 대체되어질 수 없다.

"너희는 이 세대를 본받지 말고 오직 마음을 새롭게 함으로 변화를 받아 하나님의 선하시고 기뻐하시고 온전하신 뜻이 무엇인지 분별하도록 하라"(롬 12:2).

051. 따개비 신앙 ☕

바닷가 갯바위에는 썰물 때 바닷물이 빠져 물 밖에 드러난 바위에 마치 삿갓을 붙여 놓은 듯 빈자리 없이 빼곡하게 붙어 있는 따개비를 쉽게 볼 수 있다. 특히 따개비는 화산 분화구처럼 보이는 삿갓 모양의 단단한 석회질 껍데기 안에 들어 있다. 그래서 '삿갓 조개'라고도 한다. 얼마나 단단하게 붙어 있는지 깰 수는 있을지라도 쉽게 뗄 수는 없다.

따개비는 몸이 물 밖에 노출되면 마르고, 강하게 내리쬐는 햇볕 때문에 체온이 올라가고, 또 겨울에는 추위도 견뎌야 한다. 뿐만 아니라 비가 내리면 염분이 떨어지고 물이 증발하면 염분이 올라가기도 하고, 세찬 파도도 견뎌 내야 한다. 이 파도의 힘은 시속 500km의 바람과 비슷하다고 한다. 물이 묻어 있는 울퉁불퉁한 바위 표면에 그 어떤 세찬 파도도 견뎌 내며 찰거머리처럼 붙어 있는 따개비의 부착력은 참으로 대단하다. 이 비밀만 알아 낼 수 있다면 물속이나 젖은 표면에서도 쓸 수 있는 접착제를 개발할 수 있기 때문이다.

이와는 반대로 해운물류업계에서는 선박에 달라붙는 따개비 때문에 골머리를 앓고 있는데 그로 인한 경제적인 손실이 세계적으로 한 해에 약 7조 5,000억 원이나 된다고 한다.

우리 성도들이 따개비처럼 하나님과 붙어 있으면 생존경쟁에서 반드시 승리한다. 모세는 이스라엘 백성들을 향하여 오직 너희의 하나님 여호와께 붙어 떠나지 않은 그들이 다 생존하였다고 하면서 하나님께 붙어 있으라고 했다(신 4:4).

052. 머릿돌 ☕

오늘날 현대 서양식 건물의 머릿돌은 정초식 때에 연월일 따위를 새겨서 일정한 자리에 놓는 돌을 가리킨다. 그러나 고대 사회에서의 머릿돌은 그 의미가 다르게 쓰였다. '머릿돌'은 헬라어로 '케팔레(kephale)'인데 '첫째가 되는 것', '최고의 것', '탁월한 것'이란 뜻을 가지고 있다. 머릿돌(capstone)이란 용어는 피라밋에서는 제일 상단에 놓는 돌을 말하고, 성문에서는 아치부분의 상단 제일 중앙에 끼워 넣는 돌을 일컫고, 일반 건축물에서는 벽과 벽을 잇는 모서리 부분에 놓아 벽과 벽을 연결하는 돌을 말하기도 한다.

머릿돌은 건물의 기초를 튼튼히 하기 위하여 기둥 밑에 괴는 초석(foundation stone)이나 건축물의 기둥을 받쳐주는 주춧돌(post stone)과는 의미가 조금 다르다. 머릿돌은 반드시 필요한 부분으로서 그것이 없으면 건축물을 완성할 수 없는 돌이다.

시편 기자는 "건축자가 버린 돌이 집 모퉁이의 머릿돌이 되었나니."(시 118:22)라고 했다. 어떤 건축가가 쓸모없다며 버린 돌이 다른 건축가에 의해 모퉁이의 머릿돌로 사용이 되었다는 말씀이다. 건축가가 쓸모없다고 버렸던 돌처럼 예수님 당시의 유대인들은 그분을 쓸모없다며 배척하고 십자가에 못을 박아 죽였으나 하나님께서는 그를 모퉁이의 머릿돌(corner-stone)이 되게 했다.

성경은 예수님이 모퉁이의 머릿돌이라고 한다. 이 시대에도 예수 그리스도를 불필요하고 귀찮게 생각하여 배척하는 사람들이 많다. 그러나 하나님의 말씀처럼 머릿돌이 되시는 예수님을 모실 때 완성되어지고 견고해지게 된다.

053. 믿고 싶은 대로

　로마 황제였던 시이저는 사람은 누구나 사실대로가 아니라 자기가 믿고 싶은 대로 믿는다고 했다. 2006년 말, 미국의 사전 출판사인 메리엄 웹스터도 이처럼 사실에 근거하지 않은 채 자기가 믿고 싶은 것을 진실로 받아들이려는 인간의 심리 현상을 가리키는 신조어 '트루시니스(truthiness)'를 '올해의 단어'로 선정했다.

　이는 부시가 확인 안 된 이라크의 대량 살상무기의 존재를 믿는 데서 만들어진 말이라고 한다. 대체로 인간은 어떤 사실에 근거하여 믿기보다 자기가 믿고 싶어 하는 대로 믿는 경향이 있다는 것이다. 그 사람이 가지고 있는 감정, 선입견, 가치에 따라 믿게 된다.

　같은 빛도 어떤 것을 통과하느냐에 따라 다르게 나타난다. 블록렌즈를 통과하면 빛이 모이게 되지만 프리즘을 통과하면 일곱 색깔의 빛을 내게 된다.

　같은 사실이라도 사람들이 갖고 있는 감정이나 선입견에 따라 다른 결과가 나타나는 것이다. 사람들은 자기가 믿고 싶은 대로 믿는다면 반대로 믿고 싶지 않은 대로 믿지 않는 경향이 있다. 이와 같은 믿음은 자기중심적이며, 인본주의적인 믿음이다. 우리 성도들이 지녀야 할 믿음은 하나님의 말씀에 근거한 절대적 믿음이다. 믿고 싶거나 믿고 싶지 않거나와 관계없이 말씀대로 믿는 것이다.

054. 믿음이, 소망이, 사랑이는 잘 있어?

어느 집사님이 3남매를 연년생으로 두었는데 '믿음', '소망', '사랑'이라고 이름을 지었다. 연년생으로 태어난 세 녀석들이 얼마나 말썽을 많이 부리던지 아내가 하루 종일 정신을 차릴 수 없을 지경이었다. 집 안에 남아 있는 것이 없을 정도로 날마다 전쟁터와 같았다. 그래서 남편은 출근해서도 불안해서 자주 집으로 전화를 걸어 '믿음이, 소망이, 사랑이는 잘 있어?'라고 물었다. 믿음이, 소망이, 사랑이가 잘 있다고 하면 마음이 놓이지만 그렇지 않으면 하루 종일 일이 손에 잡히지 않았다. 그러던 어느 날 갑자기 자기 집에 있는 믿음이, 소망이, 사랑이만 잘 있는지 챙기는 것이 중요한 것이 아니라 자기 자신의 믿음과 소망과 사랑은 잘 있는가를 생각하게 되었다고 한다.

어느 집사님은 '소망이'라는 이름의 예쁜 애완견을 선물로 받아 키우고 있었는데 어느 날 잃어버렸다. 애완견을 잃어버리고 백방으로 찾았으나 찾지 못하자 입맛도 잃고, 잠도 제대로 잘 수 없었다. '소망이'(애완견)을 잃어버린 것 때문에 가슴 아파하면서 천국의 소망을 잃어버리고 산 것은 가슴 아파하지 못했던 자신을 발견했다고 한다.

하나님은 우리 믿음의 성도들에게 '믿음, 소망, 사랑, 이 세 가지는 항상 있을 것이라'이라고 했다(고전 13:13). 시장 갈 때는 지갑을 챙겨야 하고, 운전할 때는 항상 면허증이 있어야 하고, 외국 여행을 할 때는 반드시 여권이 있어야 한다. 성도들은 어떤 환경에든지 항상 믿음과 소망과 사랑을 챙겨야 한다. 당신은 지금 이 세 가지를 잘 챙겼는가?

055. 방황 ☕

한 등반가가 알프스에서 길을 잃었다가 13일간 방황하다가 구출된 일이 있었다. 이 사람은 매일 12시간씩 걸었는데, 나중에 알고 보니 길을 잃은 장소를 중심으로 불과 6km 안에서만 왔다 갔다 했다는 것이다.

사람은 눈을 가리면 똑바로 걷지 못한다. 20m를 걸으면 약 4m 정도 간격이 생기며 100m를 가게 되면 결국 원을 그리면서 돌게 된다는 것이다. 다시 말하면 사람의 눈을 가리거나 사막과 같은 사방이 똑같은 곳을 걸으면 직선으로 가지 못하고 결국 제자리로 돌아오게 되는데 이런 현상을 '윤형방황(輪形彷徨)'이라고 한다.

'작심삼일'이라는 말도 있다. 청소년들은 사춘기에 이런 방황이 찾아오는 경우가 많고, 주부들은 갱년기에 이런 현상이 나타나기 쉽다. 신앙생활에서도 이런 현상을 흔히 발견할 수 있는데 늘 새 출발을 결심하지만 제자리를 맴돌며 전진하지 못하는 모습이다.

노련한 여행자는 사막에서 길을 잃었을 때 윤형방황에 빠지지 않는 방법을 알고 있다. 그 중에 하나는 자신의 감각이나 경험을 의지하지 않고 오직 나침반만 보며 가는 것이요, 다른 하나는 칠흑같이 어두운 밤일지라도 더욱 밝게 빛나는 북극성을 보고 가는 것이며, 마지막 방법은 약 30보 걸어간 후 잠깐 멈추었다가 호흡을 가다듬고 뒤를 돌아보고 다시 출발하여 30보를 걸어서 가는 것이라고 한다.

돈이나 명예 그리고 세상의 지식이 아니라 우리의 길(나침반)되신 예수님을 보며 갈 때 천국까지 제대로 갈 수 있다(요 14:6).

056. 변화

1960년대에 스위스는 세계 시계 시장의 약 90%를 지배

했다. 20년이 지난 후, 스위스는 시계 시장의 8%만을 점유하고 있을 뿐이다. 그 이유 중 하나는 스위스 시계 기술자가 세계 최초로 디지털 시계를 발명해 냈지만 신기술은 스위스에서 전혀 관심을 끌지 못했고 그 신기술이 미국의 인스트루먼트와 일본의 세이코에 팔려 버렸기 때문이라고 한다.

세계적인 미래학자인 앨빈 토플러는 '강자와 약자'에서, '빠른 자와 느린 자'로 구분될 것이고 빠른 자는 승리하고 느린 자는 패배한다고 말하고 있다. 변화가 다가올 때 사람들은 세 가지 반응을 보인다고 한다. 변화를 두려워하며 변화를 거부하는 사람, 변화를 수용하며 적극적으로 변화를 이끌어 가는 사람, 변화에 무관심한 사람들이 있다.

유대인들도 선민사상에 사로잡혀 변화를 거부하다가 그리스도까지 거부하게 되었다. 우리나라의 양반계급도 기득권을 지키기 위해 변화를 거부하다가 기독교를 핍박하고 말았다. 산업혁명 초기의 영국의 노동자들은 실직을 두려워하여 기계화를 거부하다가 도태되고 말았다.

그리스도인은 세상을 따라 변화하는 것이 아니라 하나님의 말씀에 따른 변화를 적극적으로 수용해야 한다. 우리 성도들은 하나님을 따라 의와 진리의 거룩함으로 지으심을 받은 새 사람을 입어야 한다(엡 4:24).

057. 본질의 회복 ☕

옛날 신라를 대표하는 두 사찰이 있었다. 하나는 사찰에 신도가 많아서 큰 가마솥을 쓴다고 해서 '대부사'(大釜寺)라고 하였고, 다른 곳은 신도들이 많아서 화장실을 깊게 만들었다고 해서 '변심사'(便深寺)라고 했다고 한다.

언제나 두 사찰은 서로 크다며 자랑하고 경쟁하였다. 서로 경쟁하는 것이 좋지 못함을 알고 두 사찰의 대표가 만나게 되었다. 먼저 대부사의 대표가 팥죽을 쑤었는데 솥이 너무 커서 배 타고 들어가 팥죽을 젓다가 빠진 사공을 구하려고 여념이 없지만 자신만 오게 되었다고 했다. 이에 변심사의 대표는 이곳에 오기 위해 닷새 전에 길을 떠나면서 몸을 가볍게 하려고 변소에서 변을 보고 왔는데 아마 지금까지도 떨어지고 있을 거라고 했단다. 참으로 우스운 이야기가 아닐 수 없다.

오늘날 교회도 별로 다르지 않다. 교회를 평가할 때 교회 건물의 크기, 헌금의 액수, 주차장의 크기, 신자의 수를 근거한다. 외형과 소유에 초점(Having Mode Style)을 두어 평가한다. 이는 세속적인 기준의 평가이다. 교회는 세속적인 기준으로 '좋다, 나쁘다'를 평가하면 안 된다. 교회는 본질과 존재에 초점(Being Mode Style)을 두고 평가해야 한다.

예수님은 서기관과 바리새인보다 더 낫지 못하면 결단코 천국에 들어가지 못하리라고 했다(마 5:20). 세속적인 가치 기준에 따라 평가하고 그것을 중요하게 여기기 때문에 더욱 외형에 치중하게 된다. 사람은 외모를 보고 평가하지만 하나님은 중심(본질)까지 보고 평가하신다.

058. 죽음의 준비 ☕

영국의 소설가 허버트 웰스(Herbert G. Wells)의 단편소설 『대주교의 죽음』에서 한 대주교는 아침저녁의 미사에서 언제나 '오 전능하신 하나님 아버지시여'로 기도를 시작했다. 평생을 늘 그렇게 기도해 오던 중 어느 날 저녁에도 '오, 전능하신 하나님 아버지시여' 하고 기도를 시작했는데 바로 그때 하늘에서 "그래, 무슨 일이냐? 무슨 일인지 말해 보아라."고 하는 음성을 듣고서 너무 놀란 나머지 심장마비를 일으켜 그 자리에서 죽고 말았다는 이야기다.

우리나라 사람들은 '죽는다'는 말을 여러 가지 표현을 사용하고 있다. '뒈졌다', '죽었다', '숨졌다', '명을 달리 했다', '숨을 놓았다', '돌아갔다', '밥숟가락 놓았다', '별세했다', '황천길 갔다', '작고했다' 등 다양하게 표현한다. 성경에는 '죽었더라', '잠을 자다', '발을 침상에 거둔다', '열조에게로 돌아갔다'라는 표현을 사용하고 있다.

'사망학'의 개척자로 불리는 엘리자베스 퀴블러 로스 (Elizabeth Kubler Ross)가 쓴 '인간의 죽음'이라는 글에서 인간은 죽음에 이르기까지는 부정(Denial), 분노 (Anger), 타협(Bargaining), 우울(Depression), 수용 (Acceptance)의 다섯 단계를 거친다고 했다. 그래서 첫 글자를 따서 '다브다(DABDA) 모델'이라고 한다.

하지만 모든 사람이 다섯 단계를 거치는 것은 아니다. 영정이나 수의 그리고 장지 등을 준비해 놓는다고 해서 죽음에 대한 준비가 모두 끝나는 것이 아니다. 간혹 '까짓 것 죽으면 한 번 죽지 두 번 죽나?'라는 사람이 있다. 하지만 그렇지 않다. 한 번 태어나면 두 번 죽고, 두 번 나면(거듭나면) 한 번 죽거나 영원히 죽지 않는다. 그 이유는 부활과 생명되신 예수님을 믿는 자는 죽어도 살겠고 무릇 살아서 믿는 자는 영원히 죽지 아니한다고 했기 때문이다(요 11:25~26).

059. 찬 음료와 따뜻한 음료

미국 콜로라도대학 로렌스 윌리엄스(Lawrence Williams)와 예일대학 존 바그(John Bargh)는 찬 음료와 따뜻한 음료가 상대방의 호감에 어떤 영향을 미치는가에 대한 실험을 했다. 한 그룹의 참가자에게는 따뜻한 커피를 들게 하고, 다른 그룹의 참가자에게는 차가운 아이스 커피를 들게 했다. 그리고 낯선 사람의 신상파일을 주고 그를 평가하도록 했다. 놀랍게도, 따뜻한 커피를 들고 있던 참가자들은 긍정적 평가와 높은 호감도를 보인 반면, 아이스 커피를 들고 있던 참가자들은 부정적 평가와 낮은 호감도를 보였다고 한다. 이 실험을 통하여 신체적인 따뜻함이 상대에게 관대하고 신뢰를 준다는 사실을 발견했다.

EBS TV의 프로그램에서 비슷한 실험을 한 적이 있다. 신입사원의 면접에 참여한 절반의 면접관들에게는 찬 음료를 들려주고, 나머지 절반에게는 따뜻한 음료를 들려주고 면접을 진행했다. 찬 음료를 손에 든 면접관들은 대체로 불합격시키려고 한 데 비해서, 따뜻한 음료를 손에 든 면접관들은 대체로 합격시키려 한 것이다. 딱딱한 의자에 앉은 면접관이 푹신한 의자에 앉은 면접관보다 점수가 인색하다는 실험 결과도 있다. 의자의 불편함이 자신도 모르는 사이 평가에 영향을 미친 것인데 이를 '지각의 오류' 혹은 '지각의 착오'라고 한다. 감각기관으로 들어온 다양한 정보가 무의식중에 뇌에 저장되고 행동으로 나타나기 때문이다.

노아시대 당시 사람들은 육체적으로 먹고 마시고 시집가고 장가를 가는 안락하고 편안한 생활이 '부패'한 것임을 모른 채 축복을 누리는 것으로 착각하기도 하고, 반대로 육체적 고난이나 불행을 비극으로 착각하기도 한다(창 6:12 참조). 상황을 자신의 시각으로 보지 말고, 하나님의 시각으로 보는 믿음이 필요하다.

060. 챙겨야 할 것 세 가지 ☕

만세를 부를 때의 '삼창'(三唱), 가위 바위 보를 할 때의 '삼세번', 하늘과 땅과 사람의 천지인(天地人)을 '삼재'(三才), 해와 달과 별의 세 빛을 합쳐 '삼광'(三光)이라 한다. 대부분 사람들은 '3'이란 숫자를 중요하거나 좋게 여긴다. 또한 '3'이란 숫자는 이해하기 쉽고 잘 기억된다.

세상에 없는 것 세 가지가 있는데 첫째, 세상엔 공짜는 없고, 세상엔 비밀이 없고, 세상엔 정답이 없다고 한다. 생을 마칠 때 하는 세 가지 후회가 있는데 '참을 걸.', '즐길 걸.', '베풀 걸.'이라고 한다. 그래서 사람들은 '걸'(껄)하고 죽는 다고 한다. 인생에 있어서 가장 안 좋은 세 가지가 있는데 초년에 큰돈을 버는 것, 중년에 이혼하는 것, 말년에 돈이 없는 것이라고 한다. 부모님의 세 가지 속상할 때가 있는데 자식이 아플 때, 시집간 딸이 부부싸움하고 짐을 싸서 친정 으로 올 때, 장가간 아들 녀석이 여편네 데리러 처갓집으로 갈 때라고 한다.

돌아올 수 없는 세 가지가 있다. 시위를 떠난 화살이 다시 돌아오지 않고, 입에서 한 번 내뱉은 말은 다시는 돌이킬 수 없는 것처럼 흘러간 세월도 흐르는 물 같아서 다시는 돌이킬 수 없다. 히포크라테스는 인생은 짧고 예술은 길다고 했다. 짧은 인생이지만 그 인생도 한 번밖에는 더 살 수 없다. 지우개로 지우고 다시 살 수도 없고, 맘에 들지 않는다고 반품할 수도 없다. 인생의 연수는 칠십이요, 강건하면 팔십이다. 인생은 세상의 그 무엇보다도 소중하다.

우리가 살고 있는 세상에서 중요한 것이 많이 있지만 특별히 꼭 가지고 있어야 하고, 반드시 지녀야 하고, 항상 있어야 할 것이 있으니 바로 '믿음'과 '소망'과 '사랑'이다. 이 세 가지는 항상 있을 것이라고 했다(고전 13:13). 스마트폰만 챙기지 말고 믿음과 소망과 사랑을 챙겨야 한다.

061. 인간을 평가하는 세 가지 ☕

정치가요, 철학자인 프란시스 베이컨(Francis Bacon)은 거미 같은 인간, 개미 같은 인간, 그리고 꿀벌 같은 인간이 있다고 했다. 거미 같은 인간은 남을 해치면서 자기의 이익을 추구하는 사람을 말하고, 개미 같은 인간은 성실하게 일하면서 자기만을 위해 계속 모으는 사람을 말하고, 꿀벌 같은 인간은 열심히 일해 모아 들이는 것을 나누어 주는 사람을 말한다.

히브리인들의 지혜를 모은 탈무드에서 인간을 평가하는 세 가지 단어 '키소(ciso)', '코소(coso)', '카소(caso)'가 있다. 첫째로 '키소'다. '키소'는 돈을 넣고 다니는 '지갑'을 말한다. 얼마나 많은 돈이 들어 있는가가 아니라 그 돈이 어디로 나갔는지, 무엇을 위하여 지불 되었는지를 통하여 그 사람을 평가해 보아야 한다고 했다. 둘째로 '코소'다. '코소'는 '술잔'을 말한다. 곧 그 사람이 무엇을 즐기는가로 그 사람을 알 수 있다고 한다. 어떤 사람은 운동을 즐기고, 어떤 사람은 다른 사람을 위하여 봉사하는 것을 즐기고, 어떤 사람은 여행을 즐기기도 한다. 셋째로 '카소'다. '카소'는 '분노'를 말한다.

사람이 살면서 성내지 않고 산다는 것은 그리 쉬운 일은 아니다. 하지만 분노를 참는다는 것은 인내심을 가지고 있다는 증거가 된다. 이 말은 자기의 감정을 얼마나 잘 다스리는가를 가리키는 말로 자제력을 의미한다. 분노 자체는 선한 것도 악한 것도 아니지만 분노는 불과 같다. 조절된 불은 생활의 이로움을 가져다주지만 조절되지 못한 불은 파괴를 가져온다.

대부분의 사람들은 외모를 보고 그 사람을 평가한다. 그래서 사람들은 외모를 꾸미는데 더 많은 시간과 돈을 투자한다. '화장빨', '조명빨', '성형빨'이라는 신조어가 등장할 정도로 외모지상주의가 극성을 부리고 있다. 하지만 하나님은 중심(마음)까지 보신다고 했다(삼상 16:7).

062. 목표를 벗어나지 마라 ☕

이솝 우화에 당나귀를 팔러 가는 아버지와 아들에 대한 재미있는 이야기가 있다. 아버지와 아들이 당나귀를 팔러 장으로 가는데 사람들이 '일하는 짐승을 그냥 끌고만 간다.'고 수군거리는 것을 듣고 당나귀에 아들을 태웠다. 다시 당나귀를 탄 아들을 '불효자'라고 수군거리는 소리를 듣고 반대로 아버지가 탔다. 또 당나귀를 끄는 아들이 불쌍하다고 수군거리는 소리를 듣고서 아버지와 아들 둘이 탔다. 또 당나귀가 불쌍하다며 수군거리는 소리를 듣고서 이번에는 아버지와 아들이 당나귀를 메고 갔다. 아버지와 아들이 당나귀를 메고 가다가 결국 물에 풍덩 빠뜨렸다는 내용이다.

어느 화가가 모든 사람이 좋아하는 그림을 그리기로 마음을 먹고 자신의 그림을 광장에 전시해 놓고서 '이 작품에서 마음에 들지 않는 부분이 있으면 체크해 달라'고 했더니 자기 그림에 온통 빼곡하게 표시가 되어 있었다. 그는 크게 상심했지만 다시 '이 작품에서 마음에 드는 부분이 있으면 체크해 달라'고 했더니 그림 한 가득 표시가 되어 있었다고 한다. 그는 그것을 보고서 "세상 사람을 모두 만족시키는 것은 불가능하구나. 누군가의 눈에는 쓰레기 같이 보이고, 누군가의 눈에는 보물 같이 보이는구나."라고 했다.

사람들은 자신의 생각과 감정과 기준 그리고 관점으로 보고 평가한다. 그러므로 인간의 생각과 관점은 완전하지 않다. 우리는 인간의 기준에 따라 사는 존재가 아니라 완전하신 하나님의 말씀에 따라 사는 존재이다. 베드로와 요한은 "하나님 앞에서 너희의 말을 듣는 것이 하나님의 말씀을 듣는 것보다 옳은가 판단하라"(행 4:19)고 하면서 후자를 선택했다. 바울은 "사람들에게 좋게 하랴, 하나님께 좋게 하랴"(갈 1:10)고 하면서 사람보다 하나님을 더 좋게 하는 목표를 잃지 않았다.

063. 좋은 교회

어느 목사님이 "하나님, 저는 목회자를 잘 대접할 줄 알고, 순종을 잘하는 좋은 교회에서 목회하도록 하지 않고 항상 문제 있는 교회로 보내 주십니까?"라고 기도했다고 한다. 하나님께서는 그에게 "네 자신이 문제가 많은 목사가 아니냐? 그러니 너에게는 문제가 많은 그 교회가 맞느니라."고 했다고 한다.

어떤 청년이 영국의 유명한 부흥사 스펄젼 목사에게 찾아와서 이와 같은 부탁을 했다. "목사님, 저는 정말 신앙생활을 잘하고 싶습니다. 그런데 교회마다 돌아다녀 보아도 문제가 너무 많은 것 같습니다. 그러니 제발 아무 문제가 없는 교회를 소개해 주세요." 그 말을 들은 스펄젼 목사는 그 청년에게 이렇게 대답을 했다. "여보게 젊은이, 자네가 돌아다니다가 만약에 그런 교회를 한번 찾게 되면 나에게 꼭 연락을 해 주게. 그러면 나도 그 교회에서 목사로서가 아니라 무슨 일이든지 하고 싶다네" 그리고 한마디 덧붙였는데 "하지만 자네는 절대로 그 교회에 가지 말게. 왜냐하면 자네가 그 교회에 가는 순간에 그 교회는 다시 문제가 생길 것이네"

과연 '좋은 교회'는 어떤 교회인가? 일반적으로 많은 사람들이 선호하는 '좋은 교회'의 특징을 3B(Building, Budget, Believer) 혹은 3P(Parking lot, Public finance, Person)로 말하기도 한다. 첫째는 주차장을 비롯한 부대시설이 잘 갖추어져 있는 교회요, 둘째는 교회 재정이 풍성하여 하고자 하는 일들을 자유롭게 하는 교회요, 셋째는 교인들이 많은 교회이다. 그러나 예수님께서 친히 말씀하시기를 "내가 이 반석 위에 내 교회를 세우리니 음부의 권세가 이기지 못하리라"(마 16:18)고 했다. 곧 주님이 말씀하신 좋은 교회는 '주님이 세우신 교회', '반석 위에 세운 교회', '음부의 권세가 이기지 못하는 교회'이다.

064. 창조의식과 비교의식

요즈음 '100세 인생'이라는 말이 유행하고 있다. 하지만 100년을 산다고 해도 대부분 비교하고, 비교를 당하며 살아간다. 초반 30년은 성적과 학력과 외모를 비교하고, 중반 30년은 경제력과 지위와 스펙을 비교하고, 종반 30~40년은 건강과 자녀들이 잘살고 성공했는지를 비교한다. 중국의 러지아(樂嘉)는 비교의식은 고통의 근원이라고 했다. 그럼에도 불구하고 비교하는 것을 멈출 수 없다면 다른 사람이 아닌 자기 자신의 과거를 비교의 대상으로 삼는 것이 유일한 해결방법이라고 했다.

비교의식을 극복하는 더 좋은 길은 창조의식을 갖는 것이다. 사람들을 불행하게 만드는 대표적인 이유 중에 하나가 바로 비교의식이다. 얼굴이 검은 사람은 얼굴이 흰 사람과 비교하여 스스로 열등하다고 여긴다. 키 작은 사람은 키 큰 사람과 비교하여 스스로 부족하다고 여긴다. 눈이 작은 사람은 눈이 큰 사람과 비교하여 스스로 위축된다. 뚱뚱한 사람은 날씬한 사람과 비교하여 스스로 못났다고 여긴다. 코가 납작한 사람은 오뚝한 사람과 비교하여 스스로 위축된다. 하지만 하나님은 공평하신 분이다. 하나님은 우리 각자에게 남이 갖지 못한 개성과 이미지와 매력을 주셨다. 그러므로 자신의 개성과 장점을 찾고 계발하며 당당하게 살아야 한다. 바로 하나님께서 자신을 이 세상에 단 하나밖에 없는 유일무이한 천연기념물과 같은 존재로 만들었다는 창조의식을 가져야 한다.

큰 집에는 금 그릇도 있고, 은 그릇도 있고, 나무 그릇과 질그릇도 있다(딤후 2:20~21). 어떤 그릇이든지 그 용도에 따라서 쓰인다. "우리는 그가 만드신 바라 그리스도 예수 안에서 선한 일을 위하여 지으심을 받은 자니 이 일은 하나님이 전에 예비하사 우리로 그 가운데서 행하게 하려 하심이니라"(엡2:10)

065. 일곱 번 죽어야 🍵

올해 배추는 봄에는 비가 너무 오지 않아서 몸살을 앓았고, 그 후에는 비가 너무 자주 와서 몸살을 앓았다. 그래서 배추 생산량이 줄어서 배추가 금추가 되었다. 그래도 우리 집의 식탁에 한 번도 거르지 않고 올라오는 음식이 있는데 바로 배추로 만든 김치다.

외국에 선교비전트립을 나갈 때도 가져가고, 성지순례를 갈 때도 챙겨 간다. 김치를 담그는 때가 점차 다가오고 있다. 우리 교회는 해마다 김치를 담아서 전 교인들이 먹고, 교역자들까지도 챙겨 준다.

맛이 좋고 몸에 좋은 김치가 되려면 최소한 일곱 번은 죽어야 한다고 한다. 땅에서 뽑힐 때 죽고, 통배추를 칼로 반으로 가를 때 죽고, 소금물에 절일 때 죽고, 고춧가루와 젓갈에 범벅되면서 죽고, 항아리 속에 들어가 묻힐 때 죽고, 입속에 들어가 씹힐 때 죽고, 배 속에 들어가 소화될 때 죽는다.

배추가 죽지 않고 살아나면 맛이 좋은 김치를 만들 수 없다. 우리 성도들도 자신이 살아 있으면 자신이 드러나고, 죽으면 주의 영광이 드러난다. 사도 바울은 "형제들아 내가 그리스도 예수 우리 주 안에서 가진 바 너희에 대한 나의 자랑을 두고 단언하노니 나는 날마다 죽노라"(고전 15:31)고 했다. 좋은 김치가 된 배추는 일곱 번 죽었지만 바울은 날마다 죽는다고 했다. 날마다 죽어야 바울처럼 살 수 있다. 바울은 자신이 그리스도와 함께 십자가에 못 박혀 죽었다고 했다. 그래서 그가 사는 것은 자신이 아니요 오직 자기 안에 그리스도께서 사시는 것이라고 했다(갈 2:20).

죽으면 말이 없다. 죽으면 억울한 게 없다. 죽으면 욱하던 성질도 없다. 죽으면 개 같은 성질도 없다. 죽으면 삐치는 것도 없다. 사데 교회처럼 산 자와 같았지만 죽은 자도 있고, 자신은 죽고 자기 안에 계신 그리스도로 말미암아 사는 자도 있다.

066. 유일한 길은 변화이다 ☕

미국 샌프란시스코에 지옥의 섬으로 불리는 '알카트라즈 (Alcatraz Island)'라고 하는 작은 섬이 있다. 해안에서 약 2.4km 떨어진 이 섬은 흉악범들이 수감됐던 교도소로 유명하다. 짙은 안개와 거친 바닷바람과 빠른 조류 그리고 낮은 수온으로 탈옥에 성공한 예가 없었다고 한다. 잘 알려진 전설적인 갱 알 카포네나 조지 켈리가 이곳에서 수감생활을 하였다고 한다. 가끔 죄수들이 육지가 가까워 쉽게 탈출할 수 있다고 생각하고서는 바다에 뛰어들기도 하지만 섬을 굽이 도는 급류 때문에 단 한 명도 탈출에 성공하지 못했던 곳이다.

그 교도소 문에는 이런 팻말이 있다. "당신이 이 섬에서 나갈 수 있는 유일한 길은 도망가는 길이 아니라 당신 자신이 변화되는 길 뿐입니다." 지옥의 섬 '알카트라즈'에서 벗어나는 유일한 길은 죄의 유혹과 습관을 끊고 새 사람이 되어 출소하는 길 뿐이라는 교훈이다.

사도 바울은 "오호라 나는 곤고한 사람이로다 이 사망의 몸에서 누가 나를 건져내랴"(롬 7:24)며 탄식했다. 그는 자신이 '사망의 몸'(시체)에 매여 있는데 누가 자신을 건져 주겠느냐고 한 것이다. 당시 사형제도 중에 산 사람을 죽은 사람과 묶어 처형하는 제도가 있었다. 탄식하던 바울은 "이제 그리스도 예수 안에 있는 자에게는 결코 정죄함이 없나니 이는 그리스도 예수 안에 있는 생명의 성령의 법이 죄와 사망의 법에서 너를 해방하였음이라"(롬 8:1~2)고 하면서 오직 예수 안에 있는 자는 정죄함을 받지 않고 해방된다고 했다. "누구든지 그리스도 안에 있으면 새로운 피조물이라"(고후 5:17)고 했다.

성경은 예수 안에 있으면 정죄도 받지 않고 죄와 사망의 법에서 해방되고 새로운 피조물로 변화된다고 말씀하고 있다. 당신은 예수 안에 있는가? 예수 밖에 있는가?

067. 잃어버린 예배

신문 편집인 윌리엄 허스트(William R. Hearst)는 고대 미술품을 광적으로 수집하는 사람이었다. 그는 고대 미술품이라면 그것이 자기 손에 들어와야만 직성이 풀리는 사람이었다. 그는 유럽의 왕가에서만 사용되었다는 도자기에 대한 소문을 듣게 되었다. 그래서 그는 즉시 유럽으로 가서 그 도자기를 찾으려고 많은 노력을 기울였다. 그는 어느 날 한 도자기 상으로부터 몇 해 전에 미국의 어떤 언론인이 그 왕실 도자기를 사갔다는 정보를 들었다. 그는 즉시 미국으로 돌아와서 그 도자기를 사 간 사람이 누구인지 수소문하여 찾게 되었는데 바로 그 사람이 다름 아닌 자신임을 알게 되었다.

오늘의 교회와 성도들이 왕실 도자기와는 비교할 수 없는 예배의 귀중함을 모르고 있거나 그 예배를 잃어버리고도 잃어버린 줄 모르고 있지는 않은가? 그 예배가 그와 같이 소중하다고 여긴다면 예배를 소홀히 할 수 없다. 잃어버린 줄 안다면 그것을 찾기 위하여 전심을 다하지 않을 수 없다.

어느 탐험가가 아마존 정글을 여행하고 있었다. 그는 빠른 시간에 먼 거리를 가기 위해 그곳의 원주민들에게 돈을 주고 자기의 짐을 운반하게 했다. 부지런히 정글 여행을 하던 중 사흘째 되던 날 아침에 출발하려고 했는데 그 원주민들이 짐을 짊어진 채 바닥에 앉아 움직이려고 하지 않았다. 그 이유를 물었더니 그들이 너무 빨리 와서 돈보다도 더 귀한 자신들의 영혼이 그들의 몸을 따라오지 못할까봐 기다리고 있는 중이라고 했다.

토저(A. W. Tozer)는 현대 교회가 잃어버린 보화가 있는데 바로 예배라고 했다. 오늘날 우리 성도들은 예배보다 더 소중한 것이 없음을 알고 마음과 뜻과 힘을 다하여 예배해야 한다. 우리가 잃어버렸던 예배를 찾을 때 하나님께서는 기뻐하고 영광을 받으신다.

068. 엉망이 된 연주 ☕

세계적인 교향악단 지휘자 스토코프스키(Stokovsky)가 필라델피아 오케스트라를 지휘할 때 있었던 일이다. 그가 베토벤의 곡을 연주하게 되었는데 연주 도중에 관중석 뒤쪽에서 트럼펫 솔로 주자가 나오는 깜짝 이벤트였다. 스토코프스키의 관현악단은 멋진 연주를 이어갔다. 마침내 관중석에서 트럼펫 연주가 시작될 순간이었다. 그런데 그곳에서는 그 어떤 연주도 없었다. 결국 그날의 연주는 엉망이 되고 말았다. 그 이유는 트럼펫 연주자가 트럼펫을 들고 관객석 뒤로 올라갈 때 수위는 그날의 연주를 방해하여 망치려고 하는 줄 알고 그 연주자의 팔을 뒤로 비틀어 꼼짝도 못하게 했다. 수위는 필라델피아 교향악단을 위해 큰일을 하고 있다고 생각하고 있었다. 그러나 수위는 그날의 연주를 망쳐 버리고 말았다.

베드로는 "주는 그리스도시요 살아계신 하나님의 아들입니다."라는 멋진 신앙고백을 통하여 천국 열쇠를 받는 축복을 받았다. 하지만 이어서 예수님께서 예루살렘에 올라가 고난을 당하고 십자가에 못 박혀 죽어야 할 것을 예고하셨을 때 "주여! 그리 마옵소서"라고 가로막아 섰다. 예수님을 베드로를 향하여 "사탄아 내 뒤로 물러가라 너는 나를 넘어지게 하는 자로다. 네가 하나님의 일을 생각지 아니하고 도리어 사람의 일을 생각하는도다"라고 책망했다.

베드로를 책망한 이유는 '하나님의 일'을 생각하지 않고 '사람의 일'을 생각했기 때문이다. '하나님의 일'과 '사람의 일'은 종이 한 장의 차이 같지만 그 결과는 하늘과 땅의 차이다. 일을 열심히 하는 것도 중요하지만 더 중요한 것은 먼저 하나님의 일을 생각하고 열심히 해야 한다. 기도하는 것도 중요하지만 먼저 그 나라와 그의 의를 구해야 한다. 모든 일을 할 때 하나님의 일인지를 생각해야 한다.

069. 승리는 그리스도 안에만 있다

한 인디언이 자기 아들과 산책을 하다가 그에게 "흰 개와 검은 개가 싸우면 어느 개가 이기겠느냐?"를 물었다. 아버지의 질문에 아들이 "흰 개요."라고 대답하자 아버지는 "아니야."라고 했다. 아버지는 아들에게 다시 똑같은 질문을 했다. 그러자 이번에는 아들이 "검은 개요."라고 대답하자 "그것도 아니야."라고 했다. 혼란스러워진 아들은 "그러면 어떤 개가 이기나요?"라고 물었다. 이에 아버지는 "주인이 먹이를 많이 주고 편을 들어 주는 개가 이긴단다."라고 했다. 그 인디언은 아들에게 개에 대한 이야기를 하려는 것이 아니라 사람의 마음을 가르쳐 주려고 했던 것이다.

사람의 마음에는 선한 양심과 악한 양심이 있다. 이때 선한 양심을 지지하면 선한 양심이 이기고, 악한 양심을 지지하면 악한 양심이 이기게 된다. 심리학자 프로이드는 인간의 마음속에 청교도적인 신앙을 가진 완고한 성직자 모습, 꾀가 많고 사특한 사기꾼의 모습, 야생동물처럼 제멋대로인 짐승의 세 가지 모습이 공존한다고 했다. 모든 인간의 마음속에는 선과 악이 공존하고 있다. 사도 바울도 자신의 마음속에 선과 악이 함께 있는 것을 깨달았다고 했다(롬 7:21). 또한 바울은 자신이 원하는 선은 행하지 아니하고, 원하지 않는 악을 행한다고 고백하며 탄식했으며, 자신이 죽은 시신에 묶여 있는 것과 같은 '곤고한 사람' 곧 누구도 자신을 구원해 줄 수 없는 비참한 존재라고 했다. 바울은 바르게 살고자 해도 살지 못하고, 성결하게 살고자 해도 죄를 범하는 자신을 발견하고 낙심했다. 그러나 "그리스도 예수 안에 있는 생명의 성령의 법이 죄와 사망의 법에서 너

를 해방하였음이라"(롬 8:2)라고 자유와 승리를 선포하고
있다. 승리는 그리스도 안에만 있다.

070. 탓 ☕

이스라엘 백성들이 출애굽을 할 때 조금만 힘든 일이 생
기면 '모세 때문에' 그렇게 되었다고 불평했다. 홍해 앞에
서도 그러했고, 수르 광야에서 물이 없을 때도 그러했다.
우리말에 '서툰 목수가 연장 탓한다.'는 속담이 있다. 이는
서툰 목수가 자신의 실력 없음을 인정하지 않고 연장이 나
빠서 일을 제대로 할 수 없다며 그 책임을 연장 탓으로 돌
린다는 말이다. '잘되면 내 탓, 잘못되면 조상 탓'이란 속담
도 있다.

'탓'은 잘못된 일이나 부정적 현상을 야기한 원인이 남에
게 있다고 그 책임을 전가하는 것을 말한다. 어떤 사람은
가난을 탓하기도 하고, 잘난 부모를 잘 만나지 못한 것을
탓하기도 하고, 배우지 못한 것을 탓하기도 하고, 못 생긴
것을 탓하기도 하고, 고향을 탓하기도 하고, 남자 혹은 여
자로 태어난 것을 탓하는 등의 별별 탓이 다 있다. 데이빗
A. 시멘스는 자신의 『탓』이란는 책에서 두 종류의 탓을 소
개하고 있다. 하나는 아담과 하와의 탓이다. 에덴동산에서

의 불행한 역사의 시작은 '네 탓' 때문이었다. 하나님이 금하신 선악을 알게 하는 나무의 열매를 따먹은 죄를 아담은 하와의 탓으로, 하와는 뱀의 탓으로 떠넘겼다. 만일에 그 현장에서 서로가 '내 탓'이라고 생각하고 회개했더라면 어떻게 되었을까? 에덴동산에서의 추방과 죄의 형벌보다 하나님의 긍휼과 용서가 있지 않았을까? 인류의 역사가 바뀌었을지도 모른다.

또 다른 탓은 요나의 탓이다. 요나는 하나님의 얼굴을 피해 니느웨로 가지 않고 다시스로 가는 배를 탔다가 큰 풍랑을 만났다. 그때 사람들이 풍랑의 원인을 물었을 때, 요나는 자기의 탓이라고 했다. 자기 때문에 일어난 풍랑이므로 자신을 바다에 던지라고 했다. 곧 바다는 잠잠해졌고, 배에 탔던 모든 사람들이 구원을 얻게 되었다.

071. 진짜 같은 가짜, 가짜 같은 진짜

중국산 굴비가 국산 영광굴비로 둔갑을 하고, 수입산 삽겹살이 국산 삼겹살로 둔갑을 하고, 수입산 소금이 국산 소금으로 둔갑해서 피해를 입히고 시장윤리를 어지럽힌다. 세상에는 진짜 같은 가짜가 있고, 가짜 같은 진짜가 있다.

하버드대학에서 거의 한 세기 동안 연구 끝에 행복의 조건, 즉 '잘 사는 삶의 공식'을 선언했다. 여러 가지 행복의 요인 중에서 가장 중요한 첫 번째는 '인간관계'였다. 인간 경영과 자기계발 분야 최고의 컨설턴트인 데일 카네기는 '성공의 85%는 인간관계'라고 했다. 이와 같이 인간관계는 행복과 성공에 있어서 매우 중요하다. 인간관계의 핵심인 사람을 진짜와 가짜로 구분하면 '진짜 같은 진짜 사람', '가짜 같은 가짜 사람', '진짜 같은 가짜 사람', '가짜 같은 진짜 사람'의 네 가지 유형으로 나눌 수 있다. '진짜 같은 진짜' 또는 '가짜 같은 가짜'의 유형의 사람은 전혀 문제 될 것 없다. 사람을 만나고 대할 때 충분히 알아볼 수 있기 때문이다. 예측 가능하기 때문에 기대나 실망 없이 성심껏 대하면 된다. 더 나아가, '가짜 같은 진짜'의 유형도 큰 문제가 되지 않는다. 다만 가장 조심하고 경계해야 할 유형이 '진짜 같은 가짜'다.

산상수훈에 나오는 '팔복(The Beatitudes)'은 말 그대로 여덟 가지 복을 말한다. '복이 있나니'가 여덟 번 반복해서 나오기에 '팔복'이라는 이름이 붙여졌다. 예수님이 말씀하신 팔복은 겉보기에는 불행 같은데 진짜 행복이다. 진짜 뉴스 같은 가짜 뉴스, 진짜 화폐 같은 가짜 화폐, 진짜 커플 같은 가짜 커플, 진짜 행복 같은 가짜 행복, 진짜 진리 같은 가짜 진리, 진짜 신자 같은 가짜 신자, 진짜 선지자 같은 가짜 선지자, 진짜 목사 같은 가짜 목사가 있다. 진짜와 가짜를 분별하고 바로 믿어야 한다.

072. 피 ☕

더글러스 스타가 지은 『피의 역사』라는 책이 있다. 17세기 파리 근처의 한 마을에 앙투안 모로이라는 미친 사람이 살고 있었다. 그는 아내를 구타하거나 옷을 벗은 채 거리를 뛰어다니곤 했다. 루이 14세의 주치의인 장 밥티스트 드니는 동물의 피를 인간에게 수혈할 때 나타나는 영향에 대해 고찰해 왔다. 그는 모로이를 잡아다가 팔의 정맥에서 혈액을 뽑아 내고, 송아지의 다리 동맥에서 혈액을 빼 내어 그 남자의 몸속으로 흘러 들어가게 했다. 온순한 송아지의 피가 이 광증 환자의 난폭함을 누그러뜨리길 바라고 그렇게 했다. 그러나 두 차례의 수혈을 하고, 세 번째 수혈하려고 하는데 격렬한 발작을 일으키면서 사망하고 말았다.

사람의 피는 참 신비하다. 사람의 혈관을 한 줄로 이으면 약 11만 2,000km 정도 된다. 이는 지구를 두 번 반이나 감을 수 있는 길이다. 그런데 심장에서 뇌까지 돌아오는 데 걸리는 시간은 8초 정도 걸리고, 발끝까지 도달하는 시간은 18초가 걸린다고 한다. 일반 비행기로 지구를 한 바퀴 돌려면 하루 정도는 걸린다. 그런데 피는 온 몸을 한 바퀴

도는데 불과 46초 정도 걸린다. 이 피가 심장에서 동맥으로, 동맥에서 혈관과 모세혈관까지 복잡한 통로를 거쳐 산소와 영양소 등을 공급해 주고, 노폐물을 운반하여 신장을 통해 배설함으로서 생명을 유지시켜 준다. 내분비기관에서 분비되는 호르몬을 운반해 주고, 외부의 병원체가 들어오면 그것들로부터 몸을 방어해 주고, 체온 조절해 주어 생명을 유지한다. 그래서 피가 살아야 온몸이 살고, 피가 멈추면 모든 것이 멈추고, 피가 병이 들면 온 몸이 병이 든다.

구약시대에는 짐승의 피를 통해 정결함을 받았지만 '예수의 피밖에 없네'라는 찬양처럼 지금은 오직 예수의 보혈로 정결하게 된다.

073. 이렇게 하는 것이 좋겠다

날씨가 흐린 어느 날 아침에 우찌무라 간조의 두 아들이 현관에서 다투고 있었다. 한 아이는 '날씨가 흐렸으니 우산을 가지고 가야 한다.'고 말하고, 다른 아이는 '날씨는 흐렸지만 비가 오지 않을 것이니 우산을 가지고 가지 않아도 된다.'고 주장했던 것이다. 두 아들의 다툼을 지켜보던 아버지는 두 아들에게 "이렇게 하는 것이 좋겠다. 만일 우산을 가지고 갔다가 비가 오지 않으면 조금 불편할 것이다.

그러나 우산을 안 가져갔다가 비가 오면 큰 낭패를 보게 될 것이다. 그러므로 너희들은 어떤 것을 선택하겠느냐?"고 조언을 해 주었다.

우리 그리스도인들은 항상 선택을 하고 그 결과를 책임지는 사회에 살고 있다. 아담과 하와는 동산 중앙에 있는 선악과를 보고 먹을 것을 선택했다. 다윗은 황무지에서 사울을 죽일 수 있는 기회가 있었을 때 '기름부음을 받은 자를 치는 것은 여호와께서 금하신 일'로 여기고 그를 죽이지 않는 것을 선택했다(삼상 24:6; 26:11). 베드로는 복음을 전하지 말라는 산헤드린의 협박을 받았음에도 '사람의 말을 듣는 것이 옳은가? 하나님의 말씀을 듣는 것이 옳은가?'를 판단해 보라고 하면서 복음을 전하는 편을 선택했다. 예수님은 십자가를 앞에 두고 "내 원대로 마시옵고 아버지의 원대로 되기를 원하나이다"(눅 22:42)라고 하면서 자기의 뜻이 아닌 하나님의 뜻에 따라 십자가를 지는 편을 선택했다.

웨슬리가 제시한 사변형(四邊形, Wesleyan Quadrila-teral)에 의하면 그리스도인들의 선택의 우선순위와 기준은 첫째는 성경(Bible)이요, 두 번째는 전통(tradition)이요, 세 번째는 이성(reason)이며, 마지막 네 번째는 경험(experience)이라고 했다. 성경은 신앙의 최고의 기준이며, 삶의 최상의 척도이다.

074. 스트레스를 떼어 놓으라 ☕

　세상을 살아가다 보면 직장에서의 스트레스, 인간관계에서 오는 스트레스, 돈 때문에 오는 스트레스, 질병으로 인한 스트레스, 불확실한 미래로 인한 스트레스 등등 많은 스트레스를 받는다. 스트레스(stress)는 적응하기 어려운 환경이나 조건에 처할 때 느끼는 심리적, 신체적 긴장 상태를 말한다.

　이런 상태가 오래 지속되면 심장병, 위궤양, 고혈압 등의 신체적 질환을 일으키기도 하고, 불면증이나 신경증, 우울증 등의 심리적 증상을 보이기도 한다. 그런데 스트레스가 모두 나쁜 것만은 아니다. 스트레스도 적당하면 활력소가 되기도 한다. 계속 집중되지 않다가 마감 직전에 글이 잘 써지거나 시험 전날에 하는 공부가 쏙쏙 들어오는 경우이다. 적당한 스트레스는 오히려 긴장하게 만들어 유익하게 만드는 '좋은 스트레스(eustress)'가 되는 반면 과도한 스트레스는 나쁜 결과를 가져오기에 '나쁜 스트레스(distress)'가 되기도 한다.

　'스트레스(stress)'를 '스·트·레·스(s·t·r·e·s·s)'로 날려버려야 한다. 여기서 's'는 'sports(운동)', 't'는 'travel(여행)', 'r'은 'recreation(오락)', 'e'는 'eating(먹기)', 's'는 'sleeping(잠자기)', 's'는 'smile(웃음)'이다.

134 · 진짜 같은 가짜, 가짜 같은 진짜

스트레스(stress)라는 단어를 붙여 놓으면 힘들어진다. 스트레스를 붙여 놓지 말고 떼어 놓기만 해도 상당 부분 해소된다. 스트레스를 받을 때 운동을 하고, 여행을 하고, 오락을 즐기고, 잘 먹고, 잘 자고, 자주 웃으면 해소된다. 마치 먹기만 하고 배설하지 못하면 큰 병이 되는 것처럼 스트레스를 받기만 하고 해소하지 못하면 큰 병이 된다. 그러나 이런 것들보다 더 유익한 방법이 있으니 모든 염려를 주께 다 맡기는 것이다(벧전 5:7). "근심하지 말라 하나님을 믿으니 또 나를 믿으라"(요 14:1)고 한 대로 믿고 근심하지 않는 것이다.

075. 하향 프로세스와 상향 프로세스

일반적으로 정보처리, 의사소통, 회의진행, 의사결정 등에 있어서 그것을 처리하는 방식에 있어서 '하향 프로세스(top-down process)'와 '상향 프로세스(bottom-up process)'가 있다. 문제를 처리할 때 상향식 과정이 편리한 사람도 있고, 하향식 과정이 익숙한 사람도 있다. 하향 프로세스는 미리 목표나 내용이 정해져 있는 것을 명령적, 지시적, 주입식의 방식으로 이루어진다. 그래서 '연역적 프로세스'라고도 한다. 반면 상향 프로세스는 미리 목표나 내용을 정하지 않고 자유롭게 시작하여 결론을 도출해 내는 자율적, 비지시적, 수렴적인 방식으로 이루어진다. 그래서 '귀납적 프로세스'라고도 한다.

우리 한국 사람들은 하향 프로세스에 익숙한 반면 서양 사람들은 상향 프로세스에 익숙하다. 전문가들에 의하면 하향 프로세스는 단기적 성과에 뛰어난 반면 상향 프로세스는 장기적 성과에 뛰어난 것으로 나타나 있다. 어느 것이 더 뛰어나므로 한 가지를 버리고 다른 것을 선택하기보다 두 가지 방식을 적절하게 조화되게 하여 성과를 높이는 지혜가 필요하다고 할 수 있다. 먼저 자신의 스타일이 '하향 프로세스형(top-down process style)'인지, '상향 프로세스형(bottom-up process style)'인지, 아니면 '혼합형(mixed process style)'인지를 아는 것이 중요하다.

모세는 하나님께서 말씀하실 때마다 그대로 행하였다(출 39:7,21,26,29,31,43). 하나님 말씀에 대한 모세의 태도는 하향 프로세스 태도를 가지고 있었다. 이는 말씀에 대한 절대적 순종의 태도이다. 또한 천부장, 백부장, 오십부장, 십부장과 협력하여 출애굽한 이스라엘 백성들을 가나안으로 인도하였다. 어떤 형태의 직무 수행 스타일이라도 그 중심에 하나님과 그의 말씀이 있어야 한다.

076. 가장 좋은 생수 ☕

우리의 몸은 약 75%가 물로 되어 있고, 사람은 일생 동안 약 3만 리터 정도의 물을 마신다고 한다. 목이 마르다는 것은 뇌에서 물을 필요하다는 것을 알려 주는 것이다. 우리나라 사람들은 1일 권장량은 1.5~2리터다. 몸이 갖고 있는 물의 2%만 부족해도 갈증을 크게 느끼고, 7% 정도가 부족하면 혈액순환이 멎어 죽게 된다고 한다.

이스라엘 백성들은 홍해를 건너는 기적을 체험하고 승리의 축제를 벌였음에도 불구하고 수르 광야에서 물을 사흘 동안 찾지 못하게 되었을 때 원망하며 불평하며 죽고 싶다고 하였다. 수가성에서 부끄러운 생활을 하던 한 여인도 물을 길러 오지 않을 수도 없었습니다.

사람들은 심층 암반수, 해양 심층수, 청정수 등의 몸에 좋다는 각종 생수를 찾고 있다. 모든 생명체는 물에 의존하고 있다. 물은 생명의 원천이다. 우리의 육체가 물을 필요로 하는 것처럼 우리의 영혼도 물(생명수)을 필요로 한다.

예레미야는 이스라엘 백성들이 두 가지 악을 행하였다고 꾸짖었다. 하나는 생수의 근원인 하나님을 버린 것이며, 다른 하나는 물을 저장하지 못하는 터진 웅덩이를 판 것이다 (렘 2:13). 생수의 근원인 하나님을 떠나고 물을 저장하는 웅덩이는 터져서 다 새어나갔음에도 깨닫지 못하고 있음을 지적하였다. 스가랴는 "그 날에 생수가 예루살렘에서 솟아나서 절반은 동해로, 절반은 서해로 흐를 것이라 여름에도 겨울에도 그러하리라"(슥 14:8)고 하였다.

생수의 근원이 되신 예수님은 "누구든지 목마르거든 내게로 와서 마시라 나를 믿는 자는 성경에 이름과 같이 그 배에서 생수의 강이 흘러나오리라"(요 7:37~38)고 하였다. 생수를 마시려면 생수가 나는 예루살렘, 생수의 근원이신 예수 그리스도에게 나아가야 한다.

077. 낙서

1990년대 뉴욕에 처음 갔을 때 깜짝 놀란 것이 있었다. 그것은 다름 아닌 사방에 널린 낙서였다. 담벼락, 건물, 유리, 기둥 할 것 없이 낙서로 가득 차 있는 것을 보고서 미국은 우리나라보다 잘 사는 나라이기에 우리보다 훨씬 깨끗할 것이라고 생각했었는데 그 반대였기에 충격이 컸다. 2012년 3월 영국에서 마거릿 대처 전 총리 관련 기록물이 공개되었었는데 그 중에서 가장 관심을 끈 것 가운데 하나가 바로 전 미국 대통령 로널드 레이건의 낙서였다. 낙서는 레이건이 1981년 캐나다 오타와에서 열린 정상회담 도중 다른 정상들 몰래 그린 것으로 알려졌다.

레오나르도 다 빈치의 공책들이나 도스토예프스키가 집필한 원고 여백에서도 낙서가 발견되었다. 누구에게나 이와 같은 낙서 충동이 있다. 학교 다닐 때는 책상에 낙서를 하고, 공중화장실에서도 낙서를 하곤 한다. 광고 전단에 있는 여자 배우의 얼굴에 수염을 그려 넣기도 하고, 치아를 드러내며 활짝 웃는 그림에 치아 몇 개를 까맣게 칠해 이 빠진 사람으로 만들어 놓기도 한다. 예배 시간에 주보에 글을 쓰거나 그림을 그리기도 한다. 전문가들은 낙서를 '정서적·심리적 배설', '자기표현', '놀이', '소통 시도', '창작'으로 보기도 하고, 자기 존재감이나 생각을 드러내는 것이라고 한다.

예수님께서 직접 글을 쓰신 것은 성경에 단 두 번밖에 없는데 그것도 땅에 쓰셨다(요 8:6, 8). 당시 군중들이 간음한 현장에서 잡은 여자를 끌고 와서 '이 여자를 어떻게 해야 하는가?'를 물었을 때 예수님께서는 손가락으로 땅에 글씨를 쓰셨다. 그들이 계속해서 묻자 예수님께서는 '너희 중에 죄 없는 자가 먼저 돌로 치라'고 하신 후 다시 손가락으로 땅에 글씨를 쓰셨다. 돌을 들었던 사람들은 모두 떠나갔다. 그러나 예수님께서 땅에 무엇을 쓰셨는지는 전혀 알 수 없지만 주님의 말씀과 글은 권세가 있다.

  진시황은 13세에 왕위에 올라 37세에 조나라, 한나라, 위
나라, 초나라, 연나라, 제나라를 차례로 무너뜨리고 천하통
일의 위업을 달성하게 되었다. 그는 재임기간 중 만리장성
(약 6,350km)을 축조하고, 남쪽의 양자강과 북쪽의 황하
를 잇는 대운하를 건설하였다. 또한 화폐와 도량형을 통일
하고, 도로를 개설함으로써 중앙집권체제를 확립했다. 진
시황은 강력한 통치를 바탕으로 절대군주체제를 누리며 미
녀 1만 명을 궁중에 두고 생활하던 진시황은 나이가 들면
서 불로장생을 꿈꾸게 되었다. 그는 서복 장군에게 3,000
명을 인솔하고 불로초를 구하도록 했다. 그러나 그는 49세
때 불로불사의 꿈을 접은 채 마차 위에서 숨을 거두었다.
  다윗은 자신의 죽음에 대하여 '모든 사람이 가는 길로 간
다.'고 했다(왕상 2:1). 이동원 목사님은 "말씀을 전하다가
죽을 수 있었으면 좋겠습니다. 혹 제가 설교하다가 갑자기
쓰러지더라도 놀라지 마십시오. 그것은 기도의 응답입니
다."라고 했다고 한다. 어떤 영화감독은 죽으면서 "내가 이
제 죽는다. 레디 고우!"라고 했으며, 어떤 코미디언은 "내
가 웃기려는 게 아니라 이번에는 진짜다."라고 말하고 죽었
다고 했고, 어떤 장의사는 죽으면서 "이제 내가 우리 집 매
상을 올릴 차례다."라는 말을 하고 죽었다고 한다. 그렇다.

"한 번 죽는 것은 사람에게 정해진 것이요"(히 9:27)고 한 대로 누구든지 죽음을 피할 수 없다.

하나님께서 아담에게 "네가 흙으로 돌아갈 때까지 얼굴에 땀을 흘려야 먹을 것을 먹으리니 네가 그것에서 취함을 입었음이라 너는 흙이니 흙으로 돌아갈 것이니라"(창 3:19)고 했다. 그러나 "내 말을 듣고 또 나 보내신 이를 믿는 자는 영생을 얻었고 심판에 이르지 아니하나니 사망에서 생명으로 옮겼느니라"(요 5:24)고 한 대로 죽음을 이기는 길이 있으니 바로 예수 그리스도를 믿고 영생을 얻는 것이다.

079. 희생양(scapegoat)

흥부전에서 흥부는 대신 매를 맞아 주면 30냥을 주겠다는 김좌수의 제안을 받고 수락했다. 당시 흥부가 하던 일은 말편자 박기는 5푼, 분뇨 수거는 2푼, 빗자루 만들기 1푼이었다. 100푼이 1냥이었기에 30냥을 벌려면 말편자를 600개 박거나, 화장실 1,500곳을 치우거나, 빗자루를 3,000개 만들어야 했다. 당시 하루 품삯이 20푼이었으니 30냥은 150일 품삯이었다. 하지만 흥부는 공교롭게 김좌수에게 특면사면이 내려지는 바람에 거래가 무산되었다. 이를 흔히 '매품팔이'라고 한다.

『조선왕조실록』이나 『승정원 일기』에 돈을 받고 매를 맞거나 늙고 병든 아버지를 위해 아들이 대신 매를 맞기도 했고, 존속을 대신하여 비속이 매를 맞기도 했고, 주인을 대신하여 노비가 대신 매를 맞기도 했다.

시드 플라이슈만의 『왕자와 매 맞는 아이(whipping boy)』에 거리에서 먹고 자며 떠돌던 불쌍한 거지 소년 제미와 왕자 브랫이 등장한다. 제미는 왕자 브랫이 잘못을 하였을 때 회초리를 대신 맞는 회초리 소년(whipping boy)의 역할이었다. '휘핑보이'는 중세시대 영국에서는 평민의 자식도 극소수나마 왕실 귀족의 자식과 같이 공부하는 게 허용되었는데, 그런 특혜를 누리는 만큼 치러야 할 대가가 있었다. 그건 왕자가 잘못을 저질렀을 때 대신 매를 맞는 것이다. 왕자는 왕과 마찬가지로 귀한 몸으로 간주되었기 때문이다.

구약성경의 속죄일 규례 중 '속죄일'에 두 마리의 염소를 준비하고 제비를 뽑아 한 마리는 잡아 제단에 피를 뿌려 속죄제로 드리고, 다른 한 마리는 그 머리에 손을 얹고 자신들이 저지른 모든 죄를 고백한 후 광야로 내보낸다. 사람들의 모든 죄를 짊어진 염소는 결국 광야로 쫓겨나서 죽게 된다(레 16:9~10). 이는 우리 죄를 대신 짊어지신 예수 그리스도를 상징한다.

080. 귀갓길 효과 ☕

운전을 하다 보면 똑같은 길인데도 갈 때보다 돌아올 때 시간이 덜 걸리는 것처럼 느껴지는 경우가 많은데 이를 '귀갓길 효과'(round trip effect) 혹은 '돌아오는 길 효과'(return trip effect)라고 한다. 전문가들이 여러 실험을 통해 조사한 결과에서도 갈 때의 시간과 돌아올 때의 시간의 차이가 거의 없음에도 불구하고 '귀갓길', '돌아오는 길'을 더 짧게 인식하는 것으로 나타났다. 시간의 차이가 별로 없음에도 돌아올 때의 소요시간을 더 짧게 느끼는 것이므로 이는 심리적 요인이 작용하고 있음을 알 수 있다. 땡볕에서 일을 할 때는 시간이 너무 더디 가는 것 같고, 재미있는 일을 할 때는 시간이 너무 빨리 가는 것처럼 느껴진다. 유격훈련을 받을 때는 시간이 멈추어 있는 것 같지만 휴식시간에는 시간이 날개를 단 것처럼 빠르게 느껴진다. 하기 싫은 공부를 할 때는 시간은 더디 가고, 재미있는 게임을 할 때는 시간이 빨리 가는 것처럼 느낀다.

같은 시간인데도 왜 예배시간이 길다고 불편해하는가? 왜 기도시간이 길다고 불평하는가? 혹시 예배와 기도시간보다 더 좋아하는 것이 있어서 그런 것은 아닌가? 예수님께 나온 사람들 중에 예수님을 만난 사람들은 돌아갈 때 기쁨과 감격을 가지고 돌아갔다. 예나 지금이나 예수님은 변함이 없으시다. 매 예배마다 만나야 한다. 매 시간마다 예수님을 경험해야 한다. 교회에 갈 때 도살장으로 가는 것처럼 힘들지라도 신령과 진정으로 예배하고 은혜를 받으면 지금도 여전히 동일하게 영적 귀갓길 효과가 나타난다.

081. 기대와 실망 ☕

스톡홀름의 한 은행에 강도 사건이 발생하여 4명을 인질로 잡고 6일간 경찰과 대치했다. 인질극이 끝나고 경찰서에서 증언할 때 불리한 증언을 하지 않고 오히려 선처를 호소한 사람들이 있었다. 그 중 한 여성은 인질범과 사랑에 빠져 자신의 약혼자와 파혼했다. 인질은 처음에 생사를 쥐고 있는 인질범에 대한 극도의 공포의 감정을 갖는다. 그런 상황에서 작은 친절을 베풀면 쉽게 호감을 갖게 된다. 인질들이 인질범에게 호감을 느낀 이유는 해를 끼칠 것이라는 예상과 달리 친절을 베풀었다는 것이다. 이를 '스톡홀름 신드롬(Stockholm syndrome)'이라고 한다.

큰 며느리는 시어머니에게 항상 잘해도 별로 칭찬을 받지 못한다. 그러나 1년에 한두 번 다녀가는 작은 며느리는 시어머니에게 사소한 친절만 베풀어도 감동하여 침이 마르도록 칭찬한다. 이런 현상을 '기대치 위반효과'라고 한다.

납치 상황이 아니라면 인질범들의 그 정도의 친절은 전혀 호감을 끌지 못한다. 그러나 호감을 갖게 된 것은 납치범들의 행동이 피해자들의 기대를 위반했기 때문이다. 기대치 위반효과는 기대가 적으면 사소한 일에도 감동하지만 기대가 클수록 기대에 미치지 못하게 되므로 실망하게 된다.

내가 나 된 것은 하나님의 은혜로 된 것이니
내게 주신 그의 은혜가 헛되지 아니하여
내가 모든 사도보다 더 많이 수고하였으나
내가 한 것이 아니요
오직 나와 함께하신 하나님의 은혜로라

- 고린도전서 15장 10절 -

복음. 진리를 덧입다

082. '식사 중' 싸인

　서양의 식사 예절에는 자리에 앉으면 냅킨을 무릎 위에 올려놓지만 정식 만찬에서는 안주인이 먼저 냅킨을 무릎 위에 놓을 때까지 기다린다. 식사 중에 냅킨을 사용할 때는 입을 가볍게 닦는 정도로 하고, 땀을 닦거나 립스틱을 지우는 것은 실례이다. 식사 중에는 포크와 나이프를 접시 위에 팔(八)자로 놓고, 식사 중에 자리를 뜰 경우에도 '식사 중'이라는 표시로 나이프와 포크를 팔자로 걸쳐놓는다. 식사가 끝난 후에는 포크와 나이프를 접시 중앙의 오른쪽에 나란히 놓아 둔다.

　예수님께서 돌아가셨을 때 아리마대 요셉과 니고데모는 세마포로 시신을 감싸서 무덤에 장사했고, 얼굴도 세마포로 덮었다. 그런데 예수님께서 부활하신 후에 이 수건이 그의 머리 옆에 잘 개어져 있었다(표준새번역, 요 20:7). 유대인들의 식사법에는 주인이 식사를 다 마쳤다는 표시로 식탁에 놓인 수건으로 입과 손을 닦고는 식탁에 던져 놓는다. 그러나 주인이 수건을 잘 접어서 식탁에 올려놓으면 다시 돌아온다는 표시였다. 예수님의 얼굴을 덮었던 세마포 수건이 잘 개어져 있었다는 것은 예수님께서 다시 오신다는 것(재림)을 의미한다.

　재림에 대한 약속은 신구약을 통하여 여러 곳에 언급되어

있다. 신약에서만 331번이나 언급되어 있으며, 또한 구약
에서는 재림이 '심판'에 대한 개념을 포함하고 있다. 예수
님께서 친히 "내가 너희를 위하여 처소를 예비하러 가노니
가서 너희를 위하여 처소를 예비하면 내가 다시 와서 너희
를 내게로 영접하여 나 있는 곳에 너희도 있게 하리라"(요
14:2~3)고 했다.

083. 고난도 보약이다 ☕

'외상 후 스트레스 장애'(Post traumatic stress
disorder, PTSD)라는 질병이 있다. 이 질병은 심각한 외상
을 직접 경험을 하거나 또는 보거나, 듣거나 하는 경우 나
타나는 불안장애이다. 외상이란 전쟁, 사고, 자연재앙, 폭
력 등 생명을 위협하는 충격적인 경험을 의미하는데, 이런
경험에 대해서 지속적으로 사건을 회상하며 다시 기억하
는 것을 회피하려는 증상을 동반하는 장애를 말한다. 이와
반대되는 용어가 있는 데 '외상 후 성장'(Post-traumatic
growth, PTG)이다. 이는 신체적인 손상 및 생명의 위협을
받은 사고에서 심적 외상을 받은 뒤, 회복력을 통해 이루어
지는 심리적 성장을 말한다. 어떤 사람은 심리적 외상을 받
고서 병을 얻는 사람이 있고, 어떤 사람은 고통을 겪은 후

오히려 성장하는 사람도 있다.

왕궁에서 촉망받던 다윗은 사울의 시기와 증오로 인하여 길거리 노숙자와 같은 방랑자가 되었다. 또 이스라엘 적국인 블레셋의 가드로 망명을 하지 않으면 안 되었다. 침을 질질 흘리며 정신병자의 흉내를 내며 살기도 했다. 다윗이 '미쳤다', '노숙자가 되었다', '폐인이 되었다'는 등등의 루머가 꼬리에 꼬리를 물고 퍼져나갔을 것이다.

하지만 다윗은 여호와께서 자신을 기가 막힐 웅덩이와 수렁에서 끌어올리셨다(시 40:2)고 했고, 은을 단련함 같이 시험하였다고 했다(시 66:10). 사탄은 외상을 당했을 때 절망에 빠지게 하지만 성령은 외상을 당했을 때 우리를 위해 친히 기도해 주시고(롬 8:26), 능히 감당하도록 하여 도약의 기회를 만들어 주신다(고전 10:13).

084. 반전 ☕

우스운 이야기가 있다. 며칠 동안 굶은 한 호랑이가 있었다. 먹이를 찾다가 약간 어설프게 보이는 토끼 한 마리를 잡았다. 그러자 잡힌 토끼가 하는 말, "이거 놔, 새꺄~~~." 순간 어이없던 호랑이가 얼떨결에 토끼를 놓쳤다. 다음 날, 충격이 채 가시지 않은 호랑이는 다시 토끼를 발견하고, 이

번 역시 한 방에 낚아챘다. 그러자 그 토끼가 또 하는 말, "나야, 새꺄~~~." 호랑이는 큰 충격을 받아서 온 몸의 기가 다 빠져나갔다. 그 사이에 토끼는 유유히 사라졌다. 호랑이는 다시는 그런 실수를 하지 않으리라 마음을 먹었다. 다음날, 또다시 토끼 한 마리를 잡았다. '어휴, 다행이네. 어제 그 토끼 아니겠지…'하며 속으로 웃고 있는데 토끼의 말 한마디에 호랑이는 기절하고 말았다. "너, 소문 다 났어, 새꺄~~~."

반전에는 긍정적 반전(upturn)과 부정적 반전(downturn)이 있는데 위의 예는 토끼에게는 긍정적 반전이 된 반면 호랑이에게는 부정적 반전이 되었다. 반전은 드라마나 영화에서의 필수적인 요소이다. 반전은 우리들의 생활에서도 일어나곤 한다.

요셉은 형제들에 의해 채색옷을 벗긴 채 종으로 팔렸으나 훗날 그는 애굽의 총리가 되었다. 이스라엘 백성들이 출애굽을 할 때 홍해 앞에 진을 쳤을 때 바로의 군대가 그들을 뒤쫓았다. 바로의 군대는 그들을 '독 안에 든 쥐'로 생각했다. 그러나 이스라엘 백성들은 갈라진 홍해를 도보로 건너간 반면 바로의 군대는 그 홍해에 수장되고 말았다. 다윗은 골리앗과 맞서게 되었다. 다윗은 물매와 다섯 개의 돌멩이와 막대기로 들고 홀로 나아간 반면 엄청난 체구의 골리앗은 갑옷을 입고 칼과 창과 방패를 든 자와 나섰지만 다윗

앞에 엎드려지고 말았다. 성경에 나타난 긍정적 반전의 공통점은 하나님의 함께하심과 역사하심에 있었다.

085. 하나님의 은총

어느 주일, 한 할아버지가 할머니와 함께 교회가 나가 '은총'에 대한 설교를 들었다. 술을 좋아하는 할아버지 자신도 은총을 받고 싶었다. 그다음 주일에 교회에서 예배를 마치고 나오는 길에 할아버지가 목사님과 마주치자 말했다.

"목사님! 제가 어젯밤 하나님의 은총을 받았답니다!"하자 목사님이 "아, 그렇습니까? 어떤 은총을 받으셨습니까?"라고 물었다. "어젯밤에 제가 화장실에서 소변을 보는데 불이 저절로 켜지지 뭡니까." 목사님이 아리송한 표정으로 고개를 끄덕이자 옆에 있던 할머니가 "은총은 무슨 은총! 오늘 아침에 이상하게 냉장고에서 지린내가 나더구먼. 이 영감탱이가 노망났나!"며 소리쳤다. 알고 보니 할아버지가 술에 취하여 냉장고를 화장실로 착각해서 생긴 일이었다.

헨델은 아일랜드 총독으로부터 더블린 자선 콘서트에 쓸 곡을 작곡해 달라는 의뢰를 받았다. 그는 곡을 작곡하던 도중에 "그는 멸시를 받아 사람들에게 버림받았으며 간고를 많이 겪었으며 질고를 아는 자라"(사 53:3)라는 말씀을 읽고 무릎을 꿇고 한참 울고 난 뒤 '오, 나의 절망과 나의 고통을 다 겪으신 분, 과연 나의 주님이시다!'고 외쳤다. 헨델은 아일랜드 총독의 더블린 연주회에 초청을 받아 자신이 작곡한 곡으로 초연에서 절찬을 받았다. 초연 당시 참석했던 영국 국왕 조지 2세(George Ⅱ)가 이곡이 연주되자 너무 감격하여 자리에서 벌떡 일어났다고 전해진 이후, 이 곡이 연주될 때엔 모두가 일어나는 전통이 생겼을 정도다. 바로 그 곡이 〈메시야〉이다. 헨델은 그 곡을 작곡하는 중에 자신이 몸 안에 있었는지 몸 밖에 있었는지 알지 못하지만 하나님은 아신다고 고백했다. 하나님의 은총이 임했던 것이다. 우리들도 지금까지 주께서 베풀어 주신 모든 은총을 조금도 감당할 수 없다(창 32:10).

086. 감사 실종 증후군 ☕

신문을 보면 가끔 가족을 잃은 사람들의 '실종된 사람'을 찾는 광고를 볼 수 있다. 아마 하나님께서는 '실종된 감사'를 찾는 광고를 내고 싶어 하실 것이다.

신앙에는 3단계가 있다. 첫째는 받는 단계, 둘째는 감사의 단계, 셋째는 드리는 단계이다.

어느 책에서 잔잔한 감동을 주는 글을 읽었다. 어떤 분이 갑자기 공장에 불이 나는 바람에 순식간에 잿더미가 되고 말았다. 남편은 공장의 잿더미 위에서 울고, 아내는 성전에서 울었다. 그런데 울면서 기도하는 아내에게 문득 '그래도 감사해야지. 남편이 살아 있는 것도 감사하고, 우리가 건강한 것도 감사하고, 하나님께서 함께하시는데 내가 절망할 이유가 뭐가 있는가?'라는 생각이 들었다. 그래서 아내는 '하나님, 감사합니다. 공장이 불 탄 것도 감사합니다.'하고 기도하였다. 그리고 말로만 감사를 드린 것이 아니라, 집에 남아 있는 돈을 모두 챙겨다가 감사헌금을 드렸다. 그런데 공장이 불탔다는 소문이 퍼지자 여기저기서 모금을 해 주어서, 다시 공장을 크게 짓게 되었다. 새 공장에서의 사업도 잘되고 점점 번창하게 되었다. 그래서 이 부부는 하나님께 받은 축복을 무엇으로 보답해야 할지 고민하다가, 차를 하나 사서 그 차로 봉사를 해야겠다는 결심을 하였다. 승합차를 사서 매 예배 시간마다 교인들을 실어 날랐다. 그러자 하나님께서 더욱 축복해 주셔서 직원도 수백 명으로 늘어났다고 한다.

바울은 빌립보 교인들에게 "아무것도 염려하지 말고 다만 모든 일에 기도와 간구로, 너희 구할 것을 감사함으로 하나님께 아뢰라 그리하면 모든 지각에 뛰어난 하나님의 평강이 그리스도 예수 안에서 너희 마음과 생각을 지키시리라"(빌 4:6~7)고 하였다. 감사하며 기도하는 것은 우리가 할 일이요, 그에 대한 응답은 하나님의 몫이다.

087. 깨진 유리창 효과 ☕

1969년 스탠포드대학의 필립 짐바르도 교수가 다음과 같은 실험을 하였다. 우선 치안이 비교적 허술한 골목에 보존상태가 동일한 두 대의 자동차를 보닛을 열어 놓은 채로 1주일간 방치하였는데 그 중 한 대는 보닛만 열어 놓고, 다른 한 대는 고의적으로 창문을 조금 깬 상태로 놓았다. 보닛만 열어 둔 자동차는 1주일간 특별한 변화가 없었으나 보닛을 열어 놓고 차의 유리창을 깬 상태로 놓아 둔 자동차는 겨우 10분 만에 배터리가 없어지고, 연이어 타이어도 전부 없어졌다. 그리고 계속해서 낙서나 투기 그리고 파괴가 일어났고, 1주일 후에는 완전히 고철 상태가 될 정도로 파손되었다.

1980년대, 뉴욕시에서는 연간 60만 건 이상의 중범죄 사건이 일어났다. 미국의 라토가스대학의 겔링 교수는 이 '깨친 유리창' 이론에 근거해서 뉴욕시의 지하철 흉악 범죄를 줄이기 위한 대책으로 낙서를 철저하게 지우는 것을 제안했다. 낙서가 방치되어 있는 상태는 창문이 깨져있는 자동차와 같은 상태라고 생각했기 때문이다. 그러나 교통국의 직원들은 우선 범죄 단속부터 해야 한다고 반발했다. 지하철의 차량 기지에 교통국의 직원이 투입되어 무려 6,000대에 달하는 차량의 낙서와 지하철 낙서 지우기 프로젝트를 개시한 지 5년 후 1998년에 낙서 지우기가 완료되었다. 낙서 지우기를 하고 나서 뉴욕시의 지하철 치안은 어떻게 되었을까? 계속해서 증가하던 지하철에서의 흉악 범죄 발생률이 낙서 지우기를 시행 후부터 완만하게 되었고, 2년 후부터는 중 범죄 건수가 감소하기 시작하다가 절반 가까이 감소했다고 한다. 결과적으로 뉴욕의 지하철 중 범죄 사건은 놀랍게도 75%나 급감했던 것이다.

깨진 유리창은 마음의 상처, 뭉개진 자존심, 용서하지 못하는 마음, 내면의 분노, 열등감, 버려짐 혹은 거부당함, 수치심(성폭행) 등이다. '깨진 유리창'은 자기 스스로 쓸모없는 존재라는 의식을 가지게 되고, 다른 사람들도 그를 소중하게 대하지 않게 된다. 깨진 유리창의 회복은 자기 회복이며, 대인관계의 회복이며, 하나님과의 관계 회복의 지름길이다.

088. 꽉 막힌 사회의 숨통을 여는 바람길

2018년에 있었던 폭염은 111년 만의 일이었다고 한다. 너나 할 것 없이 폭염으로 인하여 고통스러웠지만 서울을 비롯하여 대도시에 살고 있는 사람들은 특히 더 견디기 어려웠다고 하는데 그 이유가 있었다.

연구에 따르면 대도시는 주변 시골보다 낮 동안에는 1~3도 가량 기온이 높고, 밤에는 최대 12도까지 차이가 벌어진다고 한다. 도시의 대부분이 시멘트나 아스팔트로 이루어져 있기 때문에 시멘트는 태양열을 많이 받아들이고 열을 저장하는 성질이 있어 낮에 가열된 공기가 밤에도 쉽게 식지 않는다. 특히 시골에 비해 도시에는 자동차와 공장 등이 많으므로 배기가스 및 매연도 많이 나오게 되어 도시는 시골이나 도시 변두리보다 더욱 더워진다.

기온의 분포를 보면, 도시를 중심으로 기온이 높게 나타나고, 변두리 지역으로 점차 기온이 낮아진다. 이렇게 온도가 높은 부분의 대기가 도시를 섬 모양으로 덮고 있다고 하여 이런 현상을 도시의 '열섬효과(Heat Island Effect)'라고 한다. 이 열섬효과는 특히 밤에 기온차가 더 심해 밤이 되어도 기온이 내려가지 않는 열대야 현상을 나타낸다.

전 세계에서는 이러한 열섬현상을 완화하고자 만들어 낸 방법이 있는데 바로 '바람길(wind corridor)'이다. '바람길'은 바람이 통하는 길을 말하는데 바람이 부는 곳에 장애물을 없애 바람이 지날 수 있는 길목을 만드는 것이다. 물이 흐르거나 산 밑의 시원한 바람이 불어오도록 해서 맑고 시원한 공기가 흘러갈 수 있게 하는 것이다. 우리나라에서는 서울 청계천이 대표적인 예이다. 또한 강남 테헤란로나 강남대로 역시 '바람길'을 조성하는데 큰 도움이 되었다고 한다.

이스라엘 백성들이 애굽에서 나올 때 홍해 앞에 장막을 쳤다. 뒤에는 애굽의 군대가 추격하고 앞은 홍해였기에 사면 초가에 빠져 숨통이 막혔다. 그때 하나님께서 큰 동풍을 밤새도록 불게 하여 홍해에 바닷길을 만들어 자기 백성들을 안전하게 건너게 하셨다. 이 사건의 현장에 있었던 모세는 바닷길을 내어 숨통을 연 것은 자신이 아니라 '여호와'께서 하신 일이라고 강조하고 있다(출 14:21). 초대교회는 예수님의 죽으심과 승천으로 인한 지도자의 부재로 인하여 숨통이 막혔을 때에 마가의 다락방에 임한 성령의 역사는 초대교회의 숨통을 여는 '바람길'이 되었다. 1907년 평양에 임한 성령의 역사는 한반도의 숨통을 여는 '바람길'이 되었다. 지금도 꽉 막힌 숨통을 여실 분은 오직 하나님뿐이시다.

089. 넘어짐의 은혜 ☕

아이들이 걸음마 배울 때 한 번에 걷거나 뛰지 못한다. 약 일천 번은 넘어졌다가 일어나면서 제대로 걷고 뛰게 된다고 한다. 그런데 아이들에게 신기한 것은 수도 셀 수 없을 정도로 넘어지는데도 잘 다치지 않는데 어른들은 넘어지면 다친다. 잘 걷지 못할 때는 넘어져도 잘 안 다치고, 잘 걸을 때는 넘어지면 다친다.

자전거를 배울 때도 넘어지면서 배우고, 스케이트나 스키를 배울 때도 넘어지면서 배운다. 자동차 면허증을 가졌어도 운전을 하지 않는 사람(장롱 면허)은 교통 사고율 0%, 교통 법규 위반율 0%로 법적으로 완벽한 운전자일 것이다.

노벨 물리학상(1921년)을 받았던 위대한 아인슈타인 박사와 같은 사람도 많은 실수를 경험하였었기에 실수를 해 보지 않은 사람은 한 번도 새로운 것을 시도해 보지 않은 사람이라는 말을 남겼다.

새로운 일을 시도하는 사람은 실수(혹은 실패)를 하지 않을 수 없다. 그러나 실수를 두려워하는 자는 아무 일도 하지 못한다.

출애굽 이후에 히브리 백성들은 홍해를 마른 땅처럼 건넜으며, 신령한 만나를 먹었으며, 신령한 음료를 마셨음에도 불구하고 넘어졌다. 고린도 교회의 교인들 중에 우상숭배를 하다가 넘어지고, 간음하다가 넘어지고, 주를 시험하다가 넘어지고, 원망하다가 넘어진 자들이 있었다(고전 10:8~10).

신앙생활에서 넘어지지 않는 사람은 아무도 없다. 솔로몬은 '의인은 일곱 번 넘어질지라도 다시 일어난다.'고 하였다(잠 24:16). 의인도 넘어지고 쓰러질 때가 있다. 넘어짐은 자신의 부족을 발견하고, 하나님의 능력을 발견하는 기회가 된다. 넘어질지라도 좌절하지 않고 온전하게 하시는 예수님을 바라보고 다시 일어나면 그것이 승리의 도약대요, 축복의 징검다리가 된다.

090. 당근과 채찍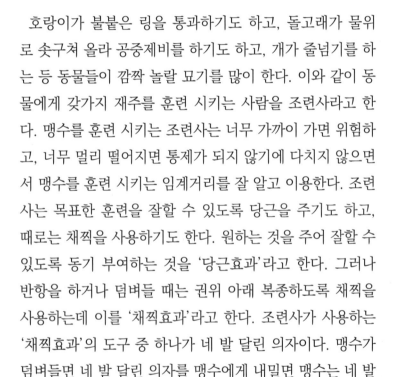

호랑이가 불붙은 링을 통과하기도 하고, 돌고래가 물위로 솟구쳐 올라 공중제비를 하기도 하고, 개가 줄넘기를 하는 등 동물들이 깜짝 놀랄 묘기를 많이 한다. 이와 같이 동물에게 갖가지 재주를 훈련 시키는 사람을 조련사라고 한다. 맹수를 훈련 시키는 조련사는 너무 가까이 가면 위험하고, 너무 멀리 떨어지면 통제가 되지 않기에 다치지 않으면서 맹수를 훈련 시키는 임계거리를 잘 알고 이용한다. 조련사는 목표한 훈련을 잘할 수 있도록 당근을 주기도 하고, 때로는 채찍을 사용하기도 한다. 원하는 것을 주어 잘할 수 있도록 동기 부여하는 것을 '당근효과'라고 한다. 그러나 반항을 하거나 덤벼들 때는 권위 아래 복종하도록 채찍을 사용하는데 이를 '채찍효과'라고 한다. 조련사가 사용하는 '채찍효과'의 도구 중 하나가 네 발 달린 의자이다. 맹수가 덤벼들면 네 발 달린 의자를 맹수에게 내밀면 맹수는 네 발

중에 어떤 것이 자기를 공격할지 몰라 한 곳에 집중하지 못하게 되는데 이를 '신경분화' 혹은 '집중분화'라고 한다. 이때 맹수는 신경이 분화되어 한 곳에 집중하지 못하게 되므로 수그러들거나 고분고분해진다.

하나님께서는 자기중심적이고 고집이 센 요나를 위하여 큰 바람과 큰 풍랑과 큰 물고기와 같은 채찍을 쓰기도 하고, 때로는 잎사귀가 큰 박넝쿨을 주어 시원하게 하기도 했다. 하나님께서는 자기의 말씀이 응할 때까지 '당근'과 '채찍'을 통해 자기 일꾼들을 단련시키신다(시 105:19).

091. 땅끝 증후군(Land's end syndrome)

영국의 가장 서쪽에 랜즈엔드(Land's End, 땅의 끝)라는 지역이 있다. 중세 시대 때는 이곳이 유럽의 땅 끝으로 여겨졌다. 더 이상 갈 곳이 없었고 그 뒤로는 바다만 보였다. 그래서 그곳이 '땅끝'이라고 불리는 경계선이 되었다. 그런데 아주 극소수의 사람들은 다르게 생각했다. 랜즈엔드가 땅끝이 아니라 '새로운 시작'이라는 생각을 한 것이다. 대다수의 사람들에게 끝이라고 여겨졌던 그곳이 그들에게는 새로운 시작을 가능하게 하는 장소로 보였다. 그들은 거기에서 대서양을 향해 새로운 도전을 시작했다. 그 결과 신대

륙 아메리카를 발견하고 신세계를 건설했다.

이탈리아 북동부의 해안지역에 '리오마조레'는 V자로 패인 해안의 계곡 벼랑 끝에 자리 잡은 독특한 마을로서 인구는 고작 1,700여 명이다. 이 마을은 지중해를 내려다보듯 빼곡히 모여 있다. 우리나라에도 해남에 '땅끝 마을'이 있다. 땅끝은 육지에서 보면 마지막이지만 바다에서 보면 새로운 바다의 시작이다.

인생을 살아가다 보면 앞이 안 보일 때가 종종 있다. 모든 게 다 무너지고, 다시 일어설 수 있는 어떤 가능성도 보이지 않는다. '끝'이라고 말할 수밖에 없고 '땅끝 증후군'(혹은 벼랑 끝 증후군)에 시달리게 된다. 하지만 그런 때에도 하나님은 그곳에 살아 있다. 여전히 우리를 돌보고 계시고, 우리와 함께하신다. "두려워하지 말라 내가 너와 함께 함이라 놀라지 말라 나는 네 하나님이 됨이라 내가 너를 굳세게 하리라 참으로 너를 도와주리라 참으로 나의 의로운 오른손으로 너를 붙들리라"(사 41:10).

092. 머피의 법칙과 샐리의 법칙

우리 말 속담에 '뒤로 자빠져도 코가 깨진다.', '안 되는 놈은 곰을 잡아도 웅담이 없다.', '도둑을 맞으려니 개가 안

짓는다.', '개똥도 약에 쓰려니 없다.', '소똥에 미끄러져 개
똥에 코 박는다.'와 같은 것들이 있다. 이는 자신에게 나
쁜 일만 생기고, 그 뒤에 더 좋지 않은 일이 생긴다는 것을
나타는 속담들로서 일명 '머피의 법칙'으로 불린다. 반면
에 '일석이조'(돌 하나를 던져 두 마리의 새를 잡는다.) '되
는 집안에는 가지나무에도 수박이 열린다.', '가는 날이 장
날이다.', '소가 뒷걸음치다가 쥐를 잡는다.'는 속담들도 있
다. 이는 좋은 일에 더 좋은 일이 생긴다는 속담들로서 일
명 '샐리의 법칙'으로 불린다. 그런데 사람들은 흔히 자기
자신에게는 '머피의 법칙'이 적용된다고 생각하고, 다른 사
람들에게는 '샐리의 법칙'이 적용된다고 믿는다는 것이다.
곧 자신에게는 안 좋은 일이 나타나는 반면 다른 사람들에
게는 좋은 일이 나타난다고 믿는 거짓된 자기신념이다. 물
론 자신에게 '머피의 법칙'과 같이 궂은 일이 나타나고, 타
인에게는 좋은 일이 나타날 수도 있다. 그러나 그리스도인
들은 "우리가 알거니와 하나님을 사랑하는 자 곧 그 뜻대로
부르심을 입은 자들에게는 모든 것이 합력하여 선을 이루
느니라"(롬 8:28)는 말씀을 믿고 좋은 일이 있을 때는 감사
하고, 궂은 일이 있을 때는 그것으로 더 유익하게 하신다는
믿음으로 인내해야 한다.

093. 몰입이 천재를 이긴다 ☕

스탠포드대학 4학년인 조지 단치히(George Danzig)는 밤새 졸업시험을 준비하느라 시험장에 늦게 도착했다. 시험지의 8문제를 푼 다음에 칠판에 적혀진 두 문제를 풀기 시작했다. 그러나 시간이 다 되었지만 도무지 두 문제를 풀 수 없었다. 그는 자신이 늦게 도착했기 때문에 두 문제를 풀 수 있는 시간이 부족했으니 그 문제를 풀 수 있도록 시간을 더 줄 수 없겠느냐고 사정했더니 교수는 무려 2일이나 시간을 더 주었다. 그는 2일간 씨름하여 1문제는 풀었고, 1문제는 풀지 못했지만 시험지를 교수에게 제출했다. 그다음 날 교수가 찾아와서 "이 문제는 아인슈타인도 풀지 못했던 문제일세. 자네가 수학의 역사를 다시 썼네."라고 그를 칭찬했다. 그 내용이 '국제 고등수학 저널'에 발표되었고, 그는 스탠포드대학의 조교수가 되었다.

'몰입이 천재를 이긴다.'는 말이 있다. 황농문 교수는 몰입(think hard)은 인생을 바꾸는 새로운 패러다임이라고 했다. 에디슨은 실험에 몰두하여 끓는 물에 계란 대신 시계를 넣었다. 아르키메데스는 히에론 왕의 왕관이 순금으로 만들어졌는지에 골몰하다가 목욕탕에서 벗은 몸으로 '유레카'를 외치며 밖으로 뛰쳐나왔다. 몰입은 깊이 파고들거나 빠지는 것을 말한다. 몰입하였을 때 감성(Emotion), 창조

(Creativity), 상상(Imagination)의 능력이 나타난다.

"할 수 있거든이 무슨 말이냐 믿는 자에게는 능히 하지 못할 일이 없느니라"(막 9:23)고 하신 대로 믿음으로 몰입할 때 기적을 낳게 된다.

094. 바닥짐 🍵

탐험가요, 선교사였던 데이빗 리빙스턴은 위대한 아프리카 사역에 성공하고, 뭇사람으로부터 존경을 받으며, 한창 명성이 높아져 있을 때였다. 그는 자신을 사람들로부터 존경을 받고 성공한 삶으로 이끌어 준 이유를 '바닥짐' 때문이라고 하였다. '바닥짐(ballast)'은 사전에 '선체의 안정을 유지하기 위해 배의 바닥에 싣는 물이나 모래 따위의 중량물'을 말한다. 일명 '밸러스트'라고 한다. '밸러스트'는 전문 용어로서 배가 전복되는 것을 막기 위해서 배의 바닥에 채워 놓은 돌이나 물 따위를 가리킨다. 배가 가벼우면 거친 바다를 제대로 항해할 수 없다. 그래서 항구에서 짐을 다 부리고 나서 빈 배로 항해할 때에는 배의 바닥에 바닷물을 집어넣는다. 무게 중심이 아래쪽이 있게 하여 거친 파도와 심한 바람에도 전복되지 않고 배가 균형을 잡고 목적지까지 잘 항해하게 된다. 배가 겉으로 보기에는 그저 순풍에 돛을 단 듯

평화스럽게 가는 것처럼 보여도 그럴 수 있는 까닭은 모두 보이지 않는 깊은 곳의 무거운 바닥짐 때문이다.

리빙스턴에게는 집을 나가 버린 방탕한 아들이 있었다고 한다. 그런 아들이 그에게는 바닥짐이 된 것이다. 집을 나간 아들이 있었기에 그는 기도하는 사람이 되었고, 자신을 낮추어 겸손한 사람이 되게 하였고, 사명에 충성하도록 만들었다. 그는 바닥짐 때문에 뭇사람이 치하하는 엄청난 역사를 이룰 수 있었다고 한다. 고난은 영광에 이르는 통로요, 역경은 축복에 이르는 지름길이다.

095. 병든 몸을 드려서 죄송합니다 ☕

『나를 드립니다』의 저자 권용 선교사는 날 때부터 다리 뼈가 종잇장처럼 얇고 잘 부서지는 선천성 희귀병으로 인하여 35여 년의 긴 시간 동안 수술과 투병생활을 반복하며 절망 중에 살았다. 작은 벌레도 움직이며 먹이를 찾아 나서는데 자신은 그저 누워서 천장만 바라보고 있을 뿐이었기에 자신이 벌레만도 못하다고 생각했다. 그런 그에게 하나님이 찾아오셔서 생명을 포기하지 말라고 하셨다. 그는 주님을 만난 후 주님께 무엇인가를 드리고 싶었지만 드릴 것이 없어 너무 죄송스러웠다. 그런데 어느 날 성경에 "내가 노래로 하나님의 이름을 찬송하며 감사함으로 하나님을 위대하시다 하리니 이것이 소 곧 뿔과 굽이 있는 황소를 드림보다 여호와를 더욱 기쁘시게 함이 될 것이라"(시 69:30~31)는 말씀을 읽고는 자신이 하나님께 드릴 것이 있다는 게 너무 기뻤다. 그는 찬송이 황소 한 마리를 드리는 것보다 하나님을 더 기쁘게 할 수 있다는 사실을 깨닫고 마음을 다하여 눈물로 몇 시간씩 찬양을 드렸다. 그때마다 하나님이 찾아오셔서 안아 주시고 품어 주셨다. 우연한 기회에 한 자매를 만나 결혼하여 아들 둘을 낳았고 그의 손과 발이 되어 동역하고 있다. 그는 지금도 건강한 사람도 힘든 선교지에서 목발을 짚고서 자신을 붙들어 주신 주님께 '병든 몸을 드려서 죄송합니다'는 고백을 하며 감사하며 헌신하고 있다.

좋은 환경이라서 감사하고, 어려운 환경이라서 불평하는 것이 아니다. 어려운 환경에서도 감사하는 사람이 있고, 좋은 환경에서도 불평하는 사람이 있다. 셋방에서도 감사하는 사람이 있고, 궁궐에서도 불평하는 사람이 있다. 병이 들었어도 감사하는 사람이 있고, 건강해도 불평하는 사람이 있다. 감사와 불평의 근원은 마음이다. 심령이 천국이 되면 감사가 나오고, 심령이 지옥이면 불평이 나온다. 입술의 말은 자신의 마음을 보여 주는 거울이다.

096. 운이 좋은 사람, 운이 나쁜 사람

　뉴욕 필하모닉의 세계적인 지휘자 브루노 발터가 갑자기 몸이 아파서 하는 수 없이 무명의 젊은 부지휘자가 대신 지휘를 하게 되었다. 대타로 나왔다가 하루아침에 대스타가 되었다. 그가 바로 20세기 최고의 지휘자 중의 한 명인 레너드 번스타인(Leonard Bernstein)이다.

　우리가 잘 아는 폴 포츠(Paul Potts)는 핸드폰 세일즈맨이었다. 뚱뚱하고 어리숙하게 보이는 외모와는 다르게 예상을 초월한 멋진 테너 음성이 터져 나오자 관중들은 열광했다. 그는 장기자랑 프로그램에 나왔다가 하루아침에 슈퍼스타가 되어 전 세계를 다니면 공연을 하고 있다.

　오토바이로 야식배달을 하던 한 청년이 인기 프로그램 '스타킹'에 출연해 참석자들을 감동시키며 '야식배달부' 성악가로 유명해졌는데 바로 '한국의 폴포츠'로도 불리는 테너 김승일이다. 지금은 미국과 러시아, 일본 호주 등 수많은 해외공연에 이어, 한국교회의 부흥과 청년들에게 희망의 메시지를 전하기 위해 교회와 복지관 등에서 공연을 자청하고 있다.

　이들의 공통점은 운이 좋은 사람들이었다. 그러나 그들은 로또에 당첨되듯이 운이 좋아서 스타가 된 것이 아니다.

　성경에 나오는 다윗은 정말 운이 좋은 사람이었다. 사무엘 선지자가 자기 집에 심방을 왔을 때도 그 자리에 초청을 받지 못한 채 들에서 양을 지키고 있었던 사람이었다. 여덟 명의 아들 중에서 막내였다. 젊은 시절에는 집에서 제대로 잠을 편하게 자지도 못했었는데 성군 다윗이 되었다. 대부분의 사람들은 남의 성공은 운이 좋아서 되었다고 생각하고, 자신의 실패는 운이 나빠서 그렇게 되었다고 생각한다.

예수 그리스도를 믿고 하나님의 자녀가 된 것만 해도 우리는 운이 좋은 사람이고, 하나님의 일꾼으로 뽑혀 쓰임을 받는 것만 해도 운이 좋은 사람이다.

097. 천사 신드롬과 악마 신드롬 🍵

매번 일등을 하던 학생이 10등을 하면 그 집은 초상집이 되고, 매번 꼴찌 하던 학생이 10등을 하면 그 집은 잔치집이 된다. 시어머니는 같이 사는 맏며느리가 한번만 잘못해도 몹시 섭섭해 하지만 멀리 떨어져 있는 막내 며느리가 어쩌다 한번 잘하면 침이 마르도록 칭찬한다. 이런 경우를 전문적인 용어로 '기대치 위반 효과(Expectancy Violation Effect)'라고 한다. 혹은 '맏며느리 신드롬'이라고도 한다. 어떤 행동이 기대에 어긋났을 때 기분이 더 나빠지거나 혹은 그 반대로 감정이 좋아지는 것을 말한다. 항상 잘하던 사람이 한번 실수하고 사고 치면 이미지에 타격이 크다. 항상 잘할 것이라는 상대의 기대를 부정적으로 위반했기 때문이다. 반면 항상 실수만 하고 어리숙하던 사람이 한번 잘하면 그 사람을 다시 보게 된다. 이는 사고만 칠 거라는 상대방의 기대치를 긍정적인 방향으로 위반했기 때문이다.

같은 잘못이라도 일반인들이 하면 그럴 수 있다고 생각하지만 교인들이 그렇게 하면 타락했다는 비난을 받는다. 이는 교회 안에는 착한 사람들만 있다고 생각하는 '천사 신드롬'의 기대치를 위반했기 때문이다. 반대로 인질범에 대한 '악마 신드롬'도 있다. 흉악한 인질범이 작은 친절을 베풀었을 때 인질범에게 큰 감동을 받는 '스톡홀름 증후군'도 기대치 위반 효과의 전형적인 예라고 할 수 있다. '두 아들의 비유'(눅 15:11~32)에서 맏아들은 항상 아버지와 함께 있고, 아버지의 것이 모두 자기의 것이었음에도 감사하지 않고 '염소새끼'도 주지 않았다며 오히려 불평했다. 그러나 둘째 아들은 품꾼의 하나로 여김을 받아도 좋을 것이라고 생각했으나 아들로 맞아 준 아버지의 사랑에 감동했다. 우리는 작은 은혜에도 감동하는가? 아니면 큰 은혜에도 불평하는가?

098. 플러스 에너지와 마이너스 에너지

미국 국립건강관리소의 에릭 에머슨(Eric Emerson) 박사는 감사와 건강의 연관성 실험을 했다.

먼저 지원자를 A, B, C 그룹으로 나누어서 각 그룹별로 말과 행동에 대한 지침을 주고서 그 변화를 관찰했다. 먼저 평소대로 생활하도록 지침을 준 C그룹은 건강에 아무런 변화가 없었는데 건강이 좋았던 사람은 여전히 좋았고, 나빴던 사람은 여전히 나빴다. 다음으로 긍정적인 말과 행동을 하도록 지침을 준 B그룹은 건강 지표가 전보다 훨씬 나아졌다. 그러나 반대로 부정적인 말과 행동을 하도록 지침을 준 A그룹은 오히려 건강이 악화되었다.

에머슨 박사의 실험을 토대로 긍정적인 말과 행동이 몸의 면역력을 높아져 건강하게 되고, 행복지수도 올라간다는 결론을 내렸다.

부정 에너지는 인생을 침울하고 어둡게 만드는 '블랙 에너지'이고, 긍정 에너지는 인생을 활기차고 쾌활하게 만들어주는 '화이트 에너지'이다. 부정 에너지는 '마이너스 에너지'로 긍정 에너지를 갉아먹고, 긍정 에너지는 '플러스 에너지'로 부정 에너지를 삼켜 버린다.

대표적인 부정 마이너스 에너지는 질투, 짜증, 변명, 미움, 회피, 분노, 비난, 시험 등이요, 대표적인 긍정 에너지는 꿈,

희망, 칭찬, 열정, 행복, 기쁨, 웃음, 칭찬, 은혜 등이다.

누구나 마음속에서 불평도 나오고 감사도 나온다. 하지만 무엇을 선택하느냐는 자신에게 달려 있다. 그 선택에 따라서 마이너스 에너지를 뿜어낼 수도 있고, 플러스 에너지를 뿜어낼 수도 있다. 칭찬과 격려와 즐거움을 통하여 다른 사람들에게 플러스 에너지를 일으키는 자도 있으며, 반대로 비난과 욕설과 좌절감을 통하여 마이너스 에너지를 일으키는 자도 있다. 이미 잠언 17장 22절에서 "마음의 즐거움은 양약이라도 심령의 근심은 뼈로 마르게 하느니라"고 했다.

099. 하나님의 솜씨

어느 날 손녀가 "할아버지, 저는 누가 만들었어요?"라고 물었다. 이에 할아버지는 "하나님께서 만드셨지."라고 했다. 그랬더니 손녀가 "할아버지는 누가 만들었어요?"라고 물었다. 이에 할아버지는 "하나님께서 만드셨지."라고 했다.

할아버지는 두 가지 생뚱맞은 질문만 하고서 아무 말도 없는 손녀에게 "너 무슨 생각을 하니?" 물었다. 이에 손녀는 "아무래도 하나님의 솜씨가 요새 더 좋아지신 것 같아요."라고 했다. 할아버지가 "그게 무슨 소리냐?"고 물었다.

이에 손녀는 "하나님이 할아버지를 만드실 때는 쭈글쭈글하게 만드셨지만 저를 만드실 때는 예쁘게 만드셨잖아요."라고 해서 크게 웃었다고 한다.

딱정벌레(Bombardier Beetle)는 길이가 작은 곤충인데 적으로부터 위험을 느꼈을 때 꽁무니에서 뜨거운 가스를 발사하여 방어하는데 그 온도가 무려 100℃나 된다고 한다. 과학자들이 이 딱정벌레를 해부해 본 결과, 그 몸속에서 두 종류의 화학물질이 반응을 일으켜 순간적으로 분비된다고 한다. 위험에 직면하면 이 물질들이 화학반응을 일으켜 높은 열을 발생하게 되고 그 압력이 높아지면 꽁무니에 있는 밸브를 열어서 가스를 적에게 발사하게 되는데, 그 밸브의 각도를 자유로이 움직일 수 있어서 정확하게 쏠 수 있다고 한다.

예수님은 산상수훈에서 "공중의 새를 보라 심지도 않고 거두지도 않고 창고에 모아 들이지도 아니하되 너희 하늘 아버지께서 기르시나니"(마 6:26)라고 했다. 또 "들의 백합화는 수고도 하지 않고 길쌈도 하지 않지만 솔로몬의 입은 옷도 이 꽃 하나만 같지 못하다"(마 6:28~29)며 하나님의 솜씨를 찬양했다. 스웨덴의 목사이자 시인인 칼 보베르그가 작사한 '주 하나님 지으신 모든 세계'는 하나님의 높고 위대하신 솜씨를 찬양하고 있다.

하루는 남편이 옆집에서 식사를 하고 와서는 옆집의 부
인이 끓인 김치찌개가 맛있다고 자랑을 했다. 아내가 김치
찌개를 끓이면 '짜다', '맵다', '싱겁다', '맛이 없다'고 투
덜댔다.

　남편이 옆집 부인의 김치찌개가 너무 맛이 좋다고 자랑을
하니까 남편 몰래 옆집 부인이 끓인 김치찌개를 얻어 왔다.
그리고 자신이 끓인 것처럼 김치찌개가 어떠냐고 물었다.
남편이 김치찌개 맛을 보더니 아내가 끓인 김치찌개는 역
시 맛이 없다고 했다. 이에 아내가 남편을 쳐다보면서 "여
보, 그 김치찌개는 내가 끓인 게 아니고, 옆집 부인이 끓인
거야."라고 했다. 그러자 남편이 하는 말이 "그 집도 요즘
입맛이 변했나보군."이라고 했다고 한다.

　우리말에 '남의 떡이 더 커 보인다.'는 속담이 있다. 똑같
은 떡을 들고서도 남이 들고 있는 떡이 더 크게 보여 바꾸
고 싶은 마음이 드니 말이다.

　이 속담을 실증적으로 연구한 것이 있는데 바로 '타인의
행복 예측에서 나타나는 오류: 서울과 춘천의 삶의 만족도
비교'(성민선 외 2인)에서 총 1,429 명의 서울과 춘천 시
민을 대상으로 설문을 실시했다. 그 결과, 춘천 시민은 서
울 시민의 쇼핑, 문화생활, 직업 영역에 대한 삶의 만족을

실제보다 높다고 예상한 반면, 서울 시민은 삶의 여유 영역에 대한 춘천 시민의 삶의 만족을 실제보다 높게 예상했다. 서울 시민과 춘천 시민은 삶의 만족도에서 서로 상대방이 더 높을 것으로 예상했다. 우리들만 그러한 것이 아니다. 서양 사람들도 마찬가지다. 그들은 '남의 떡이 더 커 보인다.'는 속담을 그들은 '남의 집 잔디가 항상 더 푸르게 보인다(The grass is always greener on the other side of the fence.).'라고 표현한다. 행복의 길은 주님이 주신 것에 불평하기보다 자족함으로 감사함에 있다.

101. 네가 부럽구나?

어느 목사님이 목회 중에 너무 힘들어 잠시 바람을 쐬려고 뒷동산에 올랐다. 이런저런 생각을 하던 중 수백 년이나 되었음직한 큰 느티나무가 눈에 들어왔다. 그는 묵묵히 자리를 지키며 버티고 서 있는 그 나무가 부러웠다. 그런데 가까이 다가가서 보니 속이 썩어 텅 비어 있었다. 그는 그 나무를 바라보면서 "너는 목사도 아닌데 왜 그리 속이 썩었느냐?"고 했다고 한다.

댐은 물을 저장하여 전력을 생산하고, 식수나 농업용수나 공업용수를 공급한다. 그러나 댐의 물이 바닥이 나면 아무

것도 할 수 없게 된다. 댐의 물은 유입되는 물의 양보다 유출되는 물의 양이 많으면 반드시 고갈되는 날이 오고 만다. 목회자도 하나님으로부터 은혜를 공급받지 못한 채 성도들에게 은혜만 끼치려 한다면 얼마 되지 않아 고갈되어 탈진(burnout)에 이르고 만다. 우리말로 탈진(burnout)은 '몸의 기운이 다 빠져 없어지게 되다'이고, 영어로는 '정력을 다 소모하다', '다 타서 다 없어지다'이다. 하워드 클라인벨은 탈진은 로켓이 모든 연료를 다 소모한 후에 잠깐 동안 그대로 날아가는 상태라고 쉽게 설명했다.

목회자에게서의 탈진은 열정과 비전을 상실한 채 그냥 하루하루를 살아가는 상태를 말한다. 목회자에게 있어서의 탈진은 사역에 대한 의욕 저하, 사역의 포기, 사역의 현장 이탈 등으로 나타난다. 또한 신체적으로는 만성 편두통, 불면증, 식욕 상실을 비롯한 각종 질병으로 나타나기도 한다. 때로는 성적 타락에 빠지거나 자살에 이를 수도 있다. 위대한 모세와 엘리야도 탈진을 경험한 사람이다. 누구든지 탈진할 수 있는 가능성을 가지고 있다. 그러므로 목회자와 성도들은 모두 목회자가 탈진에 빠지지 않도록 탈진의 예방과 회복을 위해 기꺼이 협력해야 한다.

102. 진흙 속의 보화

어느 시골 마을 주민들은 비가 조금만 와도 질퍽거리는 진흙탕길 때문에 불평을 했다. 그러나 그 길을 가던 한 사람은 질퍽대는 진흙 속에서 보화를 발견했다. 그는 그 진흙을 가져다가 도자기를 빚어낸 것이다. 남들보다 앞서가는 사람은 남들이 보지 못한 것을 보고, 남들이 생각하지 못한 것을 보는 자이다.

다메섹에 살던 아나니아는 주님으로부터 유다의 집에서 기도하고 있는 사울을 찾아가서 기도하여 눈을 뜨게 하라는 명령을 받았다. 그러나 그는 "주님, 그 사람이 예루살렘에서 주님의 성도들을 몹시 괴롭혔다는 말을 많은 사람들에게서 들었습니다."며 그렇게 할 수 없다고 했다. 그는 사울에 대한 부정적인 고정관념이 있었다. 하지만 주님은 그에게 '이방인과 임금들과 이스라엘 자손들을 위하여 택한 나의 그릇'이라며 가라고 했을 때 가서 안수하자 그에게 성령이 임하고 그의 눈이 밝아졌으며 주님의 큰 일꾼이 되었다(행 9:10~19).

아나니아는 주님의 말씀을 들었을 때 사울이 변할 수 없을 것이라는 고정관념을 뛰어넘었다. 그 결과로 아나니아 스스로 이루어 낼 수 없는 위대한 선교의 열매를 사울을 통하여 거두게 되었다. 아나니아는 제자였고, 환상을 보았으며, 주의 음성을 들었던 깊은 영성을 소유하고 있었음에도 불구하고 고정관념이 있었다.

누구든지 고정관념을 가질 수 있다. 이웃이 가까이 있음에도 불구하고 전도해도 믿지 않을 것 같다는 고정관념으로 인하여 찾아가지도 않거나 복음 전하는 것을 미리 포기하지는 않는가? 건널 수 없을 것 같은 넓은 강도 배를 타고서 건널 수 있었다. 강보다 더 넓은 바다도 비행을 타고서 건널 수 있었다. '내 힘으로는 해도 안 된다'는 부정적인 고정관념을 버리고, '내게 능력 주시는 자 안에서 할 수 있다'는 긍정적인 고정관념을 가져야 한다.

103. 최고의 만남 ☕

마틴 부버는 그의 책 『나와 너』에서 인생을 만남이라고 정의하였다. 우리는 세상에서 많은 사람을 만난다. 많은 만남 중에서 바른 만남은 인생을 풍요롭게 하지만 잘못된 만남은 인생을 파괴한다. 부버는 사람을 만날 때 상대방의 배경과 손익을 따지면서 만나는 사람이 있다고 하면서 이런 만남을 '나와 그것'의 만남이라고 하였다. 그래서 이런 만남은 오래가지 않는다. 그는 '나와 너'의 만남이 있다고 했다. 상대방을 이용하려는 어떤 욕망이 아닌 가슴과 가슴,

영혼과 영혼의 만남을 말하면서 이런 만남은 아름답고 오래 지속된다고 하였다.

예수님은 '나와 그것'으로 우리를 만나지 않으시고 항상 '나와 너'의 관계로 만나 주신다. 만남에는 우리가 선택해서 만날 수 있는 '선택적 만남'이 있는 반면 하나님의 주권에 의해 만나는 '은총적 만남'도 있다. 하나님의 뜻에 따라 자녀가 부모를 만나고, 남편이 아내(혹은 아내가 남편)를 만나고, 부모가 자식을 만나는 경우이다. 물론 부모도 버리고, 남편이 아내(혹은 아내가 남편)를 버리고, 자식도 버리는 경우도 있지만 우리의 선택이 아니라 하나님의 주권에 의해서 만나는 경우이다.

유치원에서부터 대학까지 많은 사람을 만난다. 직장에서도 많은 사람을 만난다. 교회에서도 많은 사람을 만난다.

좋은 사람을 만나서 인생이 바뀌고, 좋은 멘토를 만나서 운명이 바뀌기도 한다. 예수님은 정규 교육조차도 제대로 받지 못한 채 바다에서 고기를 잡던 베드로를 인격적으로 만나 주셨다. 사람들에게 손가락질을 받으며 살던 삭개오도 예수님을 그렇게 만났다. 대표적인 기독교 박해자 사울도 예수님을 그렇게 만났다.

'나와 너'의 만남은 사람을 아름답게 변화시킨다. 최고의 만남은 예수 그리스도와의 만남이다.

104. 하나님의 훈련소 ☕

'광야'는 히브리어로 '미드바르(midbar)'입니다. 그런데 '미드바르'란 단어는 '다바르(dabaar)'란 동사의 명사형이다. '다바르'는 '하나님의 말씀을 듣고 순종하다'는 의미이다. 그리고 '다바르'는 지성소를 나타내는 '드바르'와 어원이 같다. 지성소는 성막과 성전에서 안쪽 깊숙이 있던 가장 거룩한 공간(most holy, holy of holies)을 말한다.

대제사장은 이 지성소에서 하나님을 만났다. 이스라엘 백성들은 광야를 하나님의 말씀을 듣고 순종하는 곳이요, 하나님을 만나는 자리로 여겼다.

하나님께서는 이스라엘 백성들을 젖과 꿀이 흐르는 가나안 땅으로 인도할 것을 약속하시며 광야로 인도하셨다. 그들 스스로 광야로 간 것이 아니다. 광야는 낮에는 뙤약볕이 내려쬐고 밤에는 추위가 뼈 속까지 스며든다. 먹을거리는커녕 마실 물을 구하기조차 어렵다. 그곳에는 전갈과 독사와 사나운 짐승들이 있다. 그들은 광야에서 하나님의 은혜가 없으면 하루도 살 수 없음을 깨달았을 것이다. 그들은 자신들의 마음이 광야와 같음을 알게 되었을 것이다. 또한 심한 일교차처럼 자신들의 감정이 요동치는 모습을 보게 되었을 것이다. 또한 그들은 광야에서 독사와 전갈을 보면서 자신의 마음에 악한 독소가 숨겨져 있음을 깨닫게 되었을 것이다.

조지 마티슨(George Martheson)은 위인들에게 있어서 광야는 가장 잊지 못할 풍요의 자리라고 했다. 그렇다. 광야는 그 말대로 하나님의 임재를 경험하는 곳이며, 하나님의 은혜를 깨닫는 곳이며, 하나님의 훈련소이다. 하나님은 모세를 통하여 자기 백성들을 광야로 인도하신 이유를 밝히셨으니 '다 너를 낮추시며 너를 시험하사 마침내 네게 복을 주려 하심이었느니라'(신 8:16)고 했다.

105. 자수성가, 신수성가

한국의 대표적 기업인 현대(現代)를 창업, 한국 경제의 발전을 이끌어 온 고(故) 아산 정주영(峨山 鄭周永)은 자수성가의 대표적 인물로 손꼽힌다. 정주영은 1915년 강원도 산골에서 8남매의 장남으로 출생했고, 가난 때문에 소학교 선생님의 꿈을 포기했다. 그는 16살에 소 판 돈 70원을 가지고 상경했다. 서울에서 쌀가게 배달 일을 시작으로 건설업, 자동차, 중공업, 전자, 조선업에 뛰어들어 한국을 대표하는 세계적인 기업가로 자취를 남기게 되었다.

'자수성가(自手成家)'는 물려받은 재산이 없이 혼자 자기 힘으로 집안을 일으키고 재산을 모은 것을 가리킨다. 가난을 극복하려면 3대가 지나야 한다는데 자수성가했다면 참으로 훌륭한 일이다. 그러나 하나님을 믿는 신앙인들은 '자수성가'라는 말을 쓰지 않고 '신수성가(神手成家)'라는 다른 말을 사용한다. 자기 힘이 아니라 하나님의 은혜로 집안을 일으키고 성공한다는 뜻이다.

야곱은 신수성가의 상징적 인물이다. 그는 "주께서 주의 종에게 베푸신 모든 은총과 진실하심을 조금도 감당할 수 없사오나 내가 내 지팡이만 가지고 이 요단을 건넜더니 지금은 두 떼나 이루었나이다"(창 32:10)고 했다. 또한 요셉도 신수성가의 대표적 인물이다. 여호와께서 요셉과 함께하시므로 그가 형통한 자가 되었다고 했다(창 39:2). 더 나아가 다윗은 신수성가의 모델이다. 하나님께 함께 그와 하시므로 이스라엘의 주권자가 되었고, 모든 원수들을 멸하고 위대하게 되었다(삼하 7:8~9).

예수님께서는 자기를 따르는 자들에게 '나를 믿는 자는 내가 하는 일을 그도 할 것이요 또한 그보다 큰일도 할 것'이라고 했다(요 14:12). 이 말씀대로 주를 믿는 자는 반드시 신수성가(神手成家)의 주인공이 될 수 있다.

106. 과거 지향적 사고, 미래 지향적 사고

한 인디언 추장이 사위를 맞이하려고 할 때 많은 남자들이 지원하였다. 추장은 그들을 옥수수 밭으로 데려가서 가장 좋은 옥수수를 가장 먼저 따오는 사람을 사위로 맞아드리겠다고 하였다. 그런데 한 가지 조건은 한 번 밭고랑에 들어서면 오로지 앞으로만 가면서 옥수수를 따도록 하였다. 그들은 일제히 옥수수 밭으로 들어가 달리기 시작하였다. 그들은 옥수수 밭의 끝에 왔는데도 빈손이었다. 그 이유는 눈앞에 있는 옥수수를 따려니 지나쳤던 것이 더 컸기에 다음에 더 좋은 것이 있으려니 하고 나가다 보니 옥수수를 딸 수 없었다. 선을 많이 본 사람일수록 결혼하기 힘들다고 한다. 이는 지금 만나는 사람보다 전에 만났던 사람이 더 낫다는 생각과 후에 이 사람보다 더 좋은 사람을 만날 수 있을지 모른다는 생각 때문에 결정하기 어렵기 때문이라고 한다. '남의 떡이 더 크다.', 혹은 '놓친 고기가 더 크다.'는 속담처럼 현재보다 과거를 더 좋게 해석하는 심리 때문이다.

이스라엘 백성들도 광야에 있을 때 차라리 애굽에서 종노릇 하는 것이 더 낫겠다며 불평을 쏟아 내었다. 인생은 과거로 돌아가지 못하고 오로지 미래를 향하여 간다. 우리 성도들은 과거를 생각하고 불평하기 보다는 지난 과거에 베풀어 주신 하나님의 은혜에 감사하고, 미래에 더 크고 놀라운 은혜를 베푸실 것을 바라보며 살아야 한다.

107. 남의 인생을 부러워하지 말라

인도의 한 전설 중에 한 마법사는 생쥐가 고양이를 부러워하자 고양이가 되게 했다. 고양이가 된 생쥐가 개를 부러워하자 개가 되게 했다. 개가 된 생쥐는 사자를 부러워하자 사자가 되게 했다. 사자가 된 생쥐는 사냥꾼에 쫓기게 되자 마법사에게 다시 생쥐가 되게 해 달라고 했다고 한다. 텃새인 참새는 봄에 왔다가 가을에 날아가는 철새를 부러워했다. 그래서 참새가 철새들이 떠날 때 그들을 따라 나섰다. 철새들이 참새에게 왜 따라오느냐고 하자 철새들이 부러워서 따라가려고 한다고 하자 철새들은 "우리들이 너를 얼마나 부러워하는지 모르지. 우리들은 날개가 부러지도록 날아야 하고, 독수리에게 잡혀 먹을 위험을 감수해야 하고, 항상 먼 곳으로 날아가야 하기에 너무 많이 먹으면 몸이 무거워서 날 수가 없어서 안 되고 너무 적게 먹으면 힘이 없어서 날 수 없기 때문에 먹기 싫어도 먹어야 하고, 먹고 싶어도 먹지 못하는 때가 많아. 우리들은 너처럼 평생 한곳에 살고 싶어."라고 말했다.

자존감이 낮은 사람은 자기 인생은 불행하고 초라하게 보이고, 남의 인생은 행복하고 화려하게 보인다. 행복하고 화려하게 보이는 그들에게도 남이 모르는 문제가 있고, 아픔과 상처 그리고 고통이 있다. 당신이 그들을 부러워할 때 오히려 그들이 당신을 부러워할지도 모른다. 예수님은 솔로몬까지도 부러워하지 말라고 했다(마 6:28~34).

108. 내가 너와 항상 함께 있느니라

　어느 집사님 가정에 예쁘고 영특한 5살 난 딸이 있었는데 그만 심장병 수술을 받게 되었다. 그 수술은 5시간이나 걸렸는데 잘되어 중환자실로 나오게 되었다. 중환자실에서 수술을 받고 나온 딸을 면회하게 되었는데 딸은 엄마를 보자마다 '너무 무섭고 아팠는데 엄마가 자기와 함께 있지 않았다.'며 엉엉 울었다. 엄마는 수술실 밖에서 '하나님, 내 생명을 거두시고 저 아이를 살려 주세요. 하나님, 저 아이가 무슨 죄가 있다고 저런 시련을 주십니까? 하나님은 도대체 어디 계시는 겁니까?'하며 밥도 못 먹고 기도하고 있었는데 딸은 그것도 모르고 엄마를 원망했을 때 가슴이 찢어지는 것 같았다고 한다. 그런데 그 집사님은 딸의 말을 듣는 순간에 딸이 '왜 자기만 혼자 두었었느냐?'고 울면서 불평하는 모습이 '하나님은 도대체 어디 계시는 겁니까?'

라고 한 자기 모습이더란다. 딸의 말을 들을 때 자기 마음을 몰라 준 것이 너무 속상했는데 하나님도 자기 때문에 얼마나 속상했을까 하는 마음이 들면서 '내가 너와 항상 함께 있느니라'고 주님이 말씀하시는 것 같더란다.

자신의 생명을 주고서라도 딸을 살리고 싶었던 것처럼 하나님께서도 자기 아들 예수님의 생명을 주셔서 자기를 구원해 준 사실이 생각나면서 감사의 눈물을 쏟았다고 한다. 주님은 "두려워 하지 말라 내가 너와 함께 함이니라 … 참으로 너를 도와주리라 참으로 나의 의로운 오른손으로 너를 붙들리라"(사 41:10)는 말씀대로 우리와 늘 함께하시고 도와주신다.

오직 성령이 너희에게 임하시면
너희가 권능을 받고 예루살렘과 온 유대와 사마리아와
땅 끝까지 이르러 내 증인이 되리라 하시니라
- 사도행전 1장 8절 -

복음. 진리를 행하다

109.코로나 위기와 극복

1918~1920년에 대유행한 스페인 독감은 당시 16억 명이었던 세계 인구 3분의 1을 감염시키고 5,000만 명이 넘는 목숨을 앗아간 최악의 전염병 가운데 하나로 기록되었다. 코로나19(COVID-19)로 지금 지구촌 전체가 몸살을 앓고 있다. 대부분의 나라가 국경 봉쇄, 비행기 이착륙 금지, 선박 출입의 통제, 지역간 이동제한, 집회 금지, 휴교 등 한번도 겪어 보지 못한 초유의 상황을 맞고 있다.

세계보건기구(WHO)는 지난 2020년 3월 11일에 '팬데믹(pandemic)'을 선언했다. 팬데믹은 전염병 경보 단계 중 최고 위험 등급으로서 두 개 이상의 대륙에서 전염병이 발생하여 세계적으로 유행하고 있는 상태를 뜻한다. 그래서 이를 '감염병 세계 유행'이라고도 한다.

황을호는 그의 책 『대유행병과 기독교』에서 팬데믹 현상은 인간들의 죄에 대한 심판(신 28:21), 말세의 징조(눅 21:11), 때로는 하나님의 주권적 능력(요 9:3)을 나타내기 위함일 수도 있으며, 더 나아가 타락한 세상의 필연적 문제일 수 있다고 했다. 박재완은 "위기를 촉발하는 중대한 변화"에서 위기는 바람직한 '뉴 노멀'(new normal)과 바람직하지 않은 '뉴 어브노멀'(new abnormal)을 가져온다고 했다.

코로나는 솔로몬이 '이 또한 지나가리라'고 말한 대로 지나갈 것이다. 그러나 하나님께서 '내 백성을 위로하라'고 하신 것처럼 어려움을 당한 사람들을 위로하고 격려해야 한다(사 40:1). 인간은 아무리 문명이 발달할지라도 잠깐 있다가 사라지는 안개와 같은 연약한 존재임을 깨닫고 겸손해야 한다(약 4:14). 특별히 그리스도인들은 전염병이 유행할 때에 기도하면 그 죄를 용서하고 그 땅을 고쳐 주신다는 약속을 믿고 엎드려 간구해야 한다(대하 7:13~14).

110. 무를 뽑자 ☕

"전봇대로 막힌 대불산단 도로 뻥 뚫렸다"(「뉴시스」, 2009년 2월 3일)는 기사가 보도된 적이 있다. 목포 대불공단에 있는 전봇대 때문에 대형트럭이 커브를 틀기 어려워서 큰 지장을 초래하고 엄청난 물류 비용이 발생했었지만 산자부와 목포시가 서로 책임을 안 지려고 해서 전봇대를 뽑지 못했는데 대통령 당선자의 말 한마디로 전봇대를 뽑았다. 전봇대를 뽑고 회전식 신호기를 설치하자 대형 트랜스포터가 교차로에서 정지 없이 그대로 통과할 수 있게 되었으며, 대형 트랜스포터가 통과하기 위해서는 신호등을 모두 분해하고 크레인으로 재조립하는 작업을 할 필요가 없게 되어 경제적 효과와 이동 시간을 단축과 차량 대기 오염을 최소화시키는 효과를 거두게 되었다.

어렸을 때 시골에서는 특별한 간식이나 음료가 별로 없었다. 들에서 일하다가 목이 마르면 무밭으로 가서 푸른 부분이 많은 것을 골라서 무청을 움켜잡고 잡아당기면 무가 쑤욱 뽑힌다. 뽑혀진 무를 밭두렁의 풀에 쓱쓱 닦아 껍데기를 손톱으로 돌려 깎아 크게 한 입 베어 물면 목마름도 해결하고 배도 불쑥 나온다. 무는 당시에 좋은 간식이며, 음료였다.

밭에 있는 무만 뽑는 것이 아니라 우리들의 생각 속에 있는 '무'를 뽑아야 한다. '무책임'에서 '무'를 뽑아내고 책임을 질 줄 알아야 한다. '무관심'에서 '무'를 뽑아내고 관심을 기울여야 한다. '무감동'에서 '무'를 뽑아내고 기뻐할 때 기뻐하고, 슬플 때 슬퍼해야 한다. '무기력'에서 '무'를 뽑아내고 활력이 넘치게 해야 한다. '무예의'에서 '무'를 뽑아내고 예절 바른 생활을 해야 한다. '무사명'에서 '무'를 뽑아내고 사명을 따라 충성해야 한다. 뽑아야 할 '무'를 뽑지 않으면 우리 가정, 우리 교회, 우리 직장, 우리나라가 병들고 만다.

111. 문화의 이해 🍵

한 미국 사람이 영업을 위하여 일본을 방문한 적이 있었다. 일본 사람은 그를 일본 식당으로 데리고 가서 식사를 하고서 '단무지가 맛이 있느냐?'고 물었더니 미국 사람은 '맛이 없었다.'라고 대답했다. 무안해진 일본 사람은 재빨리 '우리도 그것을 싫어한다.'고 하면서 웃더란다. 미국인은 싫으면 싫다고 말하는 문화를 가지고 있는 반면에 일본인은 상대방의 기분을 상하게 하지 않도록 하는 문화를 가지고 있었기에 이와 같은 차이가 발생했다.

저녁에 숙소에 묵게 되었는데 일본 사람이 자기를 따라오더니 '오늘 이 방에서 같이 자도 좋겠느냐?'고 묻더란다. 서양 문화에서는 두 남자가 같은 방에서 잔다는 것은 주로 동성연애자들 사이에나 있는 일이기에 미국 사람은 깜짝 놀랐다. 속으로 이 남자가 자기를 겁탈하려고 하면 어떻게 해야 하는지에 대하여 고민하면서도 자기가 덩치가 크고 힘도 세니까 집어던지면 되겠다고 생각하고서 괜찮다고 했다. 그날 밤 같이 잠을 잤지만 아무 일도 없었다고 한다. 나중에 미국 사람은 일본 사람들 사이에는 같이 '자도 괜찮으냐?'고 물어보는 것은 가장 극진한 신뢰의 표시였음을 알았다. 언제 칼에 맞아 죽을지 모르던 사무라이 시대의 뿌리를 두고 있는 일본에서는 상대방과 같은 방에서 자도 괜찮으냐고 묻는 것은 '내 목숨을 당신에게 맡길 수 있을 정도로 신뢰한다.'는 뜻이 담겨 있음을 알았다.

용맹하기로 유명한 아프리카의 마사이족은 귀한 손님이 자기 집을 방문하면 자기 아내를 내어 주는 문화를 가지고 있다고 한다. 문화는 그 사회의 구성원에 의해 오랜 세월 동안 습득되어 함께 공유하고 이어져 내려온 행동 양식을 말한다. 사회 구성원들의 개인 문화, 민족 문화를 이해할 때 복음을 효율적으로 전할 수 있다.

112. 벤치 워머 신자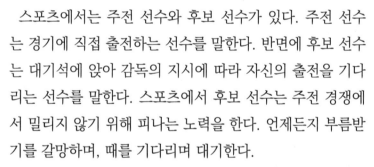

스포츠에서는 주전 선수와 후보 선수가 있다. 주전 선수는 경기에 직접 출전하는 선수를 말한다. 반면에 후보 선수는 대기석에 앉아 감독의 지시에 따라 자신의 출전을 기다리는 선수를 말한다. 스포츠에서 후보 선수는 주전 경쟁에서 밀리지 않기 위해 피나는 노력을 한다. 언제든지 부름받기를 갈망하며, 때를 기다리며 대기한다.

스포츠에서 '벤치 워머'라는 말이 있는데 이는 후보 선수를 가리키는 말이다. 후보 선수가 의자에 앉아 있으므로 앉아 있는 차가운 의자가 후보 선수의 엉덩이에 의해 데워진다는 데서 유래되었다.

어느 야구감독은 벤치 워머들은 말로는 야구 도사인데 실전에 약하다고 했다. 또한 주전 선수와 벤치 워머들의 운동량은 상당한 차이가 나고, 주전 선수들은 경기 감각과 운동능력, 판단력 등에서 벤치 워머들과는 상대가 안 된다고 했다. 대부분의 스포츠 분야에 '벤치 워머'가 있다.

파레토의 법칙(80:20)으로 유명한 경제학자 파레토에 의하면 개미들이 부지런한 것 같지만 20%의 개미가 80%의 개미가 하는 일을 하기 때문에 80%는 벤치 워머 개미들이다.

교회 안에서도 '벤치 워머'가 존재한다. 한 크리스천 사회학자는 오늘날 교회를 다니는 사람의 95%는 벤치 워머에 불과하다고 했다. 그의 주장이 조금 과장된 것 같지만 교회 안에는 자진해서 벤치 워머가 되려는 사람들이 많다. 그들은 교회에 나와 의자를 따뜻하게 하는 것(출석)만도 교회에 큰 기여를 하는 것으로 여긴다. 그러나 하나님은 우리의 몸을 산 제물로 드리기를 원하신다(롬 12:1~2).

113. 사명 ☕

빈민가에서 흑인 미혼모의 사생아로 태어나 9살에 성폭행을 당했으며, 14살에 미혼모가 되었다. 그녀가 낳은 아들이 2주 후에 죽었다. 후에 그녀는 골든글로브 여우조연상, 미국 아카데미시상식 여우조연상, 유엔이 주는 '올해의 세계지도자상', 미국 인권박물관이 수여한 '올해의 자유상', 국제 에미상 방송인상, 여성 컨퍼런스 미네르바상, 케네디센터 평생공로상, 아카데미 시상식 평생공로상, 세계에서 가장 영향력 있는 유명인사 100인(포브스지), 골든글로브시상식 세실 B 데밀 상, 미국 엔터테인먼트업계 여성 갑부 20인에 선정되기도 했다. 바로 그 주인공이 오프라 윈프리(Oprah Gail Winfre)다.

오프라 윈프리는 『이것이 사명이다』라는 그녀의 자서전에서 네 가지 사명을 말하고 있다. 첫째, 남보다 더 가졌다는 것은 축복이 아니라 사명이다. 둘째, 남보다 아파하는 것이 있다면 그것은 고통이 아니라 사명이다. 셋째, 남보다 설레는 꿈이 있다면 그것은 망상이 아니라 사명이다. 넷째, 남보다 부담되는 어떤 것이 있다면 그것은 사명이다. 그녀는 가난과 아픔 속에서 성장했지만 자신에게 닥친 모든 것을 인생의 사명으로 받아들이고 극복했다.

노아는 방주를 지으라는 사명을 받았다. 아브라함은 지시할 땅으로 가라는 사명을 받았다. 모세는 자기 백성들을 젖과 꿀이 흐르는 땅으로 인도하라는 사명을 받았다. 사명은 거룩한 부르심에 대한 순종이다. 사명은 모든 그리스도인들에게 주어진 십자가이다. 사명은 아름다운 것으로 충성과 헌신을 요구한다. 그래서 바울은 자기 사명을 완수하기 위하여 자기 생명을 조금도 귀하게 여기지 않겠다고 했다 (행 20:24). 사명은 죽음이 다가와도 감당해야 할 몫이다. 하나님께서 당신에게 준 사명은 무엇인가?

114. 다양한 교인들 ☕

태풍이 불면 해수면에 사는 물고기들은 축제를 벌인다고 한다. 태풍이 바다를 뒤집어서 해저의 차갑고 풍부한 영양분을 해수면으로 끌어올리는 계기가 되기 때문이다. 이를 생태계의 '중간 교란 가설(intermediate disturbance hypothesis)'이라고 한다. 여기서 '교란'은 산불, 홍수, 벌목, 가뭄, 태풍같이 생태계에 가해지는 충격 등을 의미한다. 교란이 있는 경우가 교란이 없는 경우보다 생태계의 다양성을 높이는 데 월등하다는 이론이다. 생태학자들에 의하면 다양한 식물이 같이 사는 경우에 몇 가지만 있는 경우보다 더 크고 빠르게 자란다고 한다. 식물의 종수가 10여 배 정도만 증가해도 거기서 자라는 식물의 양이 수백 배 이상 커진다고 한다. 또한 토양의 영양분도 풍부해져서 어려운 시기에도 잘 자라게 된다고 한다. 이는 서로 다른 종류의 식물들이 서로 보완적으로 작용을 해서 주어진 자원을 효율적으로 사용하게 된다는 점 때문이다.

예수님의 제자들의 면면을 살펴보면 베드로는 성급하고, 요한과 야고보는 불같은 성격을 지니고 있고, 안드레는 차분하고, 마태는 구약성경에 능하고, 빌립은 치밀하고, 가룟유다는 합리적인 다양함을 보이고 있다. 예수님께서 기도하신 후 뽑은 제자들의 다양함을 볼 때 오늘날 교회 안에도 다양함이 존재한다.

오늘날 교회의 모습을 볼 때 로봇과 같은 일사불란한 공동체가 아닌 다양성을 공유한 공동체이다. 우리 손의 다섯 개 손가락도 모양이나 기능도 다양성을 지니고 있다. 우리 몸의 지체들도 서로 다르다. '몸의 지체는 다양하지만 몸은 하나'(고전 12:14~20)라는 말씀대로 모든 지체는 서로 협력하여 섬김으로 몸의 영광을 드러낸다. 다양한 교인들로 인하여 감사와 영광을 누려야 한다.

115. 위대한 계명 ☕

한 정신병원에서 어느 환자가 변기에서 낚시를 하고 있었는데 지나가던 의사가 그 광경을 보고 걱정스러운 듯 물었다. "고기가 잘 잡힙니까?" 그러자 환자가 의사에게 "의사 선생님, 정신 나갔습니까? 변기통에 무슨 물고기가 있단 말입니까?"라고 했단다. 그 말을 들은 의사가 "이제 다 나

았군." 하면서 지나가자 환자가 말했다. "내가 미쳤냐? 명당 자리를 가르쳐 주게!"라고 혼자 중얼거렸다고 한다. 헷갈리게 만드는 우스개 이야기 중 하나이다.

오늘날 우리가 살고 있는 이 시대를 로버트 루트 번스타인(Robert Root Bernstein)은 '상실의 시대'라고 했다. 예측할 수 없을 정도로 과학 문명이 발달하고 있다. 전문가들에 의하면 현대인들이 상실하는 것으로 '정체성 상실'과 '가치관 상실'을 꼽고 있다. 개인뿐만 아니라 공동체들도 본래의 정체성과 가치관을 상실하고 있다.

미국에서 영향력 있는 교회의 하나로 유명한 새들백교회는 "위대한 계명(the Great Commandment)과 위대한 명령(the Great Commission)에 대한 위대한 헌신(the Great Commitment)은 위대한 교회(the Great Church)를 만든다."는 슬로건을 내걸고 역동적인 교회를 만들어가고 있다. 곧 교회의 정체성과 가치관을 찾아 제시함으로 교회공동체를 바르게 이끌고 있다고 하겠다.

우리 교회는 창립 50주년(희년)을 맞아 '모든 민족을 제자 삼으라'(마 28:18~20)는 위대한 명령에 복종하고, '하나님과 이웃을 사랑하라'(막 12:28~31)는 위대한 계명을 실천하고, '땅 끝까지 이르러 내 증인이 되리라'(행 1:8)는 위대한 사명에 헌신하는 교회가 되길 소망한다. 이 일을 위하여 세부적으로 '예배(leitourgia), 전도(kerygma), 교제

(koinonia), 훈련(didache), 봉사(diakonia)'로 그 사명을 다하려 한다.

116. 죽이는 비용, 살리는 비용

1943년 초겨울, 이탈리아에 상륙한 연합군은 산악지대에 자리 잡은 독일군의 방어선을 무너뜨리기 위하여 공격을 퍼부었다. 이를 위해서는 당연히 대규모 포병의 지원이 필요했다. 미국의 유명한 종군기자 어니 파일은 이때 155mm 곡사포 중대와 함께 지내는 동안 이런 일을 겪었다.

어느 날 포병들은 둘러앉아서 자기들이 사용하는 대포의 가격, 포탄의 가격, 대포와 탄약을 미국에서 이탈리아까지 배로 실어오는데 드는 비용, 자기들(포병)의 훈련비, 식비, 봉급, 역시 이탈리아까지 오는 수송비 등을 모두 합산했다. 그다음에 포격만으로 독일군을 모두 죽일 수 있다고 가정하고 이 총액을 독일군의 숫자로 나눠 보았는데 그 결과는 독일군 1명을 포격으로 죽이는 데 드는 돈은 2만 5천 달러였다.

당시 미국에서 군함 1척 '백두산함'을 6만 달러를 주고 들여왔다. 그 계산 결과를 보고서 놀란 포병 중 하나가 "차라리 쟤네들한테 2만 5천 달러씩 주고 항복하거나 집에 가라고 하자."라고 했다고 한다.

1965년 9월 타임지에 전쟁 때 적군 1명을 죽이는데 소요 되는 경비가 발표된 적이 있었다. B.C. 54년에는 74센트 (약 800원), 나폴레옹 시대는 3백 불(약 33만 원), 1차 세 계대전 때는 2만 불(약 2,200만 원), 2차 세계 대전 때는 21만 불(약 2억 3천만 원), 3차 세계 대전이 일어난다면 1 백만 불(11억 원)이 들 것이라는 했다.

하나님께서는 온 천하보다 귀한 생명을 살리기 위하여 자 기 아들 독생자 예수님을 이 땅에 보내어 십자가를 지게 하 심으로 그를 믿는 자들을 구원하셨다. 예수님은 생명을 살 리는 분이시다. 교회는 생명을 살리는 기관이다. 생명을 살 리기 위하여 하나님은 자신의 아들까지 내어 주셨는데 우 리들은 생명을 살리는 전도에 드는 비용을 아까워하지 말 아야 한다.

117. 하고 싶은 일, 하기 싫은 일 ☕

세상에는 자신이 하고 싶은 일이 있고, 하기 싫은 일이 있 다. 똑같은 일을 하더라도 자신이 좋아하는 일을 할 때는 시간 가는 줄 모르고, 자기가 하기 싫어하는 일을 할 때는 시간이 가지 않는다.

대부분의 사람들은 자신이 하고 싶은 일을 하려고 하고, 하기 싫은 일은 하지 않으려 한다. 그러나 누구든지 하고 싶은 일만 하고, 하고 싶지 않은 일을 하지 않을 수 없다.

성도들에게도 하고 싶은 일이 있고, 하기 싫은 일이 있을 것이다. 반면에 하고 싶어도 하지 말아야 할 일이 있고, 하기 싫어도 반드시 해야 할 일이 있다. 그 기준은 하나님의 말씀이다. 하나님이 하라고 하면 싫어도 해야 하고, 하지 말라고 하면 하고 싶어도 하지 말아야 한다.

선지자 요나는 니느웨에 가서 하나님의 말씀을 전하라고 했을 때 하기 싫어서 다시스로 도망치기도 했지만 결국 하나님의 말씀에 순종하게 되어 그 성의 백성들을 구원하였다. 아담과 하와는 선악과를 먹지 말아야 함에도 하나님의 말씀을 무시하고 먹었다가 에덴동산에서 쫓겨났다.

육신의 정욕, 안목의 정욕, 이생의 자랑을 좇는 일은 하고 싶어도 하지 말아야 한다. 전도, 기도, 용서, 봉사는 하고 싶지 않아도 해야 하고, 그 반대로 죄악된 일은 하고 싶어도 하지 말아야 한다.

우리 성도들은 마귀가 기뻐하는 일은 하고 싶어도 하지 말아야 하고, 주님이 기뻐하시는 일은 하기 싫어도 해야 한다. 그리스도인은 자기 사명을 다하기 위하여 죽기 전에 꼭 하고 싶은 일을 해야 한다. '버킷 리스트(The Bucket List)'란 말이 있다. 이 말은 죽기 전에 해야 할 일들을 적은 목록을 말한다. '버킷 리스트'는 중세 유럽에서 교수형을 할 경우 목에 줄을 건 다음 딛고 서 있던 양동이(Bucket)를 발로 찼던 관행에서 유래되었다고 한다.

118. 다문화 사회의 사명 ☕

아프리카에 사는 수십 만 마리의 누(gnu)는 자신들이 살고 있는 환경이 나빠지면 더 좋은 초식지를 찾아 위험을 무릅쓰고 수천km를 이동한다. 짐승들만 그런 것이 아니다. 기근이 닥쳤을 때 아브라함은 애굽으로, 이삭은 블레셋으로, 나오미는 모압으로 이주했다.

미국 항공우주국(NASA)에 따르면 2017년 지구 평균 온도는 1880년에 비해 1.2도 상승했다고 발표했다. 지구온난화로 극지방의 빙산과 에베레스트의 만년설이 줄어들고 있으며, 해수면은 올라가고 있다. 낮은 섬나라들이 점차 지구상에서 사라질 위기에 처하게 되었다. 그들도 살 수 있는 곳으로 이동하게 되는데 오는 2050년에는 기후난민이 1억 명에 달할 것으로 추산하고 있다. 인도네시아 정부는 온난화로 인한 해수면 상승과 난개발로 인하여 침수될 것을 예상하여 수도 자카르타를 옮기기로 결정했다.

법무부 산하 출입국외국인정책본부에 의하면 2018년 11

월말 현재 체류 외국인은 2,336,689명, 불법체류외국인 354,431명으로 약 270만 명이 우리나라에 체류하는 것으로 나타났다. 2020년에 300만 명, 2030년에 500만 명, 2050년에 1천만 명의 시대가 올 것으로 예상하고 있다. 외국인 거주자가 전체 인구에서 차지하는 비율이 5%가 넘는 사회를 '다문화 사회'라고 한다. 그러므로 우리나라도 다문화 사회에 진입해 있다.

다문화 사회는 한 사회 안에서 다른 인종, 민족, 종교, 계급, 성 등에 따른 다양한 문화가 공존하는 사회를 뜻한다. 다문화 현상은 사회를 다양하고 풍요롭게 만드는 기도가 되기도 하는 동시에 문화적 차이로 인한 갈등이나 편견, 차별 등의 문제가 발생하기도 한다. 우리들도 전에는 하나님의 백성이 아니었지만 지금은 믿음으로 하나님의 백성이 된 것(벧전 2:10)처럼 그들을 구원의 대상으로 삼고 그들을 주의 사랑으로 대하며 복음을 전할 대상으로 삼아야 한다.

119. 친절이 변하면 돈이 된다 ☕

'1995년 타임지 선정 세계 최고의 서비스 기업', '택시 대당 수입 및 기사 1인당 수입 1위', '기사의 월급을 파일럿 수준으로 주는 기업', '매년 40명을 뽑는 기사 모집에 대졸

자들이 200:1로 경쟁하는 기업'이 있다. 바로 일본의 MK 택시 회사이다. MK택시는 재일 교포 사업가 유봉식, 유태식 형제가 1960년 10대의 택시로 시작한 회사였으나 현재 MK그룹으로 성장했다. 손님이 승차할 때에 "MK택시입니다. 감사합니다. 어디로 모실까요?"라고 인사하고, 행선지를 복창하고, 운전자의 이름을 알려주고, 내릴 때는 "감사합니다. 잊으신 물건이 없습니까?"라고 확인한다. 만약 운전기사가 위에 네 가지 말을 하지 않았을 경우, 차비를 내지 않아도 된다고 한다. 이는 MK택시 기사들이 지켜야 하는 친절과 서비스이다.

유태식 회장은 '친절이 변하면 돈이 된다.'고 한다. 유태식 회장은 독실한 크리스천으로 자신의 생애에서 하나님에 대한 신앙을 빼버리면 아무 것도 아니라고 간증한다. 그는 몇 차례의 죽을 고비를 넘겼는데 바로 하나님께서 자신을 기적으로 살려 주셨음을 깨닫고 자신에게 주신 하나님의 뜻은 사람들에게 하나님을 알리고 바르게 사는 삶의 자세를 전하라고 살려 주셨다고 고백한다. 그는 현재 재일 대한기독교 경도(쿄토)교회 장로로 시무하며 진정한 그리스도의 선한 일꾼으로 살아가고 있다.

한국인으로서 일본에서 성공하기는 여간 어려운 일이 아니다. 요셉은 일본보다 더 어려운 애굽에서 성공했다. 다니엘은 애굽보다 더 어려운 바벨론에서 성공했다. 그들의 성공에 이르는 공통점은 바로 하나님께서 함께하심이었다. 하나님은 지역을 초월하여 함께하시고, 사람을 초월하여 함께하시고, 시간을 초월하여 함께하셨다. 하나님은 어제나 오늘이나 영원토록 동일하시다(히 13:8). 하나님을 자기 편에 서 달라고 하지 말고 링컨처럼 자신이 하나님 편에 서면 된다.

120. 아는 사람이 모르는 사람에게 ☕

중세 수도원에서 있었던 일이라고 한다. 수도원장이 신입 수도사들에게 설교 연습을 시키던 중에 한 수도사에게 설교를 하라고 했다. 설교단에 오른 그 수도사는 생전 처음 하는 설교라서 도무지 할 말이 생각나지 않아 자신이 무슨 설교를 할지 아느냐고 물었다. 아무도 알 리가 없어서 사람들이 모른다고 했더니 그 수도사가 자신도 모른다고 하면서 단에서 내려왔다. 화가 난 수도원장은 그다음 날 다시 설교하라고 했다. 다음 날, 신입 수도사는 설교하러 올라가서 전날과 똑같이 자신이 무슨 설교를 할지 아느냐고 물었다. 어제의 사건이 있었기 때문에 앉아 있는 모든 사람들이 이제는 반대로 안다고 대답했다. 그러자 신입 수도사는 알면 됐다고 하면서 아는 데 무엇 하러 설교를 하느냐며 그냥 내려왔다. 어이가 없었던 수도원장이 마지막으로 한 번 더 해 보라며 마지막 기회를 주기로 했다. 셋째 날에 신입 수도사는 자신이 무슨 설교를 할지 아느냐 똑같은 질문을 했다. 그러자 이제는 청중들이 절반은 안다고 대답하고, 나머지 절반은 모른다고 했다. 그러자 그 신입 수도사가 아는 사람이 모르는 사람에게 가르쳐 주라고 하고서 내려왔다. 수도원장은 신입 수도사의 말에서 영감을 받고는 박수를 치며 이제까지 수도원에서 행했던 설교 중에 가장 뛰어난 명설교였다고 칭찬했다. 그리고 그 신입 수도사가 말한 '아는 사람이 모르는 사람에게'가 그 수도원의 표어가 되었다고 한다.

여러분은 하나님을 아는가? 모르는 사람에게 전해야 한다. 여러분은 예수 그리스도를 믿음으로 구원받는다는 것을 아는가? 믿지 않아 멸망으로 달려가는 자들에게 전해야 한다. 여러분은 천국을 아는가? 천국을 모른 채 세상의 것에만 마음을 두고 사는 자들에게 전해야 한다. 여러분은 천국과 지옥이 존재한다는 것을 아는가? 모르고 사는 자들에게 전해야 한다.

121. 실패한 목회, 성공한 목회 ☕

20세기 초 일본에 나가노 마끼 목사님은 사방 100킬로미터 이내에 단 한 명의 신자도 없는 가나사와를 발견하고 그곳에서 천막교회를 시작했다. 그러나 5년 동안 한 명의 신자도 없었음에도 불구하고 나가노 목사님은 하나님께서 자신을 그곳으로 보내심을 믿고, 그 뜻을 이루기 위해 그 지역을 위하여 날마다 기도했다.

어느 날 저녁 예배 시간에 첫 번째 교인이 나타났는데 피를 토하는 폐병 환자였다. 그 청년은 어느 유명 정치인의 첩에서 태어난 사생아였다. 그 청년은 우연히 복음을 듣게 되어 신학교에 입학하였지만 폐결핵으로 강제 휴학 처분을 받았고, 다니던 교회로부터도 교회 출석을 하지 말라는 요구를 받았다. 그는 자살을 결심하게 되었는데 우연히 나가노 목사님의 이야기를 듣고서 그를 만나보고 죽기로 했다. 그런데 나가노 목사님은 자신이 토한 핏덩이를 닦아 주고 극진히 섬겨 주셨다. 그 청년은 나가노 목사님을 통해 다시 예수님을 만났다.

그 후 폐결핵이 완치되어 신학교에 복학하여 목사님이 되었는데 바로 그 유명한 가가와 도요히코 목사님이다. 그는 고베와 도쿄에서 변비로 고통 받는 빈민들의 항문을 손가락으로 후벼 주었고, 손가락으로 할 수 없는 사람은 항문에 자기 입을 대고 굳은 변을 침으로 녹여 뽑아냈다. 그 후 중국으로 건너가 중국의 빈민들을 위해서도 똑같은 삶을 살았다.

1945년 패망한 일본군과 일본 민간인들이 중국에서 철수할 때, 일본인에 대한 테러나 보복이 발생하지 않았다. 이는 장개석 총통이 도요히코 목사님의 영향을 받고서 일본인들에게 위해를 가하지 말라는 포고령을 내렸기 때문이었다.

나가노 목사님은 한 청년 도요히코를 자살 직전 살리게 되었고, 그 도요히코 목사님을 통하여 수많은 빈민들과 중국 내 많은 일본인들의 목숨을 살리게 되었다. 누가 실패한 목회자요, 누가 성공한 목회자인가?

122. 놀아도 회사 근처에 있어야 마음이 편하다

국민 소득이 1만 달러에서 2만 달러로 올라서는 데 싱가포르는 5년, 일본은 6년, 영국은 9년, 미국은 10년이 걸렸다고 한다. 국민 소득이 연간 1만 달러 이상이 되면 주 5일 근무제, 레저산업의 발달, 케이블 방송이 늘어난다. 독일에서는 주 5일 근무제(40시간 근무)가 실시되고 난 후 볼프스부르크에서는 이전보다 이혼율이 70%나 증가하였고, 독신자의 비율도 100% 이상 증가하였다. 그 결과 출산율도 떨어져 외국에서 노동력을 수입하여 충당하였다.

우리나라도 2만 달러를 간신히 넘어서게 되어 주 5일 근무제가 시행되었을 때, 사람들은 기쁘지만 않고 여전히 불안을 느끼는 사람들이 많이 있었다. 학생들이 놀더라도 도서관에 가방을 놔두어야 마음이 편한 것처럼 놀아도 회사 근처에 있어야 마음이 편하다. 이를 '부적응성 불안 증후군(maladaptive anxiety syndrome)'이라고 한다. 경제적인 면에서만 이런 '부적응성 불안 증후군'을 겪는 것이 아니다. 공부를 열심히 하는 것과는 관계없이 자식들을 학원에 보내지 않으면 불안하고, 고액 과외를 안 시키면 불안해한다.

신앙생활에서도 형식적으로라도 교회에 가지 않으면 불안하여 출근부 도장 찍듯이 예배에 참석하는 이들이 있다. 이스라엘 백성들은 지긋지긋한 애굽에서 나왔음에도 오히려 애굽에 있을 때도 좋았다며 '부적응성 불안 증후군'을 겪었다. 하나님께서 함께하시므로 강하고 담대하게 사명을 감당하는 자가 복이 있다.

123. 누구의 이름을 높이는가? 🍵

홍수의 심판을 당한 노아 당시의 세대는 자기들이 좋아하는 모든 여자를 아내로 삼고, 사람의 죄악이 세상에 가득

하고, 모든 계획이 항상 악하고, 온 땅이 하나님 앞에 부패하여 포악함이 땅에 가득했다(창 6장). 그러나 "성읍과 탑을 건설하여 그 탑 꼭대기를 하늘에 닿게 하여 우리 이름을 내고 온 지면에 흩어짐을 면하자"(창 11:4)고 했던 '바벨탑 사건'은 홍수의 심판을 당한 세대와 다른 것처럼 보인다. 외면적으로는 심판에 대한 대비와 인류애를 가진 연합의 모습을 보이고 있다. 그러나 내면적으로는 '우리 이름을 내고'라는 데 있다.

반면에 아브라함은 '하나님의 이름'을 부름으로 위대한 사람으로 세워졌다(창 12:8; 13:14; 21:33). 하나님 여호와께서는 '자기 이름을 두시려고' 성전을 계획했다(신 12:11). 성경에서 성전은 약 20회 정도 '하나님의 이름이 선포되는 곳'이라고 했다. 이스라엘 자손은 애굽 땅에서 나온 지 480년, 솔로몬이 이스라엘의 왕이 된지 4년 둘째 달에 성전 건축을 시작했다(왕상 6:1). 사람을 내려고 했던 탁월한 문명을 지녔던 바벨탑 세대는 몰락한 반면 하나님의 이름을 부르며 시작한 아브라함은 축복의 근원이 되었으며, 하나님의 이름을 선포하는 솔로몬 성전이 세워지므로 절정에 이르렀다.

우리 모든 성도들의 목표는 먹든지 마시든지 무엇을 하든지 주의 영광을 드러내는 것이다(고전 10:31). 어떻게 주의 영광을 드러내는가? 주의 이름을 드러내어 높이는 것이다.

주의 이름을 높임은 축복의 길이요, 자기 이름을 높임은 멸
망의 길이다.

124. 누군가 하겠지

  1964년 3월 13일, 미국 뉴욕의 퀸즈 어느 아파트 앞에서
키티 제노비스(Kitty Genovese)라는 28살 여성이 야근을
마치고 귀가하다가 정신이상자에게 난데없는 칼부림으로
살해되었다. 사건이 일어나는 35분 동안 아무도 신고하지
않았고 범인은 제노비스의 숨이 끊어질 때까지 범행을 저
질렀다. 계속된 살인 현장을 자기 집 창가에서 지켜본 사람
은 모두 38명이었다. 누군가 수화기를 들기만 했어도 제노
비스는 목숨을 구했을지 모른다. 그러나 이들 중 단 한 명
도 나서서 말리거나 경찰에 신고하지 않았다. 이들은 하나
같이 누군가 도와줄 것으로 생각하였다는 것이다.
  위급한 일을 당한 사람을 목격한 사람이 많으면 책임감
이 분산돼 아무도 도와주지 않는 경우를 '제노비스 신드롬
(Genovese Syndrome)', '제노비스 케이스(Genovese
Case)', '방관자 효과(Bystander Effect)'라고 한다. 곧 '제
노비스 신드롬'은 주위에 사람들이 많을수록 어려움에 처
한 사람을 돕지 않게 되는 현상을 뜻하는 심리학 용어이다.

퇴근을 하던 한 여인은 지하철에서 맞은 편 남자 두 명이 자신의 뚱뚱한 몸을 보고 대놓고 비하하자 화가 난 그녀는 사과하라는 말을 했지만 오히려 지하철 안에서 그들로부터 폭행을 당하였다. 그러나 그 안에 있던 지하철 승객들 아무도 도와주지 않았다. 이 폭행으로 인해 피해자는 유산을 하였다.

미국의 심리학자 존 달리(John Darley)와 빕 라테인(Bibb Latane)은 그 같은 행동을 분석하기 위한 실험에 착수하였다. 5명의 대학생들을 격리된 방에 한 사람씩 들어가게 한 뒤 오디오 장치로 옆방에 있는 학생과 대화를 나누게 하였다. 대화 도중에 학생으로 위장한 한 배우가 갑자기 간질 발작을 일으키는 것처럼 위장했다. 누구라도 일어나 복도의 연구원에게 도움을 청하면 되는 상황이었다. 실험 결과, 학생들은 자신 말고 도와줄 학생이 네 명 더 있다고 믿었을 때 아무도 도움을 요청하지 않았다. 반면 자신과 간질 환자 둘만 있다고 믿었을 땐 85%가 도움을 요청하였다.

1979년 몬태나대의 아서 비먼(Arthur Beaman) 교수는 대학생들을 모아 간질 발작 실험 필름을 보여 준 뒤 남을 돕는 행위의 필요성을 교육하였다. 그 결과 넘어진 여성이나 간질 발작 환자를 만났을 때 필름을 본 학생은 그렇지 않은 학생보다 2배 이상의 도움을 주었던 것으로 나타났다.

'제노비스 신드롬' 혹은 '방관자 효과'를 조금 더 쉬운 말로 표현한다면 '누군가 하겠지 증후군'이라고 할 수 있다. 교회 안에서도 '누군가 복음을 전하겠지', '누군가 충성하겠지', '누군가 봉사하겠지', '누군가 기도하겠지'라고 생각하는 것이다. 이는 그리스도인의 바른 모습이 아니다. 그리스도인은 자기의 사명과 본분 그리고 직무를 따라 누가 보든지 안 보든지 하나님께서 보시고 판단하신다는 인식(Coram Deo, 하나님 앞에서)을 가지고 살아야 한다.

125. 교회 가고 싶은 사람, 교회 가기 싫은 사람

어떤 분의 간증문을 읽었다. 그는 서울에 사는 한 여성인데 동네에 있는 교회에 가고 싶었다. 그런데 아무도 교회 가자고 하는 사람이 없었다. 그래서 매 주일마다 혹시 누구라도 자기를 데려가 주기를 기대하면서 교회 입구에 서성이고 있었다. 그러나 수백 명의 교인들이 교회로 들어가면서도 교회에 가자고 하는 사람이 아무도 없었다. 3주간 교회 입구에서 서성이다가 되돌아갔다. 4주째 주일 아침도 예배시간이 시작될 때까지 서 있다가 그냥 집으로 가려고 하는데 마침 아는 집사님이 예배시간에 지각하여 급히 예배당으로 가는 것을 보고 불렀다. 그는 멈추어 선 집사님에게 자기도 교회에 가고 싶다고 말해 함께 들어갔다고 한다.

반면에 교회 가기 싫은 사람도 있다. 이만재가 쓴 『교회 가기 싫은 77가지 이유』를 보면 일반 사람들이 교회 가기 싫은 이유도 있고, 교인이면서 교회 가기 싫은 이유도 있는데 그 중 77가지를 정리했다. 어찌 77가지뿐이랴. 770 가지도 넘을 것이다. '여유 없어 교회 못 가', '술 담배도 이해 못하는 교회', '기독교는 외래문화', '허황된 성경 얘기 어떻게 믿나', '종교생활 각종 제약 싫어' 등으로 교회에 못 가겠다는 사람들이 있다. 또한 '각종 모임 참석 강요 많다', '목사 수준 낮은 것 같다', '엉터리 목사 많다', '이중인격자 많아 싫어', '꼴 보기 싫은 사람 많다' 등으로 교회에 못 가겠다는 사람들도 있다. 교회 나오지 않는 사람들도 나오기 싫은 이유가 많고, 교회에 다니던 사람들도 나오기 싫다는 이유가 많다.

"좁은 문으로 들어가라 멸망으로 인도하는 문은 크고 그 길이 넓어 그리로 들어가는 자가 많고 생명으로 인도하는 문은 좁고 길이 협착하여 찾는 자가 적음이라"(마 7:13~14)고 했다. 예나 지금이나 천국으로 가는 길은 좁은 길이고, 천국으로 들어가는 문은 좁은 문이다.

126. 당신은 어떤 돌인가? ☕

탈무드에 돌에 대한 이야기 있다. 예루살렘 성전을 건축하기 위해 아주 먼 채석장으로부터 많은 돌이 운반되었다. 그 돌들 중에 성전의 기둥과 벽을 쌓는 규격과 전혀 다른 돌들이 배달되었다. 인부들은 아무리 봐도 쓸 데가 없으니 방해되지 않게 멀리 치워 버리기로 했다. 성전 공사가 거의 끝나게 되었을 때 채석장에 지붕용 돌을 보내 달라고 요청을 했더니 이미 그 돌은 아주 오래 전에 배달되었다고 했다. 알고 보니 쓸 데가 없는 것으로 생각하며 치워 두었던 돌이었다.

시편 118편 22절에 나오는 '모퉁이 머릿돌'은 바벨론 포로기 이후의 이스라엘 백성들을 상징하는 말로 그들이 열방으로부터 버려진 돌과 같았으나 하나님은 그들을 집 모퉁이의 머릿돌과 같이 소중하게 쓰신다는 것을 비유하여 쓰였다. 그런데 예수님은 이 말씀을 인용하여 자신이 '건축자들이 버린 돌이 집 모퉁이의 머릿돌'이 되었다고 했다 (마 21:42~43). '모퉁이의 머릿돌'은 서로 맞닿는 두 벽을 견고하게 연결하는 중요한 역할을 하므로 집을 짓거나 성벽을 쌓는 데 없어서는 안 되는 돌이다. 베드로도 산헤드린 공회원들 앞에서 예수는 너희 건축자들의 버린 돌로서 집 모퉁이의 머릿돌이 되었다고 했다(행 4:11, 벧전 2:7).

같은 돌이라도 어떤 돌은 모퉁이의 머릿돌(corner stone)이 되기도 하고, 어떤 것은 기둥 밑에 괴는 주춧돌(footstone)이 되기도 한다. 또한 어떤 것은 디딤돌(step stone)이 되기도 하고, 어떤 것은 징검다리를 놓는 돌(stepping bridge stone)이 되기도 한다. 그런데 길을 가는 데 방해가 되는 거침돌(rough stone)도 있다. 그러나 사도 바울은 고린도 교인들에게 유대인에게나 헬라인에게나 하나님의 교회에 거침돌이 되지 말고 유익함을 주는 자가 되라고 했다(고전 10:32 참조).

127. 가나안 신자 🍵

'안나가'를 거꾸로 읽으면 '가나안'이다. 교회에 안 나가는 신앙인을 가리켜 '가나안 신자'라는 신조어가 탄생했다. 이 용어는 과거에는 교회에 다녔지만 교회 지도자들이나 교인들의 도덕적 결함이나 신앙의 이중성 등 교회의 여러 가지 문제로 실족하여 현재 교회에 소속되지 않고 출석하지 않는 교인을 일컫는 말이다. 서구에선 이런 사람들을 '소속 없는 신앙 (believing without belonging)' 또는 '교회 없는 기독인(unchurched christian)'이라 부른다. 미국의 리서치 기관인 바나 그룹에서 발표한 자료(2014년)

에 의하면, 미국인 49%가 교회에 나가지 않고 있다고 한
다. 교회에 안 나가는 미국인 가나안 교인의 비율은 1990
년대에 비해 2배 이상 늘어난 것으로 나타났다. 이와 같은
통계를 감안할 때 서구 교회의 가나안 교인들이 점점 증가
될 것으로 보인다.

　어느 통계에 의하면 한국 교회의 가나안 신자가 약 20%
에 이르는 것으로 나타났다. 이 통계에 따르면 약 200만
명이 가나안 신자인 셈이다. 서구 교회의 통계를 볼 때 우
리 한국 교회의 '가나안 신자'는 증가할 것으로 예상된다.
조사에 의하면 '가나안 신자'들은 속된 말로 교회에 다닐
당시 '날라리 신자'가 아니었던 것으로 밝혀졌다. 교회를
다닌 기간은 평균 14.2년으로 비교적 길었고, 교회 활동
참여도는 90.3%의 긍정율(어느 정도: 53.4%, 매우 적극
적: 36.9%)을 보일 정도로 적극적이었다. 또한 교회를 옮
긴 적이 없거나 한 번 옮긴 사람이 무려 70.7%로 여기저기
교회를 떠돌아다니지 않고 잘 정착해서 신앙생활을 한 것
으로 드러났다. 가나안 신자가 된 가장 큰 요인은 목회자와
교인들에 대한 불만이 43.4%로 가장 높았다. 사람들에게
받는 상처가 그들을 공동체 밖으로 나가게 했다. 가나안 신
자 3명 중 2명은 다시 교회에 나갈 의향이 있다고 응답했
다. 그러므로 그들이 다시 돌아올 수 있는 환경을 마련해야
한다.

128. 가장 지키기 어려운 계명

"원수를 갚지 말며 동포를 원망하지 말며 네 이웃 사랑하기를 네 자신과 같이 사랑하라 나는 여호와이니라"(레 19:18) 이 말씀은 유대인들이 가장 지키기 힘든 율법 중 하나로 여긴다. 그들은 '이웃을 자신처럼 사랑하라'는 말씀 앞에 '원수를 갚지 말며 동포를 원망하지 말라'는 말씀이 먼저 언급되었기에 먼저 주의를 기울인다. 랍비들은 이 말씀을 보다 구체적으로 설명한다. A가 B에게 도끼를 빌려 달라고 하는데 B가 이 요청을 거절하였다. 다음 날 이번엔 B가 A에게 외투를 빌려 달라고 하였다. 이때 만일 A가 '자, 여기 있네. 나는 도끼를 빌려 주지 않으려는 자네와 다르네.' 하면서 외투를 빌려준다면 랍비는 A가 원한을 품고 있는 것이라고 가르친다. 이와 같은 원망하는 마음이 없이 이 계명을 실천하여 외투를 빌려준다면 분명 B는 욕을 먹거나 창피당하는 일도 없기에 덕을 보게 된다. B라는 사람과 그의 행동에 초점을 맞추면 이 계명을 실천할 수 없다. 그러나 그들은 모든 것을 아시고 갚아 주시는 하나님에게 초점을 맞추어 행해야 한다고 한다.

중독치료 전문가인 아브라함 트워스키 박사는 중독자들이 회복 중에 실패하는 이유는 분노와 원한을 억누르지 못하기 때문이라고 하였다. 마음에 분노와 원한의 숯불을 갖고서 어찌 그 심령이 온전하겠는가? 예수 그리스도를 알지 못하는 유대인들조차도 이와 같이 행하거늘 하물며 그리스도를 믿음으로 사는 우리들이 그보다 못하면 되겠는가?

사랑하지 아니하는 자는 하나님을 알지 못하나니
이는 하나님은 사랑이심이라

- 요한1서 4장 8절 -

복음. 진리를 잇다

129. 축복과 저주 ☕

고대 이집트 시대에 람세스 3세의 정적들은 람세스 모양의 밀랍 인형을 만들어 저주했다고 한다. 그리스-로마 시대에는 '저주의 서판'이 있었다. 얇은 납판에 작은 글자로 저주문(詛呪文)을 새겨 무덤에 매장하거나 우물에 넣거나 성지 지하에 묻었다. 역사적 근거는 희박하지만 조선시대에 장희빈은 인현왕후를 죽이려고 저주 인형을 만들어 활로 쐈다고 한다. 이런 주술적 풍습을 볼 때 당시 사람들은 저주하면 그 대상에게 그대로 이루어진다고 믿었음을 알 수 있다. '주문(呪文)'은 입으로 특정한 어구를 외움으로써 신비적이거나 주술적인 효과가 있다고 생각되는 말이나 글귀를 말한다.

모압 왕 발락이 발람에게 자신을 위해 이스라엘 백성들을 저주해 달라고 부탁했을 때 발람은 축복과 저주는 하나님 주권에 속해 있음을 고백했다(민 22:12,18). 다윗은 원수들이 저주할지라도 하나님이 축복하시면 그대로 될 줄 믿고 기도했다(시 109:28). 이는 다윗이 축복과 저주가 하나님 주권에 있음을 믿고 있음을 보여주고 있다. 또한 다윗은 저주하기를 좋아하면 저주가 그에게 임하고, 축복하기를 기뻐하지 아니하면 복이 그를 멀리 떠난다고 했다(시 109:17). 바울은 박해하는 자를 축복하고 저주하지 말라고 했다(롬 12:14). 예수님께서도 집에 들어갈 때에 평안을 빌라고 했다. 만약 그 집이 합당하면 평안이 임할 것이요 만일 합당하지 아니하면 그 평안이 너희에게 돌아올 것이라고 했다(마 10:12~13).

저주의 말을 하면 그것이 자기에게 돌아오고, 축복의 말을 하면 그것이 자기에게 돌아간다. 하지만 축복과 저주의 주권은 하나님께 있다. 그러므로 아무리 축복해도 하나님이 복을 주시지 않으면 받을 수 없고, 아무리 저주해도 하나님이 막으시면 저주가 임하지 못한다.

130. 일치, 자유, 사랑 ☕

초대교회의 음식 논쟁은 교회에 분쟁을 일으켰다. 당시 로마나 고린도 시장에서 판매되는 대부분의 고기가 우상에게 바쳤던 제물이었기 때문이다. 어떤 사람은 이 고기를 먹으면 안 된다고 하고, 어떤 사람은 먹어도 된다고 주장했다. 이때 사도 바울은 먹지 않는다고 해서 더 못 사는 것도 아니고 먹는다고 해서 더 잘 사는 것도 아니라고 했다(고전 8:8). 즉 먹어도 되고 안 먹어도 된다는 것이다. 이를 신학에서는 '아디아포라(adiaphora)'라고 한다. 이 단어는 '아무렇게나 해도 좋은'이란 뜻으로 기독교의 기본 진리와 상관없는 문제로서 무엇이 옳고 무엇이 틀리다고 구별할 수 없는 것을 말한다.

어떤 교회는 교회당을 짓다가 싸움이 일어나 분열되고 말았다. 그 원인은 예배당 카펫을 빨간색으로 하느냐, 파란색으로 하느냐의 문제였다. 어느 교회는 피아노를 오른쪽에 놓느냐, 왼쪽에 놓느냐로 다투었다. 어느 교회는 새로 부임한 목사님이 강대상 종을 세 번 쳐야 하는 데 한 번 쳤다고 사임하라고 했다. 어떤 교회는 세족식에서 오른발을 먼저 닦아야 하느냐, 왼발을 먼저 닦아야 하느냐로 다투다가 두 교회로 분열되었다고 한다. 카펫의 색깔, 피아노의 위치, 종치는 횟수, 발의 순서 등은 비본질적인 문제다.

4세기 어거스틴에 의해 시작되어 멜데니우스가 선언하고, 리처드 백스터에 의해 널리 알려졌고, 존 스토트에 의해 강력하게 주장되었던 기독교 격언이 있다. 이는 "본질적인 것에는 일치를, 비본질적인 것에는 자유를, 모든 것에는 사랑을(in necessaris unitas, in unnecessaris libertas, in omnes charitas)"이다. 본질적인 것에는 목숨을 걸고, 비본질적인 것에는 자유를 가지고, 모든 일은 사랑으로 행해야 한다.

131. 거룩한 불편

어느 교회에서 목사님과 교인들이 단체로 〈신이 보낸 사람〉이라는 영화를 관람하러 갔다. 교인들은 팝콘을 사 가지고 들어갔다. 그런데 그들은 영화가 시작되자 팝콘을 먹을 수 없었다고 한다. 이 영화는 실제 사건을 바탕으로 각색한 것이라고 한다. 그 내용은 북한에 한 지하 교회에서 목숨을 걸고 믿음을 지키다가 탈북을 하는 과정에서 겪는 참혹한 내용을 담고 있다. 영화를 보러 간 교인들은 편안하게 팝콘을 먹는 것이 사치처럼 느껴지고 불편해졌다. 팝콘을 먹으려다가 눈물이 쏟아져 도무지 먹을 수 없었다고 한다. 이것이 바로 거룩한 불편이다.

바울을 태우고 로마로 가던 알렉산드리아호는 그레데 섬 미항에 머물게 되었다. 바울은 출항하려는 백부장과 선장과 선주에게 여기서 떠나면 배와 화물만 아니라 생명에도 적지 않은 타격을 받을 것이라며 떠나지 말라고 권했다. 그들은 불편한 항구인 미항보다 더 편한 뵈닉스 항구로 가고 싶은 사람이 많았다. 결국 백부장이 바울의 말보다 선장과 선주의 말을 더 믿고 출항했다가 유라굴로 광풍을 만나 배는 파선되고 모든 화물도 잃고 말았다. 일부러 불편을 자초할 필요는 없지만 하나님의 말씀이 있을 때는 불편함을 감수하는 것이 오히려 복이 된다. 그들은 거룩한 불편을 감수하지 않고 편리함을 찾으려다가 오히려 더 불행을 당하게 되었다.

예수님은 어떤 계명이 크냐고 묻는 바리새인을 향하여 선한 사마리아인에 대한 말씀을 했다. 한 사람이 예루살렘에서 여리고로 내려가다가 강도를 만나 가진 것은 모두 빼앗기고 매를 맞고 쓰러져 거의 죽게 되었다. 이때 제사장과 레위인은 그를 보고 그냥 지나쳤다. 그러나 사마리아인은 그를 보고 그냥 지나칠 수가 없었다. 그를 치료해 주고 주막에 맡겨 살렸다. 사마리아인은 죽어가는 사람을 보고 그냥 지나칠 수가 없었다. 우리들도 제사장과 레위인처럼 거룩한 불편을 외면할 수도 있고, 사마리아인처럼 거룩한 불편을 감당할 수도 있다.

132. 누굴 닮아서 저럴까? 🍵

사진 찍기를 취미로 하는 사람들이 많이 있다. 시골 노인만을 찍는 사람도 있고, 계절을 따라 변하는 자연을 찍기도 하고, 아이들의 모습만을 찍는 사람도 있다. 자신의 모습을 사진에 남기는 취미를 가진 사람도 있고, 남의 모습만을 찍는 사람도 있다. 어떤 사람은 흑백 사진에 매료되어 그것만을 고집하는 이도 있고, 시대에 걸맞게 수백만 화소의 디지

털을 선호하는 이도 있다.

대부분의 사람들은 여러 명이 함께 찍은 사진을 볼 때 먼저 자신의 모습이 어떻게 나왔는가 하고 살펴본다. 그리고 난 후에 다른 사람들은 어떻게 나왔는가 하고 살피는 것이 일반적이다. 이는 무엇보다도 자기 자신에게 관심이 많다는 것을 보여주는 것이다. 나온 사진을 볼 때 자신의 모습이 잘못 나왔을 경우 대체적으로 두 가지 반응을 보인다. 하나는 자기는 사진을 찍으면 언제나 사진이 잘 못 나온다고 생각하는 경우이고, 다른 하나는 사진을 찍는 사람이 잘못 찍어서 그렇거나 사진기가 나빠서 그렇다고 여기는 경우이다.

자존감(self-esteem)이 낮은 사람은 항상 사진을 찍으면 자신의 모습은 못 나온다고 여긴다. 자녀들을 볼 때 자기를 닮은 자녀가 밉게 보일수록 자존감이 낮은 것이다. 이런 사람들은 자녀의 행동이나 말에서 자기와 똑같이 닮은 모습을 보일 때 혐오스럽고 소름 끼치듯 싫게 느껴진다.

우리 성도들은 하나님의 형상을 닮은 소중한 존재이다. 예수 그리스도의 보혈을 대가로 지불하고 구원받은 자들이다. 우리는 쓸모없는 존재가 아니라 그리스도의 향기와 편지로 매우 소중한 존재이다. 주님께서 우리를 귀하게 여기고 있듯이 우리 스스로도 자신을 귀하게 여기고 살아야 한다.

133. 당신의 행복 점수는 몇 점인가?

미국의 저명한 경제학자 폴 새뮤얼슨(Paul Samuelson)은 행복을 규정하는 두 가지 요소는 바로 소유와 욕망이라고 했다. 그는 소유가 크고 욕망이 작을수록 행복하고, 소유가 작고 욕망이 클수록 행복을 느끼지 못한다고 했다. 이것을 수학식으로 표현하면 '행복=소유÷욕망'이라고 할 수 있다. 예를 들면, 가진 것이 30인데 욕망이 100이면 행복 점수는 30이다. 가진 것이 30인데 욕망이 60이면 행복 점수는 50이 된다. 같은 것을 소유해도 욕망의 크기에 따라서 행복점수가 달라진다. 아무리 많은 것을 가지고 있다고 해도 욕망이 무한대라고 하면 행복은 제로에 가까워질 수 있다. 소유한 것이 아무리 많더라도 욕망이 크면 행복하지 못하고, 소유한 것이 적더라도 욕망이 적으면 행복하게 된다.

결코 재물을 많이 가졌다고 해서 무조건 행복한 사람이 되는 것이 아니다. 사람은 만족감을 느낄 때 신경전달물질인 '도파민'이 분비되는데 행복감을 주기 때문에 도파민을 '행복 물질'이라고 부른다.

모세는 이스라엘 백성들을 향하여 "이스라엘이여 너는 행복한 사람이로다 여호와의 구원을 너 같이 얻은 백성이 누구냐 그는 너를 돕는 방패시요 네 영광의 칼이시로다 네 대적이 네게 복종하리니 네가 그들의 높은 곳을 밟으리로다"
(신 33:29)고 했다. 모세가 볼 때 이스라엘 백성들은 구원
을 받은 백성이요, 하나님께 친히 방패와 칼이 되시므로 대
적을 이기고 승리할 수 있게 하셨으니 행복한 사람들이라
고 했다.

세상에는 행복한 사람이라는 말을 들으면서 자신도 행복
한 사람이라고 생각하는 자가 있고, 행복한 사람이라는 말
을 듣지만 자신은 행복하다고 생각하지 않는 자도 있다.
혹시 당신은 자신이 행복한 사람인 것을 감사하지 못하고
욕심이 너무 많아서 불행하다고 생각하고 불평하지는 않
는가?

134. 돈 중심, 하나님 중심 ☕

미국의 하버드대학교 학생 1,500명을 대상으로 자신의
전공을 선택한 이유에 대하여 조사한 결과 무려 1,225명이
'돈' 때문이라고 응답했다. 적성을 따라서 전공을 선택한
학생은 고작 245명에 불과했다. 그들에게 '돈을 벌면 행복
할 것 같은가?'라는 질문에 전자는 제대로 대답하지 못한
반면 후자는 자신 있게 행복할 것 같다고 응답했다.

일반적으로 경제력이 좋아질수록 삶의 수준이 높아진다.

그렇다면 경제력이 높아질수록 행복지수도 함께 높아지는가에 대한 조사도 있었다. 40여 개 국에서 국가당 1,000명을 대상으로 재산과 생활만족도에 대한 조사를 했다. 연구 결과에 따르면 비교적 빈곤한 국가의 경우에 경제력의 증가가 생활만족도에 직접적인 영향을 주는 것으로 나타났다. 그러나 국민 총생산이 8,000달러를 넘어선 경우에는 경제력의 증가와 생활만족도가 지속적으로 증가하지 않는 것으로 나타났다. 많은 사람들이 돈(경제력)이 많아지면 많아질수록 행복해질 것이라고 생각하지만 돈이 많아진다고 해서 그것에 비례해서 행복이 증가하지 않는다.

돈이 곧 행복이라고 생각하는 사람이 있다. 그들은 돈이 많으면 행복할 것이라고 생각하기 때문에 지금 행복하지 않은 것은 돈이 적기 때문이라고 생각한다. 그래서 그들은 할 수만 있으면 더 많은 돈을 벌려고 한다. 그들은 가난하지만 행복하다고 말하는 사람을 이해하지 못한다. 또한 "비록 무화과나무가 무성하지 못하며 포도나무에 열매가 없으며 감람나무에 소출이 없으며 밭에 먹을 것이 없으며 우리에 양이 없으며 외양간에 소가 없을지라도 나는 여호와로 말미암아 즐거워하며 나의 구원의 하나님으로 말미암아 기뻐하리로다"(합 3:17~18)라고 고백하는 하박국 선지자를 더욱 이해하지 못한다.

135. 러브 칵테일 ☕

　다큐멘터리 프로그램에서 실제 커플을 대상으로 사랑에 대한 뇌의 화학작용을 실험한 결과가 방송된 적이 있었다. 그 결과는 '첫눈에 반하는 시간은 10만 분의 15초, 대화로 상대의 매력을 판단하는 시간은 90초, 사랑의 지속 기간은 900일'이라고 했다. 사람은 사랑에 빠지는 순간 대뇌에서 '도파민'이라는 신경 전달 물질이 솟아난다고 한다. 이 '도파민'은 사랑의 감정을 솟아나게 한다는 의미에서 '러브 칵테일'(Love Cocktail)로도 불린다. 도파민 분비가 활성화되면 마약을 한 결과처럼 상대를 보기만 해도 기분이 좋아지고 감정이 벅차오르는 황홀함을 경험하게 된다. 그러나 시간이 지날수록 좋게만 느껴졌던 사랑의 감정은 식어지고 상대방의 단점들이 눈에 띄게 되어 옥신각신하기도 한다. 이는 칵테일 잔의 술이 비어가듯이 '러브 칵테일' 도파민은 900일가량이 지나면 바닥이 드러나게 되는 반면, 상대적으로 이성적 판단을 주관하는 전두엽이 활성화되기 때문이다.

　러브 칵테일이 많이 배출되면 좋은 점만 보이고, 애틋하게 사랑하게 되는 것처럼 신앙인들에게는 은혜와 진리로 충만하면 신앙생활이 활성화 되게 된다. 여러분은 교회를 사랑하고, 주님을 열정적으로 사랑했던 시기가 지나 냉냉해지고 무감각하게 되지는 않았는가?

"그러나 너를 책망할 것이 있나니 너의 처음 사랑을 버렸느니라"(계 2:4).

136. 리더의 소통 ☕

많은 사람이 리더(LEADER)가 되기를 원하고, 훌륭한 리더가 되길 원한다. 그러나 책임을 지고 싶지 않아서 리더가 되기를 원치 않는 사람도 있다. 두 사람이 모여도 리더가 필요하다. 결혼하여 가정을 형성하면 가정의 리더가 필요하다. 리더라고 하면 강력한 리더십을 가진 지도자를 연상하지만 일반적인 의미는 '이끄는 사람'을 말한다. 이전에는 하향식 리더십이 강조되었지만 이제는 상향식 리더십이 강조되고 있다. 최근에는 전방위 리더십이 부상하고 있다. 전방위 리더십은 하향식 리더십, 상향식 리더십, 수평적 리더십을 모두 포함하는 리더십으로 리더십의 세계적 권위자인 존 맥스웰은 이를 '360도 리더십'이라고 했다. 전문가들에 의하면 훌륭한 리더는 상하좌우의 원활한 의사소통을 한다고 말한다. 미국의 어느 전기회사에는 원활한 의사소통을 위해 리더의 조건을 다음과 같이 설명했다. '듣기(Listen)', '설명하기(Explain)', '원조하기(Assist)', '토론하기(Discuss)', '평가하기(Evaluate)', '응답하기(Response)'

위의 단어들의 머리글자를 모아 놓으면 'LEADER'가 된다.

우리 그리스도인들은 위로는 하나님과 소통이 잘되고, 아래로는 이웃과 소통이 잘되어야 하나님을 사랑할 수 있고, 이웃을 내 몸처럼 사랑할 수 있다. "유순한 대답은 분노를 쉽게 하여도 과격한 말은 노를 격동하느니라"(잠 15:1)고 했다. 분노를 다스리는 좋은 대화가 있고, 반면에 노를 격동하게 만드는 나쁜 대화도 있다. 소속된 구역이나 기관에서 소통을 잘하는 리더가 되어야 한다.

137. 보약(1) ☕

사람은 누구나 병 없이 오래 살기를 원한다. 특히 우리 한국인들은 몸에 좋다는 것은 물 불 안 가리기로 유명하다. 뱀을 비롯하여 개구리, 미꾸라지, 지렁이, 바퀴벌레, 곰 발바닥, 웅담 등 몸에 좋다고 하면 가리지 않고 먹는다. 거꾸로 생각하면 이는 건강에 대한 염려가 많다는 것을 의미한다. 요즈음 '건강염려증(hypochondria)'에 걸려 있는 사람들이 많다. '건강염려증'은 자꾸 몸이 걱정이 되고 왠지 병에 걸린 것 같거나 곧 병에 걸릴 것 같아 불안해한다.

건강하다는 것은 영과 혼과 육이 모두 건강한 전인적 건강(whole health)을 말하는 것이다. 육체가 건강하기 위해서 바른 식사와 운동이 필요하고, 영이 건강하기 위해서는 하나님의 말씀을 잘 섭취해야 하고, 마음이 건강하기 위해서는 칭찬을 많이 받아야 한다. 우리 한국인들은 칭찬하는 데 인색하다. 이는 칭찬을 받고 자라지 못했기 때문이다. 우리 성도들이 다른 사람을 칭찬하여 다른 사람의 마음을 부요하게 하고, 자신도 다른 사람을 통해 칭찬을 받아 부요해지는 계기가 되었으면 한다.

칭찬(PRAISE)은 마음을 건강하게 하는 보약 중의 보약이다. 칭찬을 잘하면 그 효과는 훨씬 커진다. 효과적인 칭찬의 방법은 다음과 같다. ① 개인적으로 칭찬한다.(Personalize) ② 칭찬거리를 알아내서 칭찬한다.(Recognize) ③ 다른 사람을 통해서 칭찬한다.(Another person) ④ 즉석에서 칭찬한다.(Improvise) ⑤ 구체적으로 칭찬한다.(Specify) ⑥ 표현하여 칭찬한다.(Express)

138. 보약(2)

윌리엄 프라이 박사의 조사에 의하면 어린이들은 하루에 약 300번 정도 웃는 반면, 어른은 약 15번 정도 웃는다고 한다. 우리말에 '일노일노 일소일소'(一怒一老 一笑一少, 한 번 화를 내면, 한 번 늙어지고, 한 번 웃으면 한 번 젊어진다.)란 말이 있다. 또한 '소문만복래'(笑門萬福來, 웃는 가정에 만 가지 복이 들어온다.), '웃으면 복이 온다.'(웃음이 보약, 웃는 것이 신체적으로도 좋으며 화도 면할 수 있다는 말)란 속담도 있다. 그럼에도 불구하고 도대체 웃을 줄 모르는 어른이 우리 주변에는 너무 많다. 그 이유는 "실없이 웃지 마.", "쓸데없이 웃지 마." 등의 부정적인 학습을 받으면서 자랐기 때문이다. 웃지 않는 또 다른 이유는 웃을 일이 없기 때문이기도 하다. 생활 속에서 많은 스트레스로 인해 웃을 마음이 없어지는 것도 웃음이 사라진 한 요인이 된다. 그러나 사람의 대뇌에는 감정조절 중추와 표정조절 중추가 서로 연결되어 있어 서로 영향을 준다. 그래서 일부러라도 웃으면 진짜 웃을 때와 같은 화학반응이 일어나 기분이 좋아진다. 웃음은 마음을 바꾸고, 표정을 바꾸고, 행동과 생각까지 바꾼다. 활짝 웃는 것이 좋지만 그렇지 못하다면 환한 미소라도 짓자.

139. 보약(3) ☕

2005년 5월 31일, 기네스북은 1925년 6월 1일 결혼한 영국인 퍼시 애로스미스(105세)와 그의 부인 플로렌스(100세)가 결혼기간 80년과 부부 나이를 합쳐 205년으로 세계

신기록을 세웠다고 발표했다. 부부가 함께 오래 사는 것도 중요하지만 행복하게 사는 것은 더욱 중요하다. 6월 1일, 80회 결혼기념일을 맞은 애로스미스 부부는 BBC와의 인터뷰에서 "우리는 정말 축복받은 부부라고 생각합니다. 가장 중요한 것은 우리가 여전히 서로를 사랑하고 있다는 거예요."라고 말했다. 그 비결을 묻는 기자에게 부인 플로렌스는 이렇게 대답했다. "우리도 남들처럼 종종 다투곤 했지만 그날을 넘기지 않고 문제를 해결했지요. 화가 난 채로 잠자리에 든 적이 없었습니다. 그래서 늘 키스를 나누며 꼭 껴안은 채 잠들 수 있었답니다. 행복한 결혼생활을 위해서는 배우자에게 '미안하다'고 말하는 것을 결코 두려워해서는 안 됩니다." 부부를 행복하게 만드는 요인 중 기본은 사랑이다. 사랑할지라도 부부 모두 완벽한 사람이 아니기에 잘못을 할 수 있다. 잘못보다 사과하지 않는 것이 더 큰 문제이다.

"너희도 각각 자기의 아내 사랑하기를 자신같이 하고 아내도 자기 남편을 존경하라"(엡 5:33).

140. 보약(4) ☕

누군가와 사랑에 빠지게 되면 평소와는 다른 감정 상태로 접어들게 된다. 하루 종일 설레는 기분이 들기도 하고 과도

한 행복감에 도취되기도 한다. 하지만 때로는 오히려 탈진하듯 기운이 빠지기도 하고 공격적이거나 방어적인 태도를 보이게 된다.

미국 앨버트 아인슈타인 의과대학 연구팀이 대학생들을 대상으로 MRI 스캔을 실시한 결과, 사랑에 빠진 학생들의 뇌에서 코카인을 흡입했을 때 활성화되는 것을 발견했다. 사랑에 빠지면 바보가 된다는 말처럼 집중력을 요하는 일에서 수행하는 능력이 떨어지기도 한다. 또한 연인에게 접근할 가능성이 있는 사람에 대한 적개심이 나타나기도 하며, 사랑하는 사람과 다정하게 팔짱을 끼고 앉아 있으면 모든 고통이 사라지기도 하고, 사랑하는 사람을 위하여 힘든 일도 잘 참기도 한다.

사랑에 빠지면 진통제 역할을 하는 호르몬이 분비된다고 한다. 연애 초기나 짝사랑에 빠지면 열병을 앓는다는 말처럼 이탈리아 피사대학교 연구에 따르면 사랑에 빠지면 강박신경증과 구분하기 어려운 생화학적인 작용이 일어난다고 했다.

예수 그리스도를 사랑하면 오래 참고 친절하고, 시기하지 않으며, 뽐내지 않으며, 교만하지 않고, 무례하지 않으며, 자기의 이익을 구하지 않으며, 성을 내지 않으며, 원한을 품지 않으며, 사랑은 불의를 기뻐하지 않으며, 진리와 함께 기뻐하고, 모든 것을 덮어 주며, 모든 것을 믿으며, 모든 것을 바라며, 모든 것을 견딜 수 있는 묘약이 된다(고전 13:4~7).

141. 행복의 패턴, 불행의 패턴 ☕

"장막 중에서 원망하여 이르기를 여호와께서 우리를 미워하시므로 아모리 족속의 손에 넘겨 멸하시려고 우리를 애굽 땅에서 인도하여 내셨도다"(신 1:27). 이 말씀은 이스라엘 백성들이 가나안을 정탐하고 돌아온 사람들의 부정적인 보고를 듣고서 보인 반응이다. 이스라엘 백성들의 원망은 겉으로 드러난 현상이다. 그 이면에는 '여호와께서 우리를 미워하신다.'는 생각이 있었기에 원망했다.

같은 말이라도 사랑해서 하는 말은 상처가 되지 않을 뿐 아니라 상처가 되었다고 해도 금방 치유된다. 그러나 미워해서 하는 말이라고 생각하면 아무리 좋은 말도 상처도 되는데 이를 '시험에 들었다'고 한다. 하나님께서 자신을 사랑하지 않는다고 생각하면 하나님께 시험이 든다. 목회자가 자신을 사랑하지 않는다고 생각하면 목회자에게 시험이 든다. 선생님이 자신을 사랑하지 않는다고 생각하면 선생님에게 시험이 든다.

당시 이스라엘 백성들은 '미워한다'는 생각이 더 나아가서 '멸하시려고 한다'는 데까지 발전했다. 그래서 하나님께서

애굽 땅에서 출애굽을 시킨 것까지 의심하게 되었다. 그러나 반대로 '하나님은 나를 사랑하신다.'로 생각하면 범사에 감사하게 된다. 하나님께서 자신을 사랑한다고 생각하면 주일을 지키라고 해도 오히려 영광스러운 일로 여긴다. 십일조를 드리라고 해도 하늘 문을 열고 축복해 주시려는 축복의 기회로 여긴다. 전도를 하라고 해도 오히려 하늘의 상급을 많이 받게 하려는 은혜의 기회라고 여긴다.

미움으로 첫 단추를 끼면 불행으로 나아가지만 사랑으로 첫 단추를 끼면 오히려 행복으로 나가게 된다. 출애굽과 홍해 도하의 기적을 경험했었던 자들이라도 '미움'으로 해석할 때 실패했다. 그러므로 미움으로 해석하지 말고 '사랑'으로 해석해야 한다.

142. 소통과 불통

허준의 동의보감에 '통즉불통(通卽不痛), 불통즉통(不通卽痛)'이란 말이 있다. 명의인 허준은 사람 몸의 혈관에 막힌 것을 통하게 해주면 아픈 것이 없어지고, 막혀서 통하지 아니하면 통증이 생긴다고 했다.

우리의 육체만 막히면 고통을 당하는 것이 아니라 인간관계도 마찬가지다. 같은 이불을 덮고 자고, 같은 지붕 아래서 사는 부부라도 해도 불통하면 불행한 생활을 하게 되고, 소통하면 행복한 생활을 하게 된다. 직장에서도 상사와 아랫사람, 동료 간에 소통이 제대로 되지 못하면 직장생활이 힘들어진다.

충청도에서 사람들이 많이 쓰는 말 중에 하나가 '됐슈'라는 말이 있다. 서술문에서는 '좋습니다.', '괜찮습니다.', '참견하지 마세요.' 등으로 쓰이지만 의문문이나 감탄문으로 사용하면 전혀 다른 말이 되기도 한다. 글씨로 쓸 때는 마침표, 물음표, 느낌표를 사용할 수 있지만 말로 사용할 때는 그렇게 할 수 없다. 또한 말의 억양에 따라 그 의미가 달라지기도 한다. 충청도의 한 목회자는 이 말을 이해하는 데 거의 20년이나 걸렸다고 한다. 어찌하였든 간에 소통되지 않으면 오해나 착오를 일으키게 된다. 한 노(老) 목사가 은퇴를 앞둔 후배 목사에게 나이가 들면 말이 많아지므로 주의해야 한다고 신신당부했는데 그 이야기를 한 시간 이상 했다고 한다.

소통을 가로막는 5대 악이 있는데 '혼자 말하기', '상대방의 말을 중간에 자르기', '시선을 돌리고 듣기', '딴짓을 하며 듣기', '건성으로 듣기'라고 한다. 좋은 '소통의 1-2-3 법칙'이 있는데 '한 번 말하고, 두 번 듣고, 세 번의 맞장구 치기'이다. 그 무엇보다도 하나님과 소통하면 만사가 형통하고, 하나님과 불통하면 만사가 어긋난다.

143. 행복한 가난, 불행한 부요(?) ☕

'팝의 황제'로 불린 마이클 잭슨은 여의도보다 더 큰 부지에 집과 놀이공원, 영화관, 동물원, 골프장, 공원, 별장, 수영장, 모노레일 등을 만들고 그곳에 살았다. 1980년대 당시 그것을 만드는데 약 6천억 원이 들었다고 하니 그 규모나 금액이 너무 커 놀라지도 못할 지경이다. 그는 마약 투약으로 인한 심장마비로 2009년에 사망했다. '핵 주먹'으로 불리며 헤비급 복싱 세계챔피언을 지낸 마이크 타이슨은 그 주먹 하나로 '백만장자'만 되어도 부자라고 하는 데 '억만장자'가 되었다. 수영장이 딸린 방만 85개인 큰 집과 45억 원이나 되는 자동차를 타고 다녔다고 한다. 그러나 지금은 모든 것을 잃은 채 미국의 어느 호텔에서 특설 링을 만들어 줘 그곳에서 관광객들에게 권투하는 모습을 보여주며 하루하루 산다고 한다.

돈이 많으면 행복한가? 가난이 불행의 기준이 되거나 부요가 행복의 기준이 될 수 없다. 가난과 부요(富饒)가 행복과 불행을 가르는 기준이 아니다. 가난해도 마음의 그릇에 천국을 담으면 천국의 생활을 누리며 살고, 부요해도 그 마음의 그릇에 지옥을 담으면 지옥과 같은 생활을 하게 된다. 마음의 그릇에 사랑을 담으면 세상살이가 행복해지고, 마음의 그릇에 탐욕을 담으면 세상살이가 불행해진다.

가난한 사람도 부요한 자도 그 마음에 사랑을 담을 수 있고, 탐욕을 담을 수도 있다. 부요하면서도 불행한 사람이 있고, 가난하지만 행복한 사람도 있다. 또한 부요하면서도 행복한 사람이 있고, 가난하면서도 불행한 사람도 있다. 누가복음 16장에는 아브라함처럼 '행복한 부요'를 누린 사람이 있고, 좋은 옷을 입고 날마다 잔치를 벌인 부자처럼 '불행한 부요'의 부자도 있고, 거지 나사로처럼 '가난한 부요'의 사람도 있다. 당신은 지금 어떤 삶을 소망하는가?

144. 불행한 소똥집과 행복한 궁궐(?)

어느 디자이너가 아프리카 마사이족 마을에 비영리단체의 후원을 받아 심플하고 편리한 슬레이트집을 지어 주었다. 그런데 사람들은 그 집을 거들떠보지도 않고 그들이 살았던 소똥집에 살았다. 그 이유인즉 '예쁘지 않다'는 것이다. 마사이족들은 자신들이 소똥으로 만든 흙집을 '아름다운 집'이라고 부르고 있다. 그곳에 사는 아이들에게 '너, 행복하냐?'라고 물었더니 조금도 주저하지 않고 '네. 행복해요.'라고 대답했다고 한다.

스리랑카의 하늘에 떠 있는 난공불락의 왕궁 '시기리야'(사자바위란 뜻)가 있다. 광활한 밀림 평원 속에 우뚝 솟은 거대한 바위 위에 지은 궁전은 5세기경 싱할라 왕조의 카샤파 1세가 지었다. 해발 370미터밖에 되지 않지만 사방이 낭떠러지이고, 주변에 아무런 높은 봉우리가 없어 천혜의 요새 궁전이다. 카샤파는 어머니가 평민이었고, 그의 동생 목갈리나는 어머니가 왕족이었다. 출신 성분이 동생에 뒤지기 때문에 카샤파는 왕위를 동생이 물려받을지 모른다는 불안감으로 자기 아버지를 죽이고 왕위에 올랐다. 그러나 목갈리나에게 왕위를 빼앗길까 두려워서 사자바위 위에 요새 궁궐을 짓고 자리를 지키려고 했다. 하지만 결국 그는 자결하고 말았다.

성경에 나오는 헤롯은 마사다에 피난처를 만들었는데 이 요새는 해발 430여 미터인 절벽 위에 지어졌다. 이 요새는 특별한 지형 덕분에 세계 최강 로마 10군단이 이곳을 포위하고도 2년 동안 쉽게 함락하지 못했다. 카샤파는 불안감으로 '시기리야'를 지었고, 헤롯은 불안감으로 '마사다' 요새를 구축했다. 소똥집에서도 행복한 사람이 있는가 하면, 요새를 짓고도 불안한 사람이 있다. "마른 떡 한 조각만 있고도 화목하는 것이 제육이 집에 가득하고도 다투는 것보다 나으니라"(잠 17:1).

145. 차별 ☕

흑인 아이가 학교에서 얼굴이 검다고 차별을 당하고서 집으로 돌아와 하얀 페인트를 몸에 칠한 후에 엄마에게 "엄마, 저 이제 백인이 되었어요."라고 하자 "야, 인마, 빨리 안 씻어!"라는 야단을 맞았다. 흑인 아이는 아빠에게 달려가 "아빠, 저 이제 백인이 되었어요."라고 하자 "야, 인마, 페인트를 칠한다고 흑인이 백인 되냐?"며 뒤통수를 한 대 얻어맞았다. 그 아이는 '백인이 된지 10분도 안 되었는데 깜둥이들이 벌써 싫어하는구먼.'이라고 중얼거리면서 자기 방으로 들어가 버렸다.

차별은 특정 기준에 따라 특정한 사람을 우대하거나 배제 또는 불리하게 대우하는 행위이다. 신라에는 경주에서 나고 자란 왕족, 지배층과 신라에 복속된 피지배층이 관직에 진출할 때 진급의 상한선을 두기 시작하면서 만들어진 계급제도인 골품제도가 있었다. 조선시대에는 유교의 영향으로 직업에 따른 '사농공상(士農工商)'의 신분제도가 생겨나면서 신분 차별이 있었다. 인도에는 특유의 세습적 신분제도인 카스트 제도가 있다. 전설에 따르면 신의 입에서 '브라만'(승려, 교육자), 팔에서 '크샤트리아'(왕, 군인, 귀족), 허벅지에서 '바이샤'(상인, 농민), 발에서 '수드라'(노동자)가 나왔다고 한다. 이에 속하지 않는 다섯 번째 계층은 '달리트(Dalit)' 또는 '불가촉천민(untouchable)'이라 불린다. '제 5계급'에 해당하는 불가촉천민은 인도 인구의 약 15%에 해당하고 있다. 일본에도 가장 최하층에 위치하던 '부락민(部落民, 일본어로는 부라쿠민)'은 인간이 아니라는 의미의 '히닌(非人)'으로 불렸다. 지금도 부라쿠민은 조선의 백정, 노비 또는 인도의 불가촉천민과 다를 바 없는 존재로 차별을 받고 있다. 모든 곳에 차별이 있지만 '하나님은 사람을 차별하지 않으신다.'(행 10:34, 현대인의 성경)

146. 칭찬을 사모하는 인간

'꽃뱀'과 '제비'의 차이점은 꽃뱀은 여자 쪽을 칭하며, 제비는 남자 쪽을 일컫는다. 둘의 공통점은 '유혹의 달인', '칭찬의 신', '작업의 고수'들로서 상대방의 금품을 갈취한다. 그들은 절대 비난하지 않고 칭찬한다. '말이 많은 사람'을 볼 때 '사교성이 탁월하다'고 하고, 고집 센 사람을 볼 때 '당신은 참으로 주관과 소신이 뛰어나다'고 하고, 설치는 사람을 보고서도 '이 사회에 꼭 필요한 적극적인 사람이다.'라고 하고, 게으른 사람을 볼 때도 '당신은 참으로 여유를 아는 사람이다'라고 한다. 꽃뱀과 제비들의 표적이 되면 대부분 넘어간다고 한다.

한 나라가 어느 작은 나라를 쳐들어 갈 준비를 하고 있었다. 이에 작은 나라의 왕은 승산이 없음을 알고서 사신을 보내어 전쟁을 막으라고 했다. 사신은 그를 찾아가서 "폐하! 제가 보니 우리 왕은 초승달 같고, 대왕은 보름달 같은 왕이신데 보름달 같은 대왕이 초승달 같은 왕을 쳐서 무엇을 하시겠습니까?" 이 말을 들은 왕은 기분이 좋아서 전쟁을 포기했다. 작은 나라의 왕은 전쟁을 멈추게 하고 돌아온 사신을 치하하면서 상을 주었다. 그리고 다시 칼을 빼어 "너는 저쪽 왕을 보름달로, 나를 초승달로 비유하여 나를 무시한 죄로 너는 죽어 마땅하다."고 했다. 그때 사신은 "그러나 보름달은 점점 작아지는 달이지만 초승달은 점점 커지는 달이 아닙니까?"라고 말하였다. 이 말을 듣고 왕의 분노가 풀렸다고 한다.

왜 사람들은 칭찬을 들으면 좋아하는가? 매슬로우(Abraham Harold Maslow)는 이를 '존경 욕구'(Esteem Needs)라고 했는데 이는 다른 말로 인정받고 싶어 하는 '승인 욕구'라고 할 수 있다. 하나님은 "도가니로 은을, 풀무로 금을, 칭찬으로 사람을 단련하느니라"(잠 27:21)라고 말씀하신다.

147. 똑똑한 사람, 따뜻한 사람 ☕

우리나라 성인남녀 2,290명을 대상으로 진행된 한 설문 조사에 따르면 응답자의 52.9%가 '지금 행복하지 않다.'고 했다. 곧 성인의 절반 이상이 자신은 행복하지 않다고 답한 것이다. 응답자의 58.5%는 행복을 결정하는 요인으로 경제적 여유를 꼽았다. 하지만 중국 최고의 부자인 마윈 알리바바 그룹 회장은 2014년 미국 CNBC와의 인터뷰에서 "이번 달, 나는 하루하루가 전혀 기쁘지 않았다."고 했다. 경제적인 부요함이 행복과 직결되지는 않는 예라고 할 수 있다.

『왜 똑똑한 사람들은 행복하지 않을까』의 저자 라즈 라후나탄은 똑똑하고 능력이 있다고 해서 모두 행복하지 않다고 말한다. 박사 학위를 가지고 있으면서도 불행하게 사는 사람이 있고, 학교 문턱에도 못 갔는데도 행복하게 사는 사람이 있다. 보석으로 치장하고도 불행하게 사는 사람이 있고, 꿰맨 옷을 입고도 행복하게 사는 사람이 있다.

지능지수(IQ; Intelligence Quotient)는 지적 능력을 말하고, 감성지수(EQ; Emotional Quotient)는 원만한 관계를 유지하는 감성 능력을 말한다. 현용수는 『IQ는 아버지 EQ는 어머니 몫이다』에서 감성 능력의 중요성을 강조하고 있다. EQ가 높은 사람은 따뜻한 가슴으로 공감하므로 트러블 메이커(trouble maker)가 아니라 분위기 메이커(mood maker)가 된다. EQ가 높은 사람은 좋은 인간관계로 성공확률과 행복지수도 높아진다는 것은 이미 널리 알려진 사실이다. 반면 지능적인 범죄자의 대부분은 감성지수(EQ)는 낮고, 머리(IQ)만 좋은 집단에서 많이 발생한다고 한다. 똑똑해서 실패하는 사람들의 특징 중 하나는 따뜻하지 않기 때문이다. 이 시대는 마음이 따뜻한 사람이 더 필요하다. 빛과 소금인 우리 그리스도인들이 세상에서 똑똑하면서도 따뜻한 사람으로 살 수는 없을까?

148. 당신은 좋은 남편을 만났다고 생각하는가?

노부부가 가파른 언덕을 오르고 있었다. 할머니가 힘이 들어 할아버지에게 자기 좀 업어 달라고 했다. 할아버지는 체면상 할 수 없이 업었다. 그런데 등에 업힌 할머니가 미안해서 귓속말로 "무겁지요?"라고 했다. 그러자 할아버지는 담담한 목소리로 대답했다. "그럼! 무겁지. 얼굴은 철판이고, 머리는 돌이고, 간땡이는 부었으니 무겁지." 이번에는 지친 할아버지가 말했다. "이제 할멈이 나 좀 업어 줄래?" 할머니는 기가 막혔지만 그래도 할아버지를 업었다. 그러자 할아버지가 "어때? 생각보다 가볍지?"라고 했다.

이에 할머니는 "가볍지. 머리는 텅 비었고, 허파는 바람만 들었고, 양심도 없고, 싸가지도 없으니 가벼울 수밖에."

우리들에게 익숙한 "잘했군 잘했어"라는 노래가 있다. 그 가사를 보면 '영감 왜 불러/ 뒷뜰에 뛰어 놀던/ 병아리 한 쌍을 보았소/ 보았지/ 어쨌소/ 이 몸이 늙어서 몸 보신 할려고 먹었지/ 잘했군 잘했어/ 잘했군 잘했군 잘했어/ 그러게 내 영감이라지…' 이는 영감과 할멈이 장단 맞춰 주거니 받거니 부르는 노래이다. 나이가 들수록 존경의 소통이 필요하다. 부부라고 할지라도 공감의 소통이 필요하다.

가정 상담가 딘 마틴은 아내들에게 '당신은 좋은 남편을 만났다고 생각하는가?'라는 질문을 했다. 이에 결혼 1년이 지난 아내들은 98%가 '예'라고 대답했고, 2년이 지난 아내들은 절반 조금 넘는 56%만 '예'라고 대답했고, 10년이 지난 아내들은 겨우 6%만 '예'라고 대답했고, 20년이 지난 아내들은 무려 95%가 '예'라고 했다고 한다. 딘 마틴은 부부가 상대를 이해하고 서로 하나가 되려면 적어도 20년은 걸린다고 했다. 『사랑하면 통한다』의 저자 박재연은 바른 소통은 진실한 사랑이 기초할 때 가능하다고 했다.

149. 사랑은 모든 허물을 가리운다 ☕

흔히 사랑에 빠져서 합리적 판단을 잃거나 맹목적으로 행동하게 될 때 '눈에 콩깍지가 씌었다'고 한다. 콩깍지가 씌이면 최고로 멋있고 예쁘다고 한다. 콩깍지가 씌이면 매너가 없어도 터프하다고 생각하고, 고집을 부려도 자기주관이 뚜렷하다고 생각하고, 말이 적어도 과묵하다고 생각하고, 돈을 잘 써도 헤프다는 생각이 들지 않고 돈을 쓸 줄 아는 사람이라고 생각한다.

'눈에 콩깍지가 씌었다'는 것을 전문적인 용어로 '비어 고글 효과(beer goggles effect)'라고 한다. 이는 어느 정도 술을 마시면 못생긴 상대가 멋있게 보이기 때문에 생긴 말이다. 또한 '핑크 렌즈 효과(pink lens effect)'라고도 한다. 핑크색 안경을 쓰면 세상이 온통 핑크빛인 것처럼 상대가 멋있고 예쁘게 보이게 되기에 생긴 말이다.

사랑하게 되면 페닐에틸아민 수치가 올라가면서 행복함을 느낀다. 흥분과 긴장 그리고 유쾌함까지 함께 나오기 때문에 상대의 결점이 눈에 보일 리가 없다. 페닐에틸아민은 도파민과 세로토닌, 엔돌핀 등 행복감과 쾌감을 일으키는 호르몬들의 분비를 촉진 시키는 작용을 한다. 그래서 사랑에 빠지면 눈이 멀게 되는 것이다(Love is blind.). 마약을 하면 흔히 구름 위를 걷는 기분이라고 한다. 사랑에 빠지면 이와 유사한 증상이 나타난다. 사랑에 빠지면 마약의 주성분인 페닐에틸아민이 분출되기 때문이다. 마약은 흥분작용과 함께 부분적으로 인지 감각을 둔하게 만든다. 페닐에틸아민의 호르몬이 소진되면 정을 느끼게 하는 옥시토신이라는 편안함을 느끼는 호르몬이 나온다고 한다. 그러므로 신혼시절에는 콩깍지에 씌어서 깨소금을 볶으며 살고, 신혼이 지나면 정으로 살게 된다. 잠언에서 사랑은 모든 허물을 가리운다고 했다(잠 10:12).

150. 쉬어도 피곤한 사람, 일해도 활기찬 사람

고대 사회로부터 사람들은 해가 뜨면 일어나서 일하고, 해가 떨어지면 하던 일을 멈추고 잠자리에 들었다. 곧 노동은 생활의 필요를 채우는 수단이 되었고, 쉼은 노동을 가능하게 하는 원동력이 되었다. 노동 없이 쉼만 있으면 바른 쉼이 되지 않고, 쉼이 없는 노동은 바른 노동이 되지 않는다. 노동과 쉼은 별개가 아닌 상호보완적이다. 노동과 쉼은 창세 이후로 지금까지 계속되어 오고 있다.

하나님께서는 아담과 하와을 지으신 후에 '땅을 정복하라', '모든 생물을 다스리라'(창 1:28)고 했으니 이는 '노동'에 해당한다. '엿새 동안 열심히 일하고 일곱째 날은 아무 일도 하지 말라'(출 20:9~10)고 했으니 이는 '쉼'에 해당한다. 노동과 쉼은 바로 창조의 질서이다. 그러나 많은 현대인들이 쉬어도 쉰 것 같지 않고, 아무 것도 하지 않았는데도 피곤하다고 말한다. 잠을 자도 깊이 잠들지 못하고, 깨어 있어도 오만가지 생각과 근심, 걱정, 불안감 때문에 편안하지 않다고 한다.

이시형은 그의 책 『쉬어도 피곤한 사람』에서 그 원인이 '육체의 피로'가 아닌 '뇌 피로' 때문이라고 했다. 뇌의 피로는 몸을 쉬게 해도 쉽게 풀리지 않기 때문에 육체적인 피로 회복과는 다른 차원의 휴식이 필요하다고 했다. 육체적인 피로를 해결하는 방법과 뇌와 마음의 피로나 영혼의 피로를 푸는 방법은 같지 않다.

우리는 하나님의 일하심에 동참할 뿐 아니라, 하나님의 쉼에도 동참해야 한다. 쉼 없는 노동은 창조질서에 반하는 것이며, 좋지 못한 결과를 초래한다. 하나님의 쉼에 동참할 때, 영혼이 잘되고, 범사가 형통하고, 육체적으로 강건함이 가능해진다. 하나님의 창조 원리에 따라 사람은 안식일을 지킴으로 하나님의 쉼에 동참할 수 있으며, 그 쉼을 통해 창의적 노동에 필요한 새 힘을 얻을 수 있다.

복음에는 하나님의 의가 나타나서
믿음으로 믿음에 이르게 하나니
기록된 바 오직 의인은
믿음으로 말미암아 살리라 함과 같으니라
- 로마서 1장 17절 -

PART
07

복음. 진리를 새기다

151. 세상에서 제일 악한 놈

앗시시 프랜시스에 대해 전해오는 이야기가 있다. 그는 '작은 예수'라는 소리를 듣고 많은 사람들에게 존경을 받았던 훌륭한 사람이었다. 그의 제자 중 한 사람이 한번 환상 중에 하늘나라에 갔다. 하나님과 예수님이 보좌에 앉아 계시고 그 앞에 구원받은 모든 성도들이 둘러서 있는데 보좌 하나가 비어 있었다. 그래서 예수님께 왜 이 자리는 비어 있느냐고 물었더니 그 자리는 너의 선생 프랜시스가 오면 앉을 자리라고 했다. 그는 예수님께 어떻게 우리 선생님이 이렇게 높은 자리에 앉을 수 있느냐고 물었더니 예수님께서 세상에서 프랜시스만큼 겸손한 자가 없기 때문이라는 말씀을 들은 후에 환상에서 깨어났다.

이 제자는 자기 선생님을 한번 시험해 봐야겠다고 생각을 했다. 그는 프랜시스에게 가서 "선생님은 자기 자신에 대해서 누구라, 또는 무엇이라고 생각하십니까?"라고 물었다. 이에 프랜시스는 말하기를 "나는 세상에서 제일 악한 놈이다."라고 했다. 그는 자신을 사람이라고도 하지 않고 '놈'이라고 했다.

제자는 아무리 생각을 해 봐도 그 말은 사실이 아니었다. 그래서 정색을 하면서 그 말은 말도 안 되는 새빨간 거짓말이라고 했다. 그러자 프랜시스도 정색을 하면서 "너는 내가 하나님께 받은 그 은혜가 얼마나 큰지 알고 있지 않은가? 만약 이 세상에서 제일 악한 사람에게 내가 받은 은혜를 주었다면 그 사람은 분명히 나보다 10배나 더 훌륭해졌을 거야. 그러니 결국 내가 바로 세상에서 제일 악한 놈이지."라고 했다.

그 제자는 그 말을 듣고 비로소 하나님이 자기 선생님에게 귀한 자리를 비워두신 것을 깨닫게 되었다고 한다. 그 후 프랜시스 앞에 무릎을 꿇고 평생을 스승으로 섬기고 따르기로 했다. "겸손과 여호와를 경외하는 보상은 재물과 영광과 생명이니라"(잠 22:4)고 했다.

152. 부정적인 계명, 긍정적인 계명

마태복음 22장과 마가복음 12장에는 당시 유명한 3대 논쟁이 기록되어 있다(마 22:15~40; 막 12:13~34). 첫째는 '가이사에게 세금을 바치는 게 옳은가, 아닌가?'에 대한 납세논쟁이 있다. 둘째는 한 여인이 일곱 형제와 살았는데 부활할 때에 누구의 아내가 되느냐?'는 부활논쟁이 있다. 셋째는 '큰 계명이 무엇이냐?'고 하는 큰 계명 논쟁이 있다.

3대 논쟁에서의 질문자의 의도는 모두 예수님을 넘어뜨리고자 함이다. 3대 논쟁 중에 가장 큰 계명이 무엇이냐고 물었을 때 예수님은 '첫째는 주 너의 하나님을 사랑하라 하신 것이요 둘째는 네 이웃을 네 몸과 같이 사랑하라 하신 것이라'고 했다.

당시 그 질문을 한 서기관은 당시 율법(토라)의 조문을 모두 알고 있었을 것이다. 유대에는 613가지의 '미츠보트' (תבצים, 계명)라고 부르는 율법의 조문이 있었다. 이 중에 365가지는 부정적인 계명(명령)이고, 248가지는 긍정적인 계명(명령)이다.

유대인들은 하나님이 주신 '토라'(הרות, Torah, 율법)는 모세오경을 말하는 것으로 모세오경(창세기, 출애굽기, 레위기, 민수기, 신명기)에 613개의 미츠보트가 있다고 여긴다. '미츠보트'의 내용 중에는 일부가 겹치기도 하는 데 '안식일에 쉬라'는 것은 긍정적인 계명이고, '안식일에 일하지 말라'는 것은 부정적인 계명이다.

613개의 상세한 계명이 100% 일치하는 것은 아닐지라도 미츠보트가 613개라는 데는 일치하고 있다. 유대인들은 이 숫자를 매우 중요하게 여기는데 그것은 '토라'(Torah, 율법)란 단어의 알파벳을 수치로 표시했을 때 나타나는 수치이기도 하다.

153. 가장 필요한 금

에티오피아의 다나킬(Danakil)에 소금 사막이 있다. '죽음의 땅'으로 불리는 소금 사막 다나킬은 해발 고도(海拔高度)보다 120m 낮은 저지대이며, 면적은 약 1,200㎢이고, 호수가 말라 소금 사막이 되었다. 아직도 화산활동이 활발하여 여름 기온이 50~60℃까지 올라가는 곳이다. 그곳에는 소수의 아파르 족이 살고 있는데 이들은 소금으로 이루어진 돌과 바위인 암염를 채취하며 살고 있다.

사막에서 인부들이 소금을 채취하면 그 채취한 소금을 낙타에 싣고 이동한다. 그들은 소금을 운반하기 위해서 천 년 전부터 낙타를 이용했다. 이 전통이 지금까지 이어져 지금도 낙타 한 마리가 40~50kg의 소금을 짊어지고 간다. 소금이 생산되는 다나킬 분지는 원래 아파르족의 땅으로 그들은 천 년 전부터 그 땅에서 살아왔다. 그들이 이런 척박한 땅에서 살아올 수 있었던 것은 소금 때문이었다.

세상에서 '가장 비싼 금'은 '황금'이고, '가장 소중한 금'은 '지금'이고, '가장 필요한 금'은 '소금'이라는 말이 있다.

소금은 '염화나트륨(NaCl)'인데 인간의 생명과 밀접한 관계를 갖는 중요한 자원이다. 소금은 짠맛이 나며 생선·고기의 보존과 방부작용 외에 식품의 맛을 돋우는 조미료 역할을 한다. 소금은 음식의 맛을 돋보이게 하고, 과일에 들어가면 단맛을 더 강하게 한다. 고대 이집트에서는 시체를 소금물에 담가 미라의 부패를 막았고, 이스라엘에서는 비료로 쓰였다.

한국에서는 나쁜 것을 쫓는 데 소금을 뿌리는 관습이 있다. 일반적으로 소금에는 해염으로 불리는 천일염(天日鹽), 돌덩이 형태의 암염(巖鹽), 꽃소금으로 불리는 재제염(再製鹽), 각종 불순물을 제거한 정제염(精製鹽), 대나무를 이용해 만든 죽염(竹鹽) 등이 있다. 아무리 좋은 소금이라고 할지라도 맛을 잃으면 쓸모없어서 버려지고 발에 밟힐 뿐이다(마 5:13).

154. 코로나 신조어

서울에 강남지역이 개발되면서 '졸부', '복부인', '프리미엄', '오렌지족', '야타족', '교육특구', '강남키즈' 등과 같은 신조어가 나타났다. 신조어(新造語, Neologism)는 마치 외계인들이 쓰는 언어처럼 이해할 수 없는 경우도 많다. 쉬운 예를 들면, '볼매'(볼수록 매력 있는 사람), '혼밥'(혼자 밥 먹는 것), '혼술'(혼자 술 마시는 것), '금손'(손재주가 많은 손), '똥손'(금손의 반대말), '알부자'(알바로 부족한 학자금) 등 일일이 언급하기 어려운 정도로 많다.

최근 코로나의 장기화로 인하여 여러 코로나 신조어들이 나타나고 있다. 예를 들면, '돌밥돌밥'(주부들이 재택근무 또는 온라인 수업 때문에 '돌아서면 밥하고, 돌아서면 밥하고'의 줄인 말), '확찐자'(코로나로 인한 운동량 감소로 살이 확 찐 사람), '살천지'(코로나로 인해 살이 많아졌다는 말), '작아격리'(자가격리로 인해 살이 쪄서 옷이 작아졌다는 말), '금스크'(마스크 구입이 어려워 마스크가 금처럼 되었다는 말), '턱스크'(호흡 불편으로 턱에 걸친 마스크)라는 말을 대부분 들었을 것이다. 코로나로 인한 심리적 현상과 관련된 신조어도 있다. '코로나 블루'(코로나로 생긴 우울감), '코로나 앵그리'(코로나로 인한 분노), '코로나 블랙'(코로나로 인한 죽음에 준하는 고통), '코로나 패닉'(코로나로 인한 공황상태) 등도 있다.

다윗은 많은 고난을 겪은 후, "고난당한 것이 내게 유익이라"(시 119:71)라고 했는데 그 말이 후대까지 유행하게 되었고, 솔로몬의 '이 또한 지나가리라'는 말도 지금까지 많은 사람들의 입에 오르내리고 있다.

신조어 중에는 부정적인 신조어, 긍정적인 신조어, 신앙적인 신조어가 있다. 성도들은 자신의 입술의 모든 말과 마음의 묵상이 주께 열납되는 줄 믿고 믿음의 언어를 써야 한다(시 19:14).

155. 찬송의 능력 ☕

어떤 성도가 현관문을 붙잡고 찬송하고 있었다. 그 모습을 본 집사님이 무슨 일이냐고 물었더니 시장에 갔다가 오는 길에 열쇠를 잃어버려서 그런다고 했다고 한다. 현관 열쇠를 잃어버렸으면 열쇠가게에 전화해서 열어 달라고 해야지 왜 손잡이를 붙잡고 찬송하고 있느냐고 물었다. 그랬더니 그는 지난 주일에 바울과 실라가 감옥에서 찬송했을 때 그 문이 열렸다는 설교를 들었기 때문이라고 했단다. 한 목사님이 심방을 가다가 보니 나이 많이 드신 집사님이 유치원의 놀이터에서 놀고 있더란다. 혼자 사시는 분이라서 손주를 기다리고 있는 것도 아닌데 무슨 일인지 궁금하여 그곳에서 뭐 하시고 있느냐고 물었단다. 그랬더니 지난 주일에 목사님이 어린아이와 같이 되지 않으면 천국에 들어가지 못한다는 말씀을 하셨기 때문이라고 하더란다. 현관문을 붙잡고 기도하는 성도나 유치원 놀이터에서 놀고 있는 집사님이나 바른 태도는 아니지만 그 마음만은 너무 순수하고 아름답지 않은가?

찬송은 현관문이 닫혔을 때 문을 열리게 하는 도깨비 방망이가 아니다. 찬송은 하나님의 은혜를 기리어 노래하는 것을 말한다. 그러므로 마음을 다해 찬송할 때 하나님께서 기뻐하신다(시 50:23). 또한 어린아이와 젖먹이가 찬송할 때 원수들과 보복자들이 잠잠하게 되고(시 8:2), 오묘한 말씀이 풀리고(시 49:4), 하나님의 구원을 보게 되고(시 50:23), 하나님의 궁정에 들어가게 한다(시 100:4)고 한 대로 찬송은 하나님의 임재하심으로 들어가게 한다. "네 성문을 찬송이라 부를 것이라"(사 60:18)고 했기에 찬송을 통해 하나님의 성 안으로 들어가게 된다. 그러므로 입술로만 찬송하지 말고 마음으로 해야 한다. 찬송은 소리로만 하는 것이 아니라 믿음으로 하는 것이다. 찬송은 예배시간에는 하는 것이 아니라 생활 속에서도 하는 것이다.

156. 넝쿨째 굴러 들어온 복을 차 버린 사람 ☕

우리말에 "호박이 넝쿨째 굴러 떨어졌다."는 속담이 있다. 이는 기대하지 않았던 좋은 일이 생기거나 또는 재물을 얻었을 때 하는 말이다. 호박은 칼로리가 적고 식이섬유가 풍부하여 다이어트에 좋고 소화 흡수가 잘 되고, 베타카로틴이 풍부하여 피부미용에 좋고, 당뇨병을 예방에도 효과가 있다고 한다. 또한 호박에 칼륨이 풍부하여 나트륨을 배출시켜 고혈압을 개선시켜 주고 비타민 A와 C가 풍부하여 면역력을 높이는 효과가 있다고 한다. 더 나아가 늙은 호박은 이뇨 작용과 해독 작용이 뛰어나 산후 부기 제거에 효과가 좋다고 한다. 늙은 호박의 씨는 필수 아미노산과 비타민 E가 풍부하여 뇌의 혈액순환과 두뇌 발달에 좋다고 한다. 호박은 잎, 줄기, 꼭지, 씨 등이 모두 식용 또는 약용으로 이용되기에 버릴 것이 없는 식물이다. 그래서 뜻하지 않은 좋은 일이 생겼을 때 이 말을 한다.

조앤 K. 롤링은 텔레비전 저널리스트인 조지 아란테스를 만나 결혼했다. 그러나 그녀는 남편의 가정폭력으로 그 다음 해에 이혼했다. 하지만 롤링은 『해리포터와 마법사의 돌』(일명 해리포터)을 완성했다. 해리포터는 시리즈로 7권이 나왔고, 영화로도 제작되어 입장권 판매수입이 한화 6조 7천 7백억에 이르렀고, 책은 무려 4억 5천 만부가 판매되었다. 그녀의 재산은 1조 169억 원(2010년 통계)이라고 한다.

아란테스는 조금만 참았더라면 자신이 몸담았던 텔레비전 방송국을 통째로 살 수도 있었을 것이다. 넝쿨째 굴러 들어온 복을 차버린 사람이 어찌 이 사람뿐이랴.

유다는 은 30개에 영광스런 사도의 복을 차버렸고, 에서는 팥죽 한 그릇에 장자의 복을 차버렸고, 룻기에 나오는 기업 무르기 1순위였던 '아무개'(룻 4:1) 씨는 룻의 요청을 거절하므로 다윗의 조상, 예수 그리스도의 조상이 될 수 있는 기회를 걷어차 버리고 말았다.

157. 된장 장인 ☕

어떤 사람이 처음 교회에 나와 예배하는 중에 설교하는 목사님이 성경에 기록된 '믿음장'에 주목하면 신앙생활을 잘할 수 있다는 말씀을 듣게 되었다. 그는 된장 장인임에도 한 번도 들어보지 못한 장이 있다는 말씀에 귀가 번쩍 뜨였다. 된장에는 비지장, 청국장, 즙장, 담북장, 막장, 막된 장, 두부장, 토장, 어육장, 생황장, 쌈장 등 많은 된장이 있지만 목사님이 말씀하신 된장은 도대체 어떤 것일까 궁금하기 시작했다.

그는 '믿음장'을 '미듬장'으로 알아들었던 것이다. 그는 설교시간 내내 '미듬장'(?)은 도대체 어떤 된장인가? 그 재료를 어떤 것인가? 그 된장은 어떻게 만드는지 궁금했다.

예배가 끝나자마자 체면불구하고 옆 사람에게 '미듬장'이 어디 있느냐고 물었더니 성경 히브리서 11장에 있다고 했다. 집에 도착해서 성경을 뒤지기 시작했다. 한참 뒤지다 보니까 성경책 끝 부분에 있었다. 또 11장을 찾아서 읽어보고 또 읽어보았지만 '미듬장'이라는 된장을 찾을 수가 없었다. 그래서 잘못 읽었는가 하여 여러 번 읽고 또 읽었다. '믿음으로'만 나오지 된장에 대한 말을 도무지 찾을 수가 없었다. '믿음으로 아벨은', '믿음으로 에녹은', '믿음으로 노아는', '믿음으로 아브라함은', '믿음으로 이삭은', '믿음으로 야곱은', '믿음으로 요셉은', '믿음으로 모세는'이라는 말씀을 읽고 또 읽다 보니 아벨, 에녹, 노아, 아브라함, 이삭, 야곱, 요셉, 모세 등이 어떤 사람인지 궁금했다. 그래서 성경을 처음부터 읽기 시작했다. 성경을 읽어 보니 그 사람들의 생애가 너무 재미있었다. 그 결과, 그는 성경에서 '미듬장'을 찾으려 했으나 그 된장을 찾지 못했다. 그러나 그보다 훨씬 더 귀한 하나님을 찾게 되었다.

158. 허세 ☕

옛날 어느 마을에 허세를 부리는 한 양반이 있었다. 그는 한양에 갔을 때 날이 저물어 주막을 정하고 하룻밤을 묵기로 했다. 아침에 일어나 헛기침을 하자 주막 하인이 세숫물을 대령했다. 세수를 하려고 하니 세숫대야 옆에 생전 보지 못하던 물건이 하나 놓여 있었다. 한양에서는 세수하기 전에 이런 것을 먹는구나 생각하고 한 입 덥석 물었지만 단단하고 별 맛이 없었다. 본래 맛이 그러려니 하고 넘어가려는데 하인이 그 광경을 보고 깜짝 놀라며

"나으리, 이건 음식이 아니라 비누입니다. 세수할 때 쓰시라고 두었더니 드시면 어떡합니까?"

그러자 이 바보 양반은 점잖게 이렇게 대답했다.

"예끼, 이 녀석아! 너희 같은 상놈은 거죽만 씻지만 우리 같은 양반은 속을 씻어야 되느니라."

'양반은 곧 죽어도 양반', '얼어 죽어도 겻불은 안 쬔다.', '물에 빠져도 개헤엄은 안 한다.', '안 먹어도 긴 트림한다.', '냉수를 마시고도 이쑤신다.', '내일 굶어 죽더라도 오늘 에 헴 한다.' 이런 속담들은 양반들의 허세를 꼬집고 있다.

허세는 실속 없이 과장되게 부풀린 기세를 말한다. 양반들에게만 허세가 있는 것이 아니다. 세상 사람들에게만 있는 것이 아니다. 남자들에게만 있는 것이 아니다. 높은 사람들에게만 있는 것이 아니다. 누구에게나 있다. 하지만 메난드로스는 "용기를 가지되 허세를 부리지 말라"고 했다. 성경은 "하나님의 능하신 손 아래에서 겸손하라 때가 되면 너희를 높이시리라"(벧전 5:6) "교만은 패망의 선봉이요 거만한 마음은 넘어짐의 앞잡이니라"(잠 16:18)고 했다.

159. 갈라파고스 신드롬(Galapagos syndrome)

'갈라파고스 신드롬(Galapagos syndrome)'이라는 말을 들어본 적이 있는가? 찰스 다윈의 진화론에 영향을 준 갈라파고스 제도는 남아메리카 동태평양에 있는 에콰도르 령의 10여 개의 섬들을 가리킨다. 아메리카 대륙으로부터

1,000km 정도 떨어져 있어서 그 제도에는 고유한 생물들이 많다. 찰스 다윈 진화론에 영향을 준 것으로 유명한 이곳을 '살아 있는 박물관'이라고 부르고 있다. 그러나 외부와의 접촉이 이루어지면서 이곳에 서식하고 있던 많은 동물 가운데 멸종되는 일이 생겼다.

나쓰노 다케시(夏野剛) 게이오대 교수는 일본 휴대폰 업체들이 세계 시장에서 고립되어 일본 내에서만 팔리는 제품을 만들면서 세계 시장 진출에 실패한 것을 '갈라파고스 신드롬'이라고 하였다.

미국에서는 130년 넘는 역사를 가진 필름의 대명사 코닥이 결국 파산보호 신청을 냈다. 법원이 이 신청을 받아들이면 법원 보호 하에 운영을 계속하면서 자산을 팔아 빚을 정리하고 사업을 재편하게 되었다. 코닥은 1975년 세계 최초의 디지털 카메라를 발명하였으나 이것이 당시 주력품목인 필름의 매출을 잠식할 거라는 두려움에 상품화하지 않은 결과로 글로벌 경쟁을 견뎌 내지 못하고 몰락하게 되었다.

바리새인들과 서기관들은 하나님의 아들 예수님께서 자기 땅에 오셨음에도 그분을 영접하지 않고 배척하여 십자가에 못 박아 죽였다. 예수님께서 말씀하신 대로 그들은 예루살렘 성전이 불에 타고 돌이 돌 위에 남지 않고 무너지는 것을 직접 목격하였다. 현재 예루살렘 성전은 '통곡의 벽'으로 불리는 서쪽 벽 일부만 남은 채 역사 속으로 사라지고 말았다.

주님과의 동행을 외면하면 고립을 자초하는 것이요, 자초한 고립은 몰락으로 가는 지름길임을 잊지 않아야 한다.

160. 개 같은 목사

어떤 목사가 교인이 준 강아지 한 마리를 기르게 되었다고 한다. 개를 키우면서 생활하다 보니 개의 친화력에 감탄을 하게 되었다. 방과 거실에서 난리를 피우다가도 주인 품 안에 안기면 금방 순한 양이 되고, 편안히 잠이 들어 버린다. 외출할 때는 풀이 죽어 구석에 처박혀 있다가도 돌아오면 토라지거나 삐치지도 않고 반가워 미칠 듯이 달려든다. 하루에 몇 번씩 만나도 언제 그랬냐는 듯이 반가워 사족을 못 쓴다. 강아지가 잘못을 저질러서 야단을 쳐도 돌아서면 언제 그러했느냐는 듯이 꼬리치며 달려든다. 말을 안 듣고 말썽을 부릴 때 보신탕집에 팔아먹는다는 격한 말을 해도 좋다면서 달려든다. 이런 모습을 본 목사님이 하나님께 다음과 같이 기도했다고 한다.

"주여, 나도 이 개 같은 목사가 되게 하여 주옵소서."

이와 같이 기도한 이후로 '개 같은 목사'라는 별명이 붙었다고 한다.

접두사로 '개'를 앞에 붙이면 말이나 단어가 천박스러워지는 경우가 많다. '개 같은 인생', '개 같은 세상', '개 같은 놈', '개 같은 x', '개 xx' '개털', '개밥그릇', '개떡', '개꿈', '개나발', '개수작', '개죽음', '개망나니', '개잡놈', '개족보' 등 많은 표현들이 있는데 주로 부정적인 의미를 담고 있다.

'개'자가 붙으면 질이 떨어지거나 쓸데없거나 정도가 심한 상태를 이르는 경우가 많다. 개하고 싸워서 지면 '개만도 못한 놈'이 되고, 개하고 싸워서 비기면 '개 같은 놈'이 되고, 개하고 싸워서 이기면 '개보다 더한 놈'이라는 말을 듣는다. 그러므로 개하고 싸우면 이겨도 손해, 져도 손해, 비겨도 손해다. 싸우지 않는 것이 상수요, 고수다.

성경에서 '개'를 부정적으로 사용할 때에는 진리이신 주님을 대적하거나 성경을 말씀대로 받아들이지 않거나 거짓 교리를 선포하거나 행위를 강조하고 물질을 중시하는 자들을 비유하는 경우이다. 사람은 분명 개보다 나아야 한다.

161. 다리를 놓아드리겠습니다 ☕

선거에 출마한 후보자가 큰 소리로 "저를 뽑아 주신다면 다리를 놓아드리겠습니다."라고 외쳤다. 그 소리를 들은 사람들이 '우리 동네는 강도 없는데 무슨 다리야?'며 수군거렸다. 이를 눈치 채고서 재빨리 "저를 뽑아 주신다면 먼저 강을 만들고 다리를 놓아드리겠습니다."라고 했다고 한다. 어떤 일에 대해 실행할 것을 약속하는 '공약(公約)'이 헛된 약속인 '공약(空約)'이 되는 일이 많다.

　아버지 이삭과 형 에서를 속인 야곱은 도망하다가 벧엘에서 노숙을 하게 되었는데 그곳에서 하나님을 만나 '너의 자손이 땅의 티끌처럼 번성할 것이며, 복의 근원이 될 것이며, 내가 함께 있어서 지켜줄 것이며, 다시 돌아오게 하리라'는 약속을 받았다(창 28:14~15). 이때 야곱은 서원하기를 '평안히 아버지의 집으로 돌아가게 하시면 여호와는 나의 하나님이 되실 것이며, 베개로 삼았던 돌기둥이 하나님의 집이 될 것이며, 모든 것에서 십일조를 반드시 드리겠다.'고 했다(창 28:20~23). 하지만 야곱은 20년이 지난 후 거부가 되어 다시 돌아오게 될 때에 서원하며 했었던 약속들을 잊고 말았다.

　지킬 마음을 가지고 약속했으나 그렇지 못하게 되는 경우를 '계획 오류(planning fallacy)'라고 한다. '계획 오류'란 어떠한 일을 계획하거나 예측하는 단계에서 낙관적인 상황만을 고려함으로 나타나는 현상이다. 하지만 야곱은 약속을 잊고 있다가 딸의 성폭행, 자녀들이 끔찍한 살육 자행을 하는 못 볼꼴을 보고서야 모든 우상을 버리고, 옷을 갈아입고 벧엘로 올라가 예배했을 때 형통하게 되었다.

162. 당신은 전인적으로 건강한가? ☕

빌 하이빌스(Bill Hybels) 목사는 윌로우크릭교회를 설립하고 십여 년 만에 미국에서 가장 큰 교회로 성장시켰다. 하지만 그는 알 수 없는 피로감과 허탈감에 빠지게 되었으며 마치 블랙홀에 빠지는 듯 하는 침체감에 사로잡혔다. 그는 비로소 그것이 탈진이라는 것을 알게 되었다. 그는 너무 목회사역에 몰입한 나머지 자기 관리의 균형을 잃어버렸음을 알게 되었다.

빌 하이빌스는 인간에게는 세 가지의 계기판, 육체적 계기판(physical gadget), 감정적 계기판(emotional gadget), 영적 계기판(spiritual gadget)이 있다고 했다. 우리의 육체는 잘 먹고 잘 쉬고 운동하면 된다. 우리는 육체적으로 문제가 있을 때 가장 쉽게 발견한다. 밥맛이 없거나 아픈 곳이 있다면 금방 깨닫고 진료를 받아 해결한다. 그러나 우리의 감정은 메마르거나 고갈되어도 쉽게 발견하지 못하는 경우가 많다. 쉽게 짜증이 나거나 우울과 침체에 빠져도 감정에 문제가 생겼음을 알지 못한 채 그냥 방치하는 경우가 많다. 감정이 약해졌거나 병 들었을 때에 육체적 질병보다 더 심각하다는 사실을 깨닫고 조기에 치료하지 않으면 안 된다. 빌 하이빌스는 감정에 문제가 있었음을 나중에서야 알게 되었다. 우리의 영혼은 매일 성경을 읽고 기도하면서 하나님과 친밀한 관계를 유지하면서 건강하게 된다.

빌 하이빌스는 그리스도인들을 향하여 육체적, 감정적, 영적 계기판이 정상인가를 질문하고 있다. 육체적으로, 감정적으로, 영적으로 총체적으로 건강한 것을 '전인건강(wholeness)'이라고 한다. 하나님께서는 이스라엘 백성들이 전인건강을 누리기를 원하셔서 '쓴 물'을 '단 물'로 바꾸시고는 자신을 '나는 너희를 치료하는 여호와니라'고 했다. 전인적으로 건강한 삶을 위해 치료의 하나님을 만나라.

163. 당신의 역경지수 🍵

산 위에 올라가면 바람을 만나고, 배를 타면 파도를 경험하게 되듯이 사람들은 누구나 예외 없이 역경을 만나지만 그 역경에 대한 태도는 똑같지 않다. 폴 스톨츠(Paul G. Stoltz)는 역경이 닥칠 때 그것을 대하는 태도에 따라 세 종류로 분류했다. 첫째는 그냥 포기하고 도망하는 사람이 있고, 둘째는 도망가지는 않지만 주저 앉아 있는 사람이 있고, 셋째는 모든 힘을 다해 극복하는 사람이 있다고 했다.

그는 첫 번째 사람을 '포기하는 사람(quitter)', 두 번째 사람을 '안주하는 사람(camper)', 세 번째 사람을 '정복하는 사람(climber)'이라고 했다.

흔히 능력 있는 사람을 말할 때 돈이 많은 사람, 높은 지위를 가진 사람, 재능이 많은 사람, 지능지수(IQ)가 높은 사람 등을 꼽는다. 이와 같은 사람들도 능력이 많은 사람이지만 역경을 만났을 때 그것을 극복하는 사람이 진정 능력 있는 사람이라고 할 수 있다. 능력 있는 사람은 사울처럼 위기를 당했을 때 쓰러지는 사람이 아니라 다윗처럼 역경을 당했을 때 그것을 극복하는 사람이다. 폴 스톨츠는 이런 사람을 '역경지수(adversity quotient; AQ)'가 높은 사람이고 했다.

온실 속의 화초는 밖으로 나오면 금방 시들거나 죽어버린다. 과보호 아래 자란 자녀들이 세상에서 제대로 적응하지 못하는 일이 많다. 지능지수는 타고나는 것일 수 있지만 역경지수는 타고나는 것이 아니라 고난을 극복하는 과정을 통해 향상된다고 할 수 있다. 세상에서 성공적인 삶을 산 사람들은 지능지수가 높은 사람보다는 역경지수가 높은 사람이 훨씬 많다. '산전수전 다 겪었다.'는 속담이 있다. 이는 세상의 온갖 고생과 어려움을 다 겪어본 것을 비유하는 말이다. 하나님은 자기 일꾼들에게 불시험을 두려워하지 말고 즐거워하라고 했다(벧전 4:12~13).

164. 매의 뛰어난 사냥술

먹이를 찾는 매는 높이 날아올라서 하늘을 맴돌다가 지상에 있는 먹이를 발견하면 그것을 향하여 직진하지 않고 우선 아래쪽으로 직하강하면서 가속도를 붙인 후에 먹이를 향하여 수평방향으로 시속 320킬로미터로 날아가서 먹이를 낚아챈다고 한다.

만약 매가 먹이를 향하여 직진하여 잡으려 하면 엄청난 운동에너지로 인하여 충돌을 피할 수 없게 되어 죽음을 피할 수 없게 된다. 그러나 매는 수직강하 비행 과정에서 지구의 중력 에너지를 자신의 비행 과정에 축적하여 자신의 비상 능력을 훨씬 능가하는 에너지를 축적함으로서 어마어마한 속도를 갖게 되는 것이다. 이렇게 축적된 막대한 에너지와 속도를 몸의 비행 방향만 수평 방향으로 변환하여 에너지의 양의 손실이 없이 그대로 수평 비행에너지와 속도로 변환시킬 수 있게 된다.

여기에서 수직강하 과정은 에너지의 축적 과정이 되고, 수평비행 과정은 에너지의 발산 과정이 되는 것이다. 이를 '우회축적(Roundabout Accumulation)'이라고 한다.

같은 중량의 폭탄이라 할지라도 이 우회축적의 원리로서 그 추진 에너지가 증대시킨다. 우회축적이란 말 그대로 '돌아서 갈 때의 힘의 비축'을 의미한다.

지름길로 빨리 간다고 해서 성공하는 것이 아니다. 오히려 돌아가므로 진정한 성공을 이룰 수 있다. 하나님께서는 이스라엘 백성들을 가나안 땅으로 지름길로 가도록 하지 않고 돌아가게 만들었다. 시간적으로는 늦었지만 오히려 그들을 낮추고 시험하여 마침내 복이 되게 하였다(신 8:15~16).

165. 부서진 흙이 되어라 ☕

나이 많은 한 수도사가 정원에서 흙을 고르고 있었다. 그때, 그 수도원에 들어온 지 얼마 안 되는 잘난 체하기를 좋아하는 젊은 수도사가 그에게 다가왔다. 경험이 많은 수도사는 후배 수도사에게 이렇게 말했다. "이 단단한 땅 위에다 물을 좀 부어 주겠나?" 이에 젊은 수도사가 물을 부었다. 그러나 물은 옆으로 다 흘러가고 말았다. 그러자 이 나이 많은 수도사는 옆에 있는 괭이로 흙을 파고서 흙덩이를 두드려 깨기 시작했다. 그는 젊은 수도사에게 부서진 흙에 다시 한번 물을 부어 보라고 했다. 젊은 수도사가 다시 물을 붓자 이번에는 물이 잘 스며들었고, 부서진 흙이 뭉쳐지기 시작했다. 그때 나이 많은 수도사가 이렇게 말했다. "이제야 흙 속에 물이 잘 스며드는구면. 여기에 씨가 뿌려진다면 꽃을 피우고 열매를 잘 맺을 거야. 우리 역시 깨어져야 하나님께서 거기에 물을 주시고, 그럴 때 씨가 떨어지고 꽃이 피고 열매가 맺힐 수 있는 것이지. 우리 수도사들은 이것을 '깨어짐의 영성(靈性)'이라고 얘기한다네." 그렇다. 깨어져서 부드러워지지 않으면 씨가 떨어져도 열매를 맺을 수 없다.

야곱은 험악한 세월을 통하여 철저하게 깨어졌고, 다윗은 사울을 통하여 송두리째 깨어졌으며, 바울은 다메섹 도상에서 주의 말씀을 듣고 바싹 깨어졌다. 어리석은 사람들은 열매를 많이 맺으려고 하면서 먼저 깨어지지를 거부한다. 그러나 지혜로운 사람은 죄에 대한 애통함으로 심령이 깨어지고 깨어짐 이후에 주어지는 축복을 체험하며 산다.

166. 하드 파워, 소프트 파워 ☕

과거 냉전시대에 미국과 소련은 우세한 군사력과 경제력인 하드 파워(Hard Power)로 세계를 지배해 왔었다. 강력한 하드 파워를 가진 미국은 자신들이 원하는 것을 다른 나라에 강요했다. 이를 거절하면 하드 파워를 행사하여 불이익을 주는 오만한 자세를 가졌었다. 하지만 냉전 종식 후의 세계는 상황이 달라졌는데 하버드대학교 케네디스쿨의 조지프 S. 나이는 그의 저서 『제국의 파라독스』를 통해 하드 파워만이 아니라 소프트 파워(Soft Power)가 있어야 진정한 강자임을 주장했다. 그는 미국이 자유와 인권, 민주주의라는 가치와 매년 수십 만 명의 해외 유학생을 끌어들이는 대학교육, 영화, 예술, 학문 등의 소프트 파워를 활용해야 한다고 했다.

하드 파워는 군사력이나 경제력 등과 같이 물리적 힘을 말하고, 소프트 파워는 잘 보이지 않지만 가치를 중심으로 드러나는 힘을 말한다. 하드 파워가 강제적인 힘을 의미한다면, 소프트 파워는 자발적인 힘을 뜻한다. 정치학자들은 한 나라가 보유한 국력을 하드 파워와 소프트 파워로 나누기도 한다. 하드 파워가 군사, 외교력 등 전통적인 의미의 국력이라면 소프트 파워는 문화적 풍요, 안정된 사회, 아름다운 자연, 고도의 교육환경 등 삶의 질과 관련된 요소들을 지칭한다.

중세의 교회에서는 교황이 왕이나 황제를 세우기도 하고, 폐하기도 하는 하드 파워를 가진 적도 있었지만 오히려 교회는 더 세속화되고 타락했었다. 오늘날 교회는 주님께서 '인자는 섬김을 받으러 온 것이 아니라 섬기러 왔노라'(막 10:45), '서로 사랑하면 이로써 모든 사람이 너희가 내 제자인 줄 알리라'(요 13:35)고 하신 대로 '섬김'과 '사랑'의 소프트 파워를 가질 때 매력 있는 교회, 세상에 영향력을 끼치는 교회가 될 수 있다.

167. 좋은 교인들(followership)

척 스윈돌(Chuck Swindoll) 목사는 금세기 미국이 낳은 최고의 설교가라고 불리는 사람이다. 이 사람이 젊은 목사였을 때 동부와 중부에서 능력이 없다고 쫓겨나고, 설교를 못한다고 쫓겨난 적이 있다. 그러다가 캘리포니아 플러톤의 에반젤리컬 프리 교회(Evangelical Free Church)에 있는 교인들을 만났고 그때부터 물고기가 물을 만난 듯이 이 목사님의 설교가 라디오 방송을 타고 미국 전역으로 퍼졌고 오늘날 설교가의 황태자로 불리고 있다.

그 교회의 성도들은 그의 설교 은사를 존중했고, 그를 보호해 주고, 충성스럽게 따라 주었다. 또한 그는 달라스신학교 총장을 역임하면서 수많은 목회자와 신학자들을 양성했다. 그는 교회를 은퇴할 때 눈물을 흘리면서 '내가 탁월하다기 보다 훌륭한 교인들의 덕분입니다.'라고 고백했다. 자기 생애에서 가장 큰 축복은 좋은 교인들을 만난 것이라고 했다.

기러기는 추운 겨울을 나기 위하여 해마다 수천 킬로씩 이동한다. 기러기는 하늘을 날 때 항상 V자 모양으로 날아간다. 프랑스 국립과학연구소의 앙리 위메르 스커크 박사 연구팀은 기러기들의 편대비행은 홀로 나는 새들에 비해 에너지 소비량이 11~14% 절감되고, 항공 역학적으로 양력을 받아 상승 기류를 타서 날기 쉬워져서 혼자 비행하는 것보다 약 70%를 더 멀리 날 수 있다고 했다. 그리고 V자 편대비행은 전진 저항을 이겨 내어 날갯짓 횟수와 심장박동수가 낮아진다고 한다. 또한 기러기는 날아가는 동안에 뒤따르는 기러기들이 '콩, 콩'하는 소리를 내는데 이는 자기들이 앞서가는 기러기를 잘 따라가고 있다는 신호라고 한다.

이전에는 '리더십(leadership)'만 강조했었는데 이제는 리더십 못지않게 '팔로워십(followership)'이 강조되고 있다.

168. 빨리 어른이 되고 싶어요

아이들에게 '너, 빨리 어른 되고 싶니?'라고 물으면 대부분 빨리 어른이 되고 싶어 한다고 대답한다. 특별히 야단을 많이 맞거나 '하지 말라'는 말을 많이 듣는 아이일수록 더 빨리 어른이 되고 싶다고 한다. 아이들은 어른이 되면 자기 마음대로 모든 것을 할 수 있다고 생각한다. 어른은 놀고 싶으면 놀고 자고 싶으면 자고, 텔레비전도 보고 싶은 대로 보고, 돈도 쓰고 싶은 대로 쓰고, 여행도 마음대로 간다고 생각한다. 그래서 자신들도 빨리 어른이 되면 마음대로 할 수 있다고 생각하므로 빨리 어른이 되고 싶어 한다.

로버트 풀검은 『내가 정말 알아야 할 모든 것은 유치원에서 배웠다』라는 책을 내고 그는 몇 년 뒤에 『유치원에서 배우지 못한 것들』이란 책을 출간했다. 유치원에서 모든 것을 배울 수 있지만 유치원에서 결코 배우지 못하는 것이 있는데 바로 '어른이 되어서 지불해야 할 대가'라고 했다. 아이들은 하고 싶은 것은 반드시 하고, 하기 싫은 것은 죽어도 안 하려고 하지만 어른이 되면 하기 싫은 것도 해야 하고 자기가 하고 싶은 것도 절제해야 한다.

성숙한 신자(어른)는 하나님께서 기뻐하는 일이라면 어떤 희생을 치르더라도 헌신하고, 마귀가 좋아하는 일이라면 어떤 손해를 보더라도 거절하는 자다. 사촌이 땅을 사도 배가 아프지 않아야 성숙한 신자이다. 밴댕이 소갈딱지와 같은 사람은 성숙한 사람이 아니고, 하고 싶은 대로 하는 사람도 성숙한 어른의 모습이 아니다. 하기 싫다고 뻗대는 태도 역시 성숙한 어른의 모습이 아니다. 교회를 오래 다녔다고 해서 저절로 성숙해지는 것이 아니다. 자기를 부인하고, 자신의 감정을 다스리고, 자기 정욕을 십자가에 못 박는 자라야 진정한 어른이다.

169. 외롭고 힘들 때 ☕

　전쟁이 발발하면 전사자, 부상자, 포로 및 행방불명자들이 발생한다. 월남 전쟁에 미국 군인은 연인원 약 300만 명이 참전하였으며, 우리나라 국군도 약 32만 명 정도 참전했다고 한다. 전쟁을 이기고 생존해서 돌아오는 것은 가장 큰 축복이라고 할 수 있다. 하지만 일단 전쟁을 치루고 나면 전쟁으로 인한 후유 장애를 겪게 된다. 이를 '사고 후 스트레스장애(PTSD, Post traumatic stress disorder)'라고 한다.

　월남 전쟁에 참전했다가 포로수용소에 수감되었던 미국 군인 중에 힘든 시간을 견디고 살아남은 자들이 있었는데 그들 중에 단순히 살아남기만 한 것이 아니라 도약의 기회로 삼은 이들이 있었다. 수년간의 포로생활 중에 기타 연주법을 배워 훌륭한 연주자가 된 자도 있었고, 어떤 포로는 매일 팔굽혀펴기를 해서 미국에 돌아온 후 한 번에 4,500회를 하는 신기록을 세우기도 했으며, 공군 대령 조지 홀 같은 사람은 7년간의 수용소에서 매일 나뭇가지로 골프 스윙 연습을 하고서 미국으로 돌아온 지 1주일 만에 뉴올리온스 골프대회에서 우승했다.

　외롭고 힘든 시간이라고 해서 모든 사람이 좌절과 침체에 빠지는 것이 아니다. 밀턴의 실명의 위기에서 명작 『실낙

원』과 『복낙원』을 탄생했다. 베토벤은 17세에 어머니를 잃었고, 28세에 청각을 잃고서 우울증으로 자살을 할 정도로 비참 비참한 운명을 맞았을 때 '제2교향곡, 오라토리오 감람산상의 그리스도', 교향곡 제3번 '영웅', 피아노 협주곡 제4번, 교향곡 제5번 '운명' 등이 탄생되었다. 존 번연은 수감되었을 때 『천로역정』을 썼다. 다윗은 유대광야의 도피생활 중에 다수의 시편을 썼다.

외롭고 힘들 때 사람을 보고 주변 환경만 보고 좌절하지 말고 '위의 것을 찾으라'(골 3:1)고 한 대로 하나님을 찾으면 승리한다.

170. 최고의 보화 ☕

마틴 루터(Martin Luther)는 요한복음 3장 16절을 '축소된 복음(Gospel in miniature)'이라고 했다. 이 구절은 복음의 에센스 중의 본질이다. 그는 이 짧은 말씀에 '최고(greatest)'들만이 등장한다고 했다. '하나님'이 '최고의 애인(greatest lover)'이요, '세상'은 자기 생명을 희생시킨 모든 민족과 인종을 다 포함하는 '최고의 숫자(greatest number)'요, '이처럼 사랑하사'는 '최고의 수준(greatest degree)'을 말하고, '독생자'는 선물 중의 '최고의 선물

(greatest gift)'이요, '주셨으니'는 하나님이 자기 자신을 주신 '최고의 행동(greatest act)'이며, '누구든지'는 제한 없는 '최고의 초청(greatest invitation)'이며, '저를 믿는 자마다'는 믿기만 하면 구원을 주는 '최고의 단순함(greatest simplicity)'이고, '멸망하지 않고'는 멸망할 자들의 '최고의 해방(greatest deliverance)'이요, '영생을 얻으리라'는 이 땅의 그 무엇과도 비교할 것이 없는 '최고의 소유(greatest possession)'다.

루터는 성경의 한 구절에서 엄청난 '최고'의 보화들을 캐냈다. 성경을 연구하는 여러 가지 방법들이 있지만 쉬운 방법으로 '망원경식 연구'와 '현미경식 연구'가 있다. 망원경식 연구는 숲을 보듯이 전체를 한 번에 정리하는 방법으로 성경 장르별 혹은 권별로 흐름을 연구하는 방법이고, 현미경식 연구는 숲속에 있는 나무를 세밀하게 보는 것과 같이 성경 장, 절을 세밀하게 연구하는 방법이다. 베뢰아 사람들은 너그러워서 간절한 마음으로 말씀을 받고 이것이 그러한가 하여 날마다 성경을 상고하므로 그 중에 믿는 사람이 많고 또 헬라의 귀부인과 남자가 적지 아니했다(행 17:11~12). 베뢰아 사람들은 날마다 성경을 상고하다가 복을 받은 것과 같이 주야로 묵상하는 자들이 되어야 한다.

171. 성숙

모든 생명체는 출생, 성장, 성숙, 쇠퇴의 과정을 거친다. 특히 인간의 발달과정은 영유아기, 아동기, 사춘기, 청년기, 장년기, 노년기로 나아간다. 태어나 몸만 자라고 마음이 성숙되지 않으면 정신장애자가 되고, 몸은 자라지 않고 마음만 성숙하면 신체장애자가 된다.

성숙 없는 성장은 위태롭고, 성장 없는 성숙도 위험하다. 그러므로 성장과 함께 성숙도 동시에 이루어져야 한다. 성장은 신체적인 자라남이고, 성숙은 정서적 무르익음이다. 대체로 바른 성장은 좋은 음식과 관련이 있는 반면 성숙은 좋은 환경과 관련이 있다.

인간은 육체적으로 사춘기까지 자라다가 청년기에 마감하지만 정서적 성숙은 생을 마감할 때까지 진행되어간다. 인간은 육체적으로 성장해야 하고, 정신적으로도 성숙해야 하고, 지적으로도 성숙해야 한다. 성장과 성숙의 조화를 이룬 사람을 온전한 사람이라고 한다.

사람이 정서적으로 성숙할수록 토라지지 않고 자신에 대한 비판도 기꺼이 받아들일 줄 알게 된다. 사회적으로 성숙한 사람은 마음을 열고 이웃과 의미 있는 관계를 잘 맺는다. 또한 도덕적으로 성숙한 사람은 자기중심에서 벗어나 남을 배려하게 된다. 정상적인 사람이라면 이렇게 지적으로 성숙하고, 정서적으로 성숙하고, 사회적으로 성숙하고, 도덕적으로 성숙하게 되어 있다.

하루아침에 어른이 되지 않는 것처럼 한 순간에 성숙해지지 않는다. 로저 고울드(Roger Gould) 교수는 한 사람이 성숙해지기까지 '도망의 시기', '탐색의 시기', '투쟁의 시기', '회의의 시기', '불안의 시기', '회고의 시기'의 과정을 거친다고 했다.

오늘 그리스도인들이 반드시 이루어야 할 또 하나의 성숙은 바로 영적 성숙이다. 영적으로 성숙하면 형통의 때에 감사하고, 고난의 때에 인내하며, 기쁠 때에 찬송하게 된다.

172. 왜 익숙하고 편한 것을 좋아하는가?

김유신(金庾信, 595~673)은 기생 천관이라는 여자에 빠져 생활하다가 어머니로부터 심한 꾸중을 듣고 다시는 그곳에 안 가겠다고 했다. 하지만 어느 날 김유신이 술에 취해 말에 올라탔는데 그의 말이 그를 천관의 집으로 데려다 주었다. 정신을 차린 김유신은 그곳에서 자기 말의 목을 베었다. 김유신의 결심을 알 리 없던 그의 말은 그를 늘 하던 대로 천관의 집으로 데려갔던 것이다.

운전자들에게도 각자의 운전 습관이 있다. 직장으로 출근할 때 자신도 모르는 사이에 늘 갔던 길로 가게 된다. 더 빠르게 갈 수 있는 길이 생겼는데도 전에 다니던 길로 계속 다닐 때가 많다. 이것이 바로 '경로 의존성'이다. 왜 사람들은 경로 의존성에 빠지게 되는가? 그것은 익숙하고 편하기 때문이다.

성도들이 예배하는 시간에 앉는 자리를 보면 대부분이 늘 자신이 앉던 자리에 앉는 것을 볼 수 있다. 늘 같은 자리를 선호하는 것에 두 가지 이유가 있다. 하나는 익숙하고 편한 심리 때문이고, 다른 하나는 변화를 거부하고 저항하는 심리 때문이다.

물론 좋은 습관이나 전통은 그대로 유지해야 한다. 아웃러(Albert C. Outler)는 '성경, 전통, 이성, 그리고 기독교인 경험'이라는 웨슬리 사변형(Wesleyan Quadrilateral)을 통해 전통보다 성경이 우선한다고 했다. 그러므로 오랜 전통이 성경과 달라서 변해야 하는데 단지 익숙하고 편하다는 이유 때문에 그 자리에 머물러 있으면 안 된다. 변화는 쉽지 않지만 불가능한 것은 아니다.

우리 그리스도인들은 죄인에서 의인으로 변화된 자들이다. 그리스도인들은 옛 사람이 새 사람으로 변화된 자들이다. 성도들은 마귀의 자녀가 하나님의 자녀로 변화된 자들이다. 신분이 변화된 그리스도인들은 복음에 합당한 생활로 변해야 한다(엡 4:22~24).

173. 자기중심적 사고, 말씀 중심적 사고

2007년, 미국 로이 피어슨 행정판사는 세탁소를 운영하는 한 재미교포 부부가 자신이 맡긴 바지 한 벌을 잃어버렸다고 그 부부를 상대로 사기와 과실 그리고 부당이득 취득 혐의로 고소하고, 무려 6,500만 달러(약 715억 원)를 배상하라는 소송을 제기하였다.

피어슨은 6,500만 달러를 요구하는 소장에게 바지 피해액 1,500달러에 정신적 피해액, 고급인력의 소송 소요시간에 대한 배상비, 차가 없는 자신이 10년간 500번 이상 매주 다른 세탁소에 가는 데 필요한 렌터카 비용 등을 손해배상 근거로 제시하였다.

그는 자신의 계산은 논리적일 뿐 아니라 합리적인 손해배상액으로 법적으로 정당한 일로 여겼을 것이다. 그럼에도 불구하고 미국 전역에서는 피어슨에 대한 비난이 끊이지를 않았고, 정신감정을 받아야 한다는 주장과 함께 판사직을 박탈해야 한다고 하였는데 결국 해임되고 말았다. 그는 해임 결정에 불복하여 재심청구를 하였으나 그것도 기각되었다.

로이 피어슨처럼 생각하는 것을 '자기중심적 사고' 혹은 '로이 피어슨식 사고'라고 부르고 있다.

구약에서 사울이나 신약에서 가룟 유다를 비롯한 실패한

많은 사람들이 자기중심적 사고에 빠져 있었다. 자기중심적 사고의 사람을 육에 속한 사람 또는 미성숙한 사람이라고 할 수 있다. 그러나 말씀 중심적 사고의 사람은 영에 속한 사람 또는 성숙한 사람이라고 할 수 있다.

우리 그리스도인들의 삶의 모델인 예수님은 '내 뜻대로 하지 마옵시고 아버지의 뜻대로 하옵소서'라고 하시면서 자신의 생각보다 하나님의 말씀을 우선하였다. 실제 생활에서 자신의 생각과 하나님의 말씀이 충돌하는 일이 많다. 이때 그리스도인들은 자기중심적 사고에서 벗어나 하나님 중심적 사고 곧 말씀 중심적 사고로 행동해야 한다.

174. 본보기

어느 날 한 어머니가 아들을 데리고 마하트마 간디를 찾아가서 도움을 요청하였다.

"선생님, 제 아들이 몸에 나쁜 설탕을 좋아해요. 설탕을 먹지 말라고 해도 말을 안 들어요. 그런데 간디 선생님을 존경해서 신생님께서 끊으라고 하면 끊겠다는군요. '설탕을 먹지 말라'고 한마디만 해 주세요."

이에 간디는 그녀에게 '보름 뒤에 아들을 데리고 오라.'고 하였다. 그녀는 간디의 말대로 보름 뒤에 다시 아들을 데리고 간디를 찾아갔다. 그때 간디는 그 아이에게 설탕을 많이 먹으면 몸에 나쁘니 먹지 않는 것이 좋겠다고 하자 그 아이는 그렇게 하겠다고 대답하였다.

아이의 어머니가 왜 지난번에는 아무 말씀도 하지 않고 보름 뒤에 오라고 했느냐고 물었더니 보름 전에는 간디 자신도 설탕을 좋아했기에 자신이 먼저 설탕을 끊기 전에 설탕을 끊으라는 말을 할 수 없었다고 하였다.

아버지와 어머니는 가정의 지도자들이다. 그러나 그들의 말과 행동이 다르면 리더십을 상실하게 되어 자녀들이 그들의 말을 따르지 않게 된다. 선생님은 학교의 지도자인데 그들의 말과 행동이 다르므로 리더십을 상실하게 되면 학생들이 그들의 지도를 따르지 않게 된다.

리더십의 권위자인 존 맥스웰은 '예수 그리스도는 최고의 리더십'이라고 하였다. 부모가 예수 그리스도의 리더십에 순종하지 않으면서 자녀들에게만 따르라고 하는 것은 모순이다. 부모가 먼저 따르는 모습을 보일 때 자녀들은 그 부모의 리더십에 순종하게 된다. 주의 종들이 먼저 예수 그리스도를 따르는 모습을 보일 때 성도들이 주의 종들의 리더십에 순종하게 된다.

175. 상책(上策)과 하책(下策)

엘리야 시대에 여호와 하나님과 바알 신을 겸하여 섬기거나 두 사이에서 방황하던 이스라엘 백성들처럼 오늘날에도 하나님과 세상 사이에서 방황하는 신자들이 많이 있다.

1960년대에 유명한 복음주의자이며, 선지자적인 역할을 감당한 토저 목사는 오늘날 교회에 세 가지의 심각한 문제가 있다고 했다. 첫째는 믿는 자가 성장하지 않고 항상 어린아이로 머물며 살만 찐다는 것이며, 둘째는 믿는 자가 교회 안에서 마땅히 해야 하는 일을 알지 못하고 오직 참관만 한다는 것이며, 셋째는 믿는 자가 서로 일치되지 않고 분열과 다툼만 일삼는다는 것이다. 토저 목사는 이것을 해결할 수 있는 길은 오직 '하나님을 알 때'만이 가능하다고 했다.

하나님은 심각한 문제를 안고 있으면서도 깨닫지 못하는 교회와 성도들을 깨우기 위하여 때로는 고난을 보내시기도 한다. 하지만 고난이라도 모두 같은 것은 아니다. 여러 종류의 고난이 있다.

베드로 당시의 초대 교회에는 고난을 당하는 성도들이 많이 있었다. 그들 중에는 죄를 범하고 고난을 당하는 자들도 있었고, 부당하게 고난을 당하는 자들도 있었고, 선을 행하다가 고난을 당하는 자들도 있었다.

"부당하게 고난을 받아도 하나님을 생각함으로 슬픔을 참

으면 이는 아름다우나 죄가 있어 매를 맞고 참으면 무슨 칭
찬이 있으리요 그러나 선을 행함으로 고난을 받고 참으면
이는 하나님 앞에 아름다우니라"(벧전 2:19~20)

고난 중에 무조건 참는 것은 상책(上策)이 아니다. 죄를
범하고 매를 맞는 고난이라면 참는다고 해도 칭찬이 없다
고 했다. 그러므로 죄를 범하고 참는 것은 하책(下策)일 뿐
이다.

범죄함으로 당한 고난은 오로지 회개함으로 극복할 수 있
다. 애매하게 당하는 고난은 인내함으로 극복할 수 있다.
선한 일을 하다가 당하는 고난은 감사함으로 극복할 수 있
다. 고난의 원인을 깨달으면 해결책이 보인다.

하나님의 말씀은 살아 있고 활력이 있어
좌우에 날선 어떤 검보다도 예리하여
혼과 영과 및 관절과 골수를 찔러 쪼개기까지 하며
또 마음의 생각과 뜻을 판단하나니

- 히브리서 4장 12절 -

PART

08

복음. 진리는 이긴다

176. 싸움에서 이기려면

　손무가 쓴 『손자병법(孫子兵法)』에는 '신전(慎戰)' 꼭 해야 하는 싸움은 신중히 하고, '비전(非戰)' 필요 없는 싸움은 하지 말고, '부전(不戰)' 실익 없는 싸움 거부하고, '지전(止戰)' 사소한 싸움은 방지해야 한다고 했다. 손무는 싸움에도 고수가 있고 하수가 있다고 했다. 고수(高手)는 이성으로 싸우지만 하수(下手)는 감정으로 싸운다. 고수는 주도권을 쥐고 싸우지만 하수는 끌려다니며 싸운다. 고수는 변화무쌍하게 허허실실 전법으로 움직이지만 하수는 예상하는 대로 움직인다고 했다. 그는 전쟁에서 최고의 상책은 지략으로 적을 굴복시키는 것이고, 차선은 외교로 이기는 것이고, 그 다음은 무력으로 군대를 공격하고, 최하책은 성을 공격하는 것이라고 했다.

　성경은 말하기를 "우리의 씨름은 혈과 육을 상대하는 것이 아니요 통치자들과 권세들과 이 어둠의 세상 주관자들과 하늘에 있는 악의 영들을 상대함이라"(엡 6:12)고 했다. 여기서 말하는 씨름(싸움)은 영적 싸움을 말한다. 바울은 싸움의 주체를 '우리'라고 했다. 이는 1차적으로 바울을 비롯하여 에베소 교회의 성도 모두를 일컫는 말이다. 바울은 디모데에게 '선한 싸움을 싸우라'고 했다(딤전 1:18). 2차적으로는 영적 싸움을 해야 할 자들은 초대교회의 모든 성도들뿐만 아니라 모든 그리스도인들을 말한다. 그러므로 어느 누구든지 영적 싸움에는 예외가 될 수 없다.

하나님은 바울을 통해 영적 싸움이 치열했던 에베소 교회를 향하여 싸움에서 승리하려면 전신갑주로 무장하라고 했다. 도둑질하고 죽이고 멸망하게 하는 적들과 싸워 승리하기 위해 진리로 허리띠를 띠고, 복음의 신을 신고, 믿음의 방패를 가지고, 구원의 투구를 쓰고, 성령의 검으로 무장하라고 했다(엡 6:14~17).

177. 긍정 에너지 ☕

개인, 리더, 비즈니스 현장을 긍정적인 에너지로 가득하게 만드는 최고의 '에너지 전문가'인 존 고든(Jon Gordon)은 검게 변한 냇물을 맑게 할 수 있는 방법은 맑은 물을 계속 흘러 보내는 것이라고 한다.

고든은 그의 저서 『에너지 버스』에서 E+P=O라는 공식을 제시하고 있다. E는 삶에서 일어나는 사건(Event), P는 그것을 받아들이는 태도(Perception), O는 결과(Outcome)를 말한다.

가나안 12명의 정탐꾼들은 가나안 땅의 현실(Event)을 똑같이 보았다. 그러나 그것에 대한 태도(Perception)가 달랐으니 10명은 부정적인 태도를 보였고, 여호수와 갈렙 두 사람은 긍정적인 태도를 보였다. 그 결과(Outcome)는 부정적인 태도를 지닌 10명은 광야에서 그대로 죽고 말았지만 2명은 젖과 꿀이 흐르는 땅을 얻고 그것을 누릴 수 있었다.

인생에서 일어나는 '사건'이나 그 '결과'는 우리 마음대로 할 수 없다. 그러나 결과에 영향을 미치는 '태도'는 우리가 결정할 수 있다.

자신의 인생 버스에 부정적인 말과 부정적인 에너지를 넣으면 가짜 연료처럼 엔진에 찌꺼기가 생겨 결국엔 차가 망가지게 된다. 그러나 긍정적인 말과 긍정적인 에너지로 가득 채우면 옥탄가 높은 휘발유를 넣은 자동차처럼 힘차게 달리게 된다.

자신의 마음과 생각에 긍정적인 에너지를 공급하느냐, 부정적인 에너지를 공급하느냐에 따라 그 인생이 달라진다. 자신의 신앙에 믿음을 공급하느냐, 불신앙을 공급하느냐에 따라 신앙이 달라진다. 이 결단은 오직 당신에게 달려 있다.

178. 꼴통도 변할 수 있는가 ☕

사람들의 성격은 세월이 흐르면서 변할까, 아니면 평생

동안 변하지 않을까? 지금까지는 성격의 기본적 인성들은 대부분 유전적으로 결정된 것이며, 서른 살 이후에는 변하지 않는다고 여겼다.

스리바스티바(Srivastava) 연구팀은 21세부터 60세까지 13만 2천 명을 다음과 같은 다섯 종류의 인성적 특징을 분석하는 테스트를 했다. ① 성실성(책임 의식, 계획성, 정확성, 자제력, 정직성, 자율성 등) ② 외향성(사교성, 적극성, 표현력, 열정 등) ③ 상냥함(온정, 친절, 관용, 이타심, 동정심 등) ④ 정서적 안정성(침착성, 느긋함, 자신감, 원만한 성격 등) ⑤ 정신적 개방성(상상력, 호기심, 교양, 활동성, 통찰력 등)이다. 그러나 사람들의 성격은 서른 살 이후에도 계속 변할 뿐 아니라 남녀 간 차이가 있었다.

- 정서적 안정성은 여자들은 나이가 들어감에 따라 점점 더 정서적으로 안정되어가지만 남자들은 그렇지 않았다.
- 상냥함은 남녀 모두 서른 살 이후로 계속 증가했다.
- 외향성은 여자들은 감소하지만 남성들은 그렇지 않았다.
- 성실성은 스무 살과 서른 살 사이에 크게 증가하고, 서른 살 이후에는 천천히 발달한다.
- 정신적 개방성은 남녀 모두 서른 살 이후 점차 쇠퇴하기 시작한다.

성격은 변하지 않는다고 스스로 확신하면서 자기 개선을

포기하는 것은 사탄의 교묘한 속임수에 빠져 있는 것이다. 사탄은 끊임없이 하나님의 말씀보다 자신의 생각과 확신을 신뢰하게 만들고 변하지 못하게 하고 있다. 사탄은 거짓말 쟁이지만 하나님은 진실하며, 그의 말씀은 진리이다.

"너희는 이 세대를 본받지 말고 오직 마음을 새롭게 함으로 변화를 받아 하나님의 선하시고 기뻐하시고 온전하신 뜻이 무엇인지 분별하도록 하라"(롬 12:2).

179. 분을 그치고 노를 버리라 ☕

여러 해 전에 동해안에서 신혼여행을 갔던 부부가 총을 맞고 살해된 사건이 있었다. 이 끔찍한 사건은 신혼부부가 탄 차가 자기의 차를 앞지르므로 화가 치밀어 그런 일을 저질렀다는 것이다.

누가 건드리기만 하면 폭발해 버릴 것 같은 상태로 핸들을 잡았는데 누군가가 당신의 화를 돋운다면 어떨까? 이런 상황에서는 과격한 운전과 험악한 말과 비이성적인 행동을 하기 쉽다. 더 나아가 서로를 위협하다 못해 끝내 물리적 충돌로까지 이어지는 경우도 있다. 이것이 전형적인 '노상 분노(road rage)'이다.

'노상 분노'는 노상에서 분노의 감정조절이 제대로 이루어지지 않는 현상이다. '노상 분노'는 음주운전만큼이나 위험하여 세계 각국에서 중요한 이슈로 떠오르고 있다. 분노의 감정이 길거리에서 그냥 표출되면 일시적으로 판단력을 상실하게 하고, 대인관계를 손상시킬 뿐 아니라 자신의 품위를 떨어뜨린다. 그러므로 노상 분노는 운전자에게만 위험한 것이 아니라 여러 사람을 위험에 빠뜨린다.

어느 조사에서 '운전 중 다른 운전자가 화나게 하는 일을 경험한 적이 있는가?'에 대한 질문에 전체 응답자의 83%가 '그렇다'고 답했다.

노상 분노를 제대로 다스리지 못한 가인은 동생 아벨을 죽이고 말았으며, 모세는 계명이 새겨진 돌비를 던져 깨뜨렸고, 발람은 애꿎은 나귀를 때렸으며, 웃시야는 제사장을 대적하다가 문둥병에 걸리고 말았다.

시편 기자는 행악에 치우치게 만드는 분(憤)을 그치고, 노(怒)를 버리라고 조언한다(시 37:8).

180. 당신은 너무 귀한 분입니다 ☕

태국의 수도 방콕에 '왓 트라밋'이라는 사원이 있다. 이 사원에는 3미터가 넘는 거대한 황금 불상이 있다. 황금 불상의 무게는 5.5톤, 돈으로 환산하면 약 196,000,000달러

(약 2,300억 원)나 된다. 이 불상은 진흙으로 덮여져 있었기에 사람들은 이것이 황금 불상이라는 사실을 전혀 알지 못했다. 그런데 고속도로 공사로 인하여 이 불상을 옮기려는 순간 금이 가면서 그 모습을 드러내게 되었다. 수백 년 전 전쟁으로 인해 불상을 빼앗길 위기에 처하자 그것에 진흙을 입혔다고 한다.

많은 사람들은 자신의 소중함을 알지 못한 채 자신을 학대하고 함부로 굴린다. 어떤 이는 사람을 화학적으로 성분을 분리하면 1만 원밖에 안 된다고 한다. 어떤 이는 고기로 팔면 10만 원밖에 안 된다고 한다. 어떤 이는 사람을 백만 원에 팔기도 하고, 어떤 이는 자신을 3백만 원에 사 가라고 인터넷 사이트에 올리기도 했다.

우리 그리스도인들은 자신의 가치를 어떻게 생각하는가? 우리는 예수님께서 우리를 위해 친히 자신을 희생하여 구원할 만큼 엄청나게 소중한 존재이다. 우리가 가치 없는 존재였다면 주님께서 자신을 희생하여 우리를 구원하지 않았을 것이다.

자신의 가치를 높게 평가하는 사람을 자존감(self-esteem)이 높은 사람이라고 하고, 자신의 가치를 낮게 평가하는 사람을 자존감이 낮은 사람이라고 한다.

우리 그리스도인들은 자존감이 높은 사람들이며, 무엇보다 생명을 소중히 여겨 한 영혼을 구원하기 위해 모든 희생을 아끼지 않는 사람들이다. 당신은 너무 귀한 분이며, 당신 곁에 있는 사람도 너무 귀한 분이다.

181. 당신은 어디에 속해 있는가?

"당신은 영에 속한 사람입니까? 아니면 육에 속한 사람입니까?"라고 물으면 즉시 대답하기 어려울 것이다. 하나님의 말씀에 따라 사는 자가 영에 속한 사람이고 자신의 생각대로 사는 자는 육에 속한 사람임을 알고 나면 판단이 훨씬 수월해질 것이다.

하지만 "육신의 생각은 사망이요 영의 생각은 생명과 평안이니라 육신의 생각은 하나님과 원수가 되나니 이는 하나님의 법에 굴복하지 아니할 뿐 아니라 할 수도 없음이라 육신에 있는 자들은 하나님을 기쁘시게 할 수 없느니라"(롬 8:6~8)는 말씀을 읽고 나면 마음이 불편해질 것이다. 자신이 육에 속해 있는데 그 길이 사망의 길이요, 하나님과 원수요, 하나님의 말씀에 굴복하지 않을 뿐 아니라 하나님을 기쁘시게 할 수도 없다니…. 자신도 모르는 사이에 저절로 탄식이 나올지도 모른다.

하나님의 영이 없으면 하나님의 사람이 아니다. 하나님의 영(성령)이 계셔야 하나님의 사람이다. 하나님의 영은 예수 그리스도를 주로 믿고 고백하게 하지만 마귀는 예수 그리스도를 대적하게 한다. 성령은 하나님의 말씀을 사모하게 하지만 마귀는 말씀을 거절하게 한다. 성령은 그 말씀을 깨닫게 하고 순종하도록 마음을 감동하시지만 마귀는 마음을 강퍅하게 하여 감동되지 못하게 한다. 성령은 성령의 열매를 맺도록 역사하지만 마귀는 죄의 열매를 맺도록 역사한다. 육에서 벗어나지 못하게 발목을 붙잡는다. 성령은 하나님을 위해 헌신하라고 격려하지만 마귀는 자신을 위하여 헌신하라고 유혹한다. 당신은 누구의 영향력 아래 있는가?

182. 당신은 어떤 선택을 하는가? ☕

어느 가정에 아버지가 술을 매우 좋아할 뿐 아니라 술이 없으면 하루도 못 사는 알코올 중독자였다. 이것을 보고서 자란 큰아들은 술주정뱅이가 되었다. 아버지에게서 보고 배운 것이 술을 마시는 것밖에 없었다는 것이다. 둘째 아들은 입에서 술을 대지도 않았다. 그 이유는 아버지에게서 보고 배운 것은 술을 마시면 안 되겠다는 것뿐이었다는 것이다. 두 아들 모두 아버지의 술 먹는 모습을 같이 보고 자랐어도 한 사람은 술주정뱅이가 되었고, 한 사람은 술과는 담을 쌓은 사람이 되었다.

바다에 두 척의 돛단배가 떠 있는데 한 배는 동쪽으로 가고 있었고, 다른 배는 서쪽으로 가고 있었다. 같은 바다에서 같은 바람을 맞고 있음에도 같은 방향이 아니라 다른 방향으로 가는 이해할 수 없는 일이 생겼다. 왜 그럴까? 같은 방향의 바람을 맞았을지라도 돛단배의 돛의 방향에 따라 달라졌던 것이다.

백두산 천지의 물은 두만강을 거쳐 동해로 갈 수도 있고, 압록강을 거쳐 서해로 갈 수도 있다. 같은 환경일지라도 전혀 다른 결과가 나타날 수 있다. 그것은 환경에 어떤 생각을 가지고, 어떻게 해석하고, 어떻게 반응하느냐에 달려있다. 상황이 어렵다고 다 실패하는 것이 아니다. 성공과 실패는 마음에 달려 있다. 성공과 실패는 그 해석에 달려 있다. 성공과 실패는 그 반응에 달려 있다. 하나님은 '모든 지킬 만한 것보다 자기 마음을 지키는 자가 복되다'고 하였다 (잠 4:23).

183. 두 마리의 개 🍺

한 제자가 자신의 마음속의 갈등을 해결하려고 스승을 찾아가서 물었다.

"제 안에는 마치 두 마리의 개가 살고 있는 것 같습니다.

한 마리는 온순하고 매사에 긍정적이고 사랑스러우며 온순한 놈이고, 다른 한 마리는 아주 사납고 성질이 나쁘며 매사에 부정적인 놈입니다. 이 두 마리가 항상 제 안에서 싸우고 있습니다. 어떤 녀석이 이기게 될까요?"

스승은 잠시 침묵을 하다가 그에게 짧은 한마디를 건넸다. "네가 먹이를 주는 놈이다."

긍정적이고 감사하는 생각과 언어의 먹이를 먹이면 긍정적인 자아가 형성되고, 불평과 원망의 부정적인 먹이를 먹이면 부정적인 자아가 형성된다.

베드로는 누구보다도 예수님을 잘 따르고 섬기려는 마음을 가지고 있었지만 예수님을 세 번씩 부인하였다. 사도 바울도 마음으로는 선을 행하고 싶었으나 육신은 원치 아니하는 악을 행하였다.

누구든지 두 마음이 공존한다. 이때 성숙한 성도들의 선택의 기준은 오직 진리의 말씀을 따르게 된다.

184. 두려움은 사망에 이르는 지름길

당신은 '피어볼라(Fearbola)'라는 말을 들어본 적이 있는가? '피어볼라'는 '두려움', '공포'라는 단어 '피어(Fear)'와 '에볼라(Ebola)'의 합쳐진 신조어인데 전 세계가 '피어볼라(Fearbola)'의 공포 속에 떨었던 적이 있다.

14세기 유럽에서는 페스트(흑사병)로 약 2,000만 명이 죽었고, 1918년에는 스페인 독감으로 약 5,000만 명이 죽었으며, 2014년까지 에이즈(AIDS)로 약 3,600만 명이 죽었다.

2020년 1월에 발생한 코로나19로 인하여 한여름에도 마스크를 쓰고 생활하지 않으면 안 되는 초유의 경험을 하고 있다. 전 세계적으로 400만 명 이상(2021년 07월12일 기준)이 사망하였다.

토마스 풀러(Thomas Fuller)는 바다에 빠져 죽은 사람보다 술에 빠져 죽은 사람이 더 많다고 하였고, 국제노동기구(ILO)의 책임자인 가이 라이더(Guy Ryder)는 노동자들이 전 세계적으로 직업적인 사고와 질병으로 전쟁에서보다 더 많이 사망한다고 하였다.

'피어볼라'라는 신조어가 등장한 것을 볼 때 에볼라에 대한 두려움이 얼마나 큰지를 짐작할 수 있다. 그러나 예수님은 몸은 죽여도 영혼은 능히 죽이지 못하는 자들을 두려워하지 말고 오직 몸과 영혼을 능히 지옥에 멸하실 수 있는 이를 두려워하라고 하였다(마 10:28). 또한 "하나님이 우리에게 주신 것은 두려워하는 마음이 아니요 오직 능력과 사랑과 절제하는 마음이니"(딤후 1:7)라고 하였다.

사탄은 세상에서 끊임없이 두려움을 불어넣고 있지만 주

님이 희망과 용기를 불어넣어 주신다.

185. 리셋 증후군 ☕

컴퓨터나 스마트폰을 사용하던 중 제대로 작동하지 않을 때에 다시 껐다가 켜면 다시 잘 되는 경우가 있다. 이와 같이 껐다가 다시 켜고자 할 때 리셋(reset) 버튼을 사용한다. 마치 컴퓨터의 전원 버튼과 게임에서의 다시 하기 버튼을 누르듯이 현실 세계를 리셋하며 살아가려는 것을 '리셋 증후군(Reset Syndrome)'이라고 부른다.

'리셋 증후군'이란 리셋으로 컴퓨터를 초기화시키듯이 현실도 초기화할 수 있다고 착각하는 병리적 심리현상을 말한다. 이 용어는 1990년도에 일본에서 게임중독에 빠졌던 중학생이 초등학생을 토막 살인한 사건이 발생했는데 그는 토막 살인을 하고도 리셋을 해 이전 상태로 돌아갈 수 있다고 믿고 있었던 데서 사용되기 시작했다.

리셋 증후군의 대표적 특징은 현실(오프라인)과 가상(온라인)을 구분하지 못한다는 점이다. 리셋을 하면 죽은 자가 살아난다거나 실패나 죄책감도 사라질 수 있다고 생각하여 범죄를 저지르고도 죄책감을 갖지 않는 경우가 많다.

우리가 우리의 죄를 자백하면 하나님은 신실하시고 의로

우신 분이시기에 그 죄를 용서하시고, 모든 불의에서 우리를 깨끗하게 하신다. 남에게 손해를 끼쳤을 경우에는 속건제를 드리고 손해배상을 해야 한다. 이것이 회개에 합당한 열매이다. 도끼가 나무뿌리에 놓였으니 회개의 합당한 열매를 맺으라고 했다. 신앙에서의 리셋 증후군은 죄를 고백하기만 하면 죄가 사라진다고 여기는 것이다. 죄를 고백하기만 하면 모든 죄가 용서되는 것이 아니라 회개의 합당한 열매를 맺어야 한다.

186. 맏이 콤플렉스와 둘째아이 콤플렉스의 치유

전통적인 가정에서는 맏이(장남, 장녀)에 대한 부모의 기대와 애정이 커서 이것이 콤플렉스로 이어지는 경우, 이를 맏이 콤플렉스라고 한다. 자신이 잘못을 하면 그 벌로 동생들을 돌봐야 하거나 동생들이 잘못한 경우에도 맏이가 신경을 쓰지 않아서 그랬다며 모든 책임을 떠안게 되는 경우이다. 반면 둘째아이는 부모의 관심과 기대를 맏이에게 빼앗겼다고 여겨 자신을 확인시키기 위한 행동을 하게 되고, 부모의 사랑을 차지하기 위해 맏이와 경쟁해야 하고, 투덜대거나 삐치는 등의 콤플렉스로 이어지기도 한다. 이를 흔히 둘째아이 콤플렉스라고 한다.

이삭의 아들 에서와 야곱은 맏이 콤플렉스와 둘째아이 콤플렉스의 전형적인 예의 하나이다. 에서도 맏이 콤플렉스를 경험했을 것이다. 그는 들사람으로서 아버지의 기대를 충족해 드리므로 자부심으로 가득했을 것이다. 그러나 야곱은 같은 아들이었음에도 유약하여 아버지의 인정을 받지 못했을 것이다. 그러나 하나님을 등진 에서의 자부심은 교만과 타락으로 나아간 반면 야곱의 콤플렉스는 하나님을 의지하는 계기가 되어 둘째 아들로서 오히려 구속사를 이어가는 인물이 되었다. 콤플렉스가 치유될 때 맏이 콤플렉스는 책임감이 강하고, 리더십을 발휘할 수 있는 계기가 되고, 둘째아이 콤플렉스도 경쟁심을 자극하여 자기계발에 성공하게 된다.

187. 무가치한 논쟁 ☕

1463년 마호메트 2세가 콘스탄티노플을 포위하고 있을 때 그 도시의 성직자들이 모여서 무가치한 논쟁에 열을 올리고 있었다.

논쟁의 주제는 다음과 같은 것들이었다. 성모 마리아의 눈의 빛깔이 무슨 색인가? 성찬식 때에 파리가 포도주 잔에 빠지면 파리가 거룩해지는 것인가? 아니면 포도주가 더

러워지는 것인가? 천사의 성(性)은 남성인가?, 여성인가? 또한 바늘 끝에 천사가 몇 명이나 앉을 수 있는가? 쥐가 성찬식 빵을 먹으면 구원을 받는가?'

예배를 시작할 때 시작 종을 성삼위 하나님으로 이름으로 한 번 쳐야 하는가? 성부와 성자와 성령으로 이름으로 세 번 쳐야 하는가? 성경책을 오른편 가슴에 대야 하는가? 왼편 가슴에 대야 하는가?

예수님 당시에도 가이사에게 세금을 바치는 것이 옳은가, 옳지 않은가? 예루살렘에서 예배하는 것이 옳은가, 사마리아에서 예배하는 것이 옳은가?'라는 무가치한 논쟁을 하기도 했다.

잇사갈 지파의 우두머리 이백 명은 그들의 모든 부하를 이끌고 다윗에게로 왔는데 그들은 때를 잘 분간할 줄 알고, 자신들이 해야 할 일을 아는 사람들이라고 했다(대상 12:32).

말세에 마귀는 해야 할 일보다는 무가치한 일에 관심을 갖게 하지만 잇사갈 사람들처럼 때를 분별하고, 자신의 할 일을 알고 충성하는 사람이 되어야 한다.

188. 문화의 차이, 신앙의 차이

캐나다 서부 해안의 인디언 마을인 누트카 사운드 (Nootka Sound)에 어린 범고래 한 마리가 나타났었다. 그런데 그 범고래는 신기하게도 그 해안을 떠나지 않고 사람들을 잘 따랐기에 마을 사람들이 그 범고래의 이름을 '루나'라고 지어 주었다.

동물학자들은 원래 범고래는 무리를 이루며 사는 동물이기에 가족으로부터 떨어져 길을 잃은 것으로 여기고서 먼 바다에 있는 가족에게로 돌려보내려고 했다. 하지만 원주민들의 강력한 반대에 부딪히고 말았다. 그들의 눈에는 '루나'가 단순한 범고래가 아니라고 했다. 그 이유는 얼마 전 추장에 세상을 떠나면서 자신이 죽으면 범고래로 환생하여 마을을 지켜 주겠다고 했었기 때문에 그 범고래를 죽은 추장이 환생하여 자신들을 찾아온 것이라고 여겼기 때문이다.

범고래 루나를 둘러싸고 캐나다 정부와 원주민들 간의 갈등은 과학적 사고를 가진 정부의 현대 문화와 샤머니즘적 사고를 가진 인디언 원주민들의 전통 문화의 차이에서 발생했던 것이다.

어떤 색안경을 쓰느냐에 따라서 세상이 다르게 보인다. 사람의 얼굴의 색깔, 나무의 색깔, 물의 색깔, 하늘의 색깔

등 모든 것들이 다르게 보인다. 이와 같이 다르게 보이는 현상을 '퍼셉션(perception)' 곧 '색안경 지각 효과'라고 한다. 개인에 따라서도 달라 보이지만 문화의 차이에 따라서 다르게 보이기도 한다. 이를 '집단적 퍼셉션(collective perception)'이라고 한다. 어떤 사고체계의 안경을 끼었느냐에 따라서 세상을 보는 시각이 달라지고, 자기 인생을 보는 시각이 달라진다.

민음의 사고체계를 가진 자는 '믿음으로' 살게 하는 반면 자기중심적 사고체계를 가진 자는 '자기의 소견에 옳은 대로' 살게 된다.

189. 바른 선택의 기준 ☕

내셔널 지오그래픽의 조사에 의하면 사람들은 매일 150번 정도의 선택할 상황에 놓인다고 한다. 그 중에서 30번 정도 신중한 선택을 위하여 고민하고, 5번 정도는 올바른 선택을 한 것에 대하여 흐뭇한 미소를 짓는다고 한다.

사람들은 누구든지 매일 수없이 많은 선택을 한다. 아침에 눈을 뜨고 일어났을 때 그냥 일어날까? 혹은 조금 더 누웠다가 일어날까? 아침을 먹으면서도 밥을 먹을까? 혹은 빵과 우유를 먹을까? 옷을 고르면서도 검정색 옷을 입을까? 혹은 빨강색 옷을 입을까? 차를 타고 출근할까? 혹은 대중교통을 이용하여 출근할까? 출근해서는 커피를 마실까? 혹은 녹차를 마실까? 점심시간에 백반을 먹을까? 혹은 햄버거를 먹을까?

하루에도 수없이 많은 선택을 한다. 곧 우리의 생활은 선택의 연속이다. 그런데 선택에 있어서 자기 인생에 중대한 영향을 끼치는 선택도 있고, 그렇지 않은 선택도 있다.

여호수아는 이스라엘 백성들에게 자신과 자신의 집을 여호와를 섬기는 길을 선택하겠다고 하면서 자기 백성들에게 선택을 하라고 요구하였을 때 그들도 여호와를 섬기는 편을 선택하였다.

솔로몬이 세상을 떠난 후 나라는 유다와 이스라엘로 둘로 나누어졌고, 왕도 르호보암과 여로보암이 세워졌다. 이때 10지파는 '유산이 없다'(왕상 12:16)고 생각하고 여로보암을 따라갔다. 그러나 2지파(유다와 베냐민)는 '유산이 있다'고 믿고 르호보암을 따라갔다. 10지파는 상황에 따라 선택하였고, 2지파는 언약에 따라 선택하였다.

우리들의 선택 기준은 자신의 생각이나 상황이 아니라 오직 하나님의 언약이어야 한다(수 24:22).

190. 발람 증후군을 십자가에 못 박으라

　모압 왕 발락은 이스라엘 백성들이 가는 곳마다 대적들을 물리치고 승승장구하고 있다는 소문을 듣고 이스라엘을 저주하여 물리치기 위하여 유프라테스강 브돌에 살던 발람을 비싼 대가를 주고 불렀다. 하지만 '하나님이 발람에게 임하시고', '여호와께서 발람의 입에 말씀을 주어'(민 23:4~5)라는 대로 하나님께서 발람에게 말씀을 주셨으며, 하나님의 역사하심으로 오히려 발람은 이스라엘을 저주하지 않고 세 번이나 축복했다.

　발락은 자신이 고용한 발람이 오히려 이스라엘 백성을 축복하는 모습을 보고 발람에게 진노했다. 그러자 재물에 눈이 먼 발람은 거룩한 하나님의 백성을 멸망의 길로 인도하려면 모압 여인을 통해 저들을 타락시키는 것이 최선이라는 것을 알려주었다. 결국 발람이 일러준 계략대로 이스라엘 백성들은 싯딤에 머물면서 모압 여인과 음행을 저지르게 되고 우상 앞에서 절하며 뛰노는 망령된 일을 저지르게 되었다. 이 사건으로 인해 이스라엘 백성들은 하나님의 진노로 전염병으로 하루아침에 이만 사천 명이 목숨을 잃는 재앙을 받게 되었다(민 25:9).

　발람은 재물을 하나님보다 더 사랑하기 때문에 자기 나귀가 사람처럼 경고의 말을 하고, 가던 길을 거부해도 깨달지 못하고 하나님께서 하라는 일은 하지 않고, 하지 말라는 일은 오히려 더 하게 되었다. 이런 현상이 바로 '발람 증후군(Balaam syndrome)'이다. 오늘날 우리들은 자기 소견 대로 하려는 불순종 증후군인 '발람 증후군'을 십자가에 못 박아 죽이고 성령이 하시는 말씀에 순종해야 한다.

191. 변명 ☕

과거 훈련소에서 야외 훈련을 마치고 돌아와 보니 국그릇(일명 잔밥통)이 사라졌다. 국그릇이 없는 그 날은 국도 못 먹고 죽도록 혼이 났다. 그날은 내무반원 모두가 잃어버린 국그릇을 탈환(?)하기 위해 어두워진 저녁시간에 전투(?)가 벌어진다. 나중에 안 사실이지만 이것까지도 훈련의 일부였었다.

인간은 누구나 잘못을 저지를 수 있지만 잘못을 저지를 경우에 자신을 정당화하여 그에 대한 책임을 회피하고자 하는 충동을 가지고 있다. 아버지가 "왜, 점수가 이 모양이야?"라고 꾸짖었더니 아들이 대답하기를 "아버지의 나쁜 머리를 닮아서요."라고 했단다. 금연이나 금주를 작정했다가 실패한 사람들은 자신이 실패한 것은 '주변에서 스트레스를 주기 때문에 성공할 수 없었다.' 혹은 '약간의 흡연과

음주는 건강에 해롭지 않다.'라고 합리화하기도 한다.

실수를 용납하지 않고 실수를 무능력으로 치부하는 사회 환경 속에서는 과오의 결과가 중요할수록 실수를 고백하는 어려움이 커지고 자신을 정당화하고자 하는 동기를 갖게 된다. 레온 페스팅어(Leon Festinger)는 두 가지 이상의 반대되는 믿음, 생각, 가치를 동시에 지니게 되는 것을 '인지부조화'라고 했다. '인지부조화'가 생길 때 그것을 극복하기 위하여 정당화하는 구실을 찾게 되는 데 이를 '자기 합리화'라고 한다. 자기 합리화는 죄책감에 시달리지 않고 발을 뻗고 잠을 잘 수 있도록 하게 하지만 타인에게 큰 해를 입힐 수도 있다. 그래서 자기 합리화가 공공연한 거짓말보다 강력하고 위험하다고 한다.

아담은 '하나님이 주셔서 나와 함께 있게 하신 여자 그가 그 나무 열매를 내게 주므로 내가 먹었나이다'라면서 자기 합리화를 했다. '자기 합리화'를 할 것인지, '고백'을 할 것인지는 자신의 선택에 달려 있다.

192. 보고 싶은 것만 보고, 듣고 싶은 것만 듣는 사람

자기가 보고 싶은 것만 보고, 자기가 듣고 싶은 것만 듣는 사람이 당신 곁에 있다면 당신은 그에 대하여 어떤 생각을 하겠는가? 그런 사람하고는 말하고 싶지도 않고, 사귀고 싶지 않을 것이다. 그러나 대부분의 사람들이 그런 성향을 가지고 있다는 것이다.

자동차를 살 때 연비에 기준을 두고 선택하려고 하면 딜러가 성능, 애프터 서비스, 출고 연도, 승차감 등에 대해 말해도 연비만을 물을 것이다. 이는 자기가 보고 싶은 것만 보고, 듣고 싶은 것만 듣는 심리의 발동이다. 자동차에만 해당되는 것이 아니다.

우리는 '신념이 강한 사람'과 '완고한 사람', '융통성이 있는 사람'과 '변덕이 심한 사람', '신중한 사람'과 '답답한 사람'은 확연히 다르다고 생각한다. 그러나 심리학에서는 이처럼 다른 성격을 가진 두 사람을 같은 유형으로 분류한다. '신념'과 '고집', '융통성'과 '변덕', '신중함'과 '답답함'은 성공과 실패에 근거해서 평가된다.

성공하면 '고집'도 '신념'으로, '변덕'도 '융통성'으로, '답답함'도 '신중함'으로 평가된다. 그러나 실패하면 '신념'도 '고집'으로, '융통성'도 '변덕'으로, '신중함'도 '답답함'으로 평가된다. 그래서 같은 사람도 그의 성공과 실패, 자신과의 관계에 따라서 다르게 평가된다.

사람의 성격은 단면적이거나 평면적이지 않고, 다면적이고 입체적이기 때문에 자신의 기준으로 "먹는 자는 먹지 않는 자를 업신여기지 말고 먹지 못하는 자는 먹는 자를 비판

하지 말라"(롬 14:3)고 했다.

193. 분노의 대물림 ☕

요즘 '금수저', '은수저', '흙수저'란 말이 유행처럼 번지고 있다. 이는 부의 대물림 혹은 가난의 대물림을 빗댄 용어이다. '수저론'은 대한민국에서 2015년경부터 자주 사용되고 있는 용어이다. 원래 이 말의 어원은 영어 표현인 '은수저를 물고 태어나다(born with a silver spoon in one's mouth)'에서 유래한 것이며, 유럽 귀족층에서 은식기를 사용하고, 태어나자마자 유모가 젖을 은수저로 먹이던 풍습을 빗댄 말이다. 태어나자마자 부모의 직업, 경제력 등으로 본인의 수저가 결정된다는 사회 이론이다.

'대물림'은 사물이나 가업 따위를 후대의 자손에게 남겨주어 이어 나아간다는 뜻이다. 후대의 자손들에게 이어지는 대물림은 긍정적인 것과 부정적인 것이 있다. 긍정적인 것은 좋은 전통, 바른 습관, 부와 재물 그리고 직업 등이 있고, 부정적인 대물림에는 단명, 상처, 무당, 이혼, 육체적 질병 또는 정신적 질환 등 그 수를 헤아릴 수 없을 정도이다. 그 중에 하나가 분노의 대물림이 있다.

미국 뇌과학자 테일러(Taylor) 박사는 뇌로부터 때로 분노화학물질이 방출되지만 90초 이내에 분노의 화학적 요소가 사라진다고 한다. 가정폭력이 심한 가정에서 자란 아이가 어른이 되었을 때 더 폭력적이 되고, 못된 시어머니 아래 시집살이를 한 며느리는 나중에 더 못된 시어머니가 될 가능성이 높다고 한다. 전문가들은 분노도 대물림이 된다고 한다.

분노의 대물림 현상은 누군가 어느 과정에서 사슬을 끊어야 한다. 분노의 종이 되지 말고, 분노를 다스리는 자가 되어야 한다.

194. 불치병과 난치병

유대인의 신앙과 교육의 핵심은 '쉐마'이다. '쉐마'는 좁게는 '들으라'는 말씀이지만 넓게는 유대인들이 듣고 행해야 할 내용을 말한다(신 6:4~9). 쉐마의 핵심 내용은 마음을 다하여 하나님을 사랑하고, 자녀들에게 대한 하나님의 말씀을 잘 가르치라는 것이다. 부모는 하나님에 대한 사랑을 자신의 삶을 통해 보여 주며 가르치라고 한다. 본보기 신앙교육이 그 핵심이다. "너는 마음을 다하고 뜻을 다하고 힘을 다하여 네 하나님 여호와를 사랑하라"(신 6:5)고 한다.

어떤 원로목사님은 '목회를 평생하면서 집을 바치는 사람도 보고, 땅을 팔아 바치는 사람도 보고, 피를 뽑아서 바치는 사람도 보고, 전세금을 바치는 사람도 보았지만 성품(성질)을 뽑아서 바친 사람은 보지 못했다.'고 말했다. 이 성질이 '자아'이다. 많은 성도들이 이 성질을 이기지 못해 겉으로는 경건하고 신앙생활을 잘하는 척하지만 시험에 들거나 실패한다. 목회자도 이것 때문에 넘어지는 경우가 많다. 이 '자아'가 살아 있는 증거는 "자기의 소견에 옳은 대로"(삿 21:25) 행동하는 것이다.

이에 대하여 성경은 "육신의 생각은 하나님과 원수가 되나니"(롬 8:7)라고 한다. 이 병은 고치기 힘든 병이다. 자신의 생각이 틀렸다고 생각되면 고치기 쉽지만 자신의 생각이 옳다고 여기기 때문에 고치기 어렵다. 이것은 난치병이지 불치병은 아니다. "이는 힘으로 되지 아니하며 능력으로 되지 아니하고 오직 나의 영으로 된다."(슥 4:6)고 했다.

195. 사고의 전환이 필요한 때

카네만(Kahneman)과 트버스키(Tversky)는 '구조화 효과(Framing Effect)'를 통하여 2002년도 노벨 경제학상을 받았다. '구조화 효과'는 다른 말로 '액자 효과', '틀 효과'라고도 한다. 이는 어떤 사실을 어떤 틀(frame) 안에서 사고하느냐에 따라 다르게 보게 될 뿐 아니라 전달받은 사람들의 생각과 태도 그리고 행동에 다르게 영향을 미칠 수 있다는 이론이다.

남이 새벽기도에 못 나오는 것은 게으르기 때문이고, 자신이 새벽기도에 못 나오는 것은 사회적 활동이 많아 피곤하기 때문이라고 생각한다. 자신이 하는 사랑은 로맨스이지만 다른 사람이 하는 사랑은 불륜이라고 생각하기도 있다. 다른 사람이 하는 긴 기도는 주책이 없는 일로 생각하고, 자신의 긴 시간의 기도는 정성을 다한 기도라고 합리화하기도 한다. 무엇이든지 어떤 틀에 의하여 보느냐에 따라서 생각과 판단이 달라진다.

2010년 3월 26일, 서해안에서 천안함이 침몰되는 비극적인 일이 발생하였다. 천안함의 침몰 사건에 대하여 보수적인 언론과 진보적인 매체의 기사의 내용이 확연히 달랐다. 이는 동일한 사건이라도 보는 사람의 사고의 틀이 다르기 때문에 다르게 보고, 다르게 기술하게 되는 것이다.

앨버트 엘리스(Albert Ellis)는 이와 같은 것을 '사고 체계(Belief system)'이라고 정의했다. 그는 어떤 사건(activating event)이 발생했을 때 동일한 결과를 가져오지 않고 사람에 따라 다른 결과를 나타나게 되는 바로 사고 체계에 따라서 결과가 달라진다는 것이다.

긍정적인 사고로 보는 것과 부정적인 사고로 보는 것이

다르다. 합리적인 사고로 보는 것과 비합리적인 사고로 보는 것이 다르다. 하나님 중심의 사고로 보는 것과 자기중심의 사고로 보는 것이 다르다. 믿음의 눈으로 보는 것과 불신앙의 눈으로 보는 것이 다르다.

196. 똥개반응 ☕

어린 시절에 살았던 시골에는 전기가 들어오지 않아 등잔불이나 호롱불에 의지하고 살았다. 등불의 기름이 떨어지면 밤이라고 할지라도 기름을 넣어 다시 불을 밝히곤 했다. 호롱불의 유리에 그을음이 끼어 검게 되면 빼 내서 젖은 걸레로 닦아 내면 방 안이 더 환해졌다. 밖에 있는 화장실을 갈 때도 호롱불을 들고 가곤 했었다.

어두운 밤, 잠을 자고 있는데 똥개 한 마리가 짖기 시작하면 온 동네 똥개들이 모두 합창하듯 짖어 댄다. 그 개들의 합창 소리에 잠이 달아나곤 했었다. 그러나 족보가 있는 명견은 동네 모든 똥개들이 짖어 대도 전혀 개의치 않다가 자기가 짖어야 할 때만 짖는다.

개 한 마리가 짖어 대면 영문도 모른 체 짖어 대는 것을 '똥개반응'이라고 할 수 있다. 이것이 어찌 개에게만 해당되는 말인가?

이스라엘 백성들이 애굽에서 나와 홍해를 건넌 후 수르 광야에서 써서 마실 수 없는 '마라'를 만나게 되었을 때 그들은 모세를 원망했다. 하루도 아니라 사흘 동안 갔음에도 마실 수 있는 오아시스는 없고 마실 수 없는 쓴 마라만 있으니 너 나 할 것 없이 모세를 향하여 원망을 쏟아 낸 것도 이해가 된다.

구름기둥과 불기둥의 인도를 받고 모세의 지시를 따라 갔음에도 마실 수 있는 물은 찾을 수 없고 마실 수 없는 물만 있으니 어찌 원망하지 않을 수 있겠는가? 그들은 모세를 향하여 원망을 쏟아 냈지만 실제로는 하나님을 향한 원망이었다. 하나님의 이름을 부르며 원망하지 않아도 하나님을 향하여 원망한 것은 너무 분명한 일이다.

수르 광야로 들어갈 때 하나님 외에는 어느 누구도 '마라'로 가게 될 줄 몰랐다. 우리 그리스도인들은 골칫거리 곧 마라를 만나게 되었을 때 그들처럼 원망하지 말고, 모세처럼 기도하여 승리해야 한다.

197. 폭군

폭군하면 조선시대의 연산군을 떠올린다. 연산군은 조선 제10대왕으로 재위 12년 동안 무도한 짓을 많이 하였으므로 폐위되어 죽었다. 그의 재위 기간의 실록 역시 "연산군일기"로 통칭된다. 그의 일기에 "만년에는 더욱 황음하고 패악(悖惡)한 나머지 학살을 마음대로 하고, 대신들도 많이 죽여서 대간과 시종 가운데 남아난 사람이 없었다. 심지어는 포락(炮: 단근질하기), 착흉(斮: 가슴 빠개기), 촌참(寸斬: 토막토막 자르기), 쇄골표풍(碎骨瓢風: 뼈를 갈아 바람에 날리기) 등의 형벌까지 있어서"라고 기록되어 있을 만큼 대표적인 폭군이었다.

폭군은 포악하고 막된 임금이라는 뜻이지만 회사에서는 사장이 폭군이 될 수도 있고, 직장 상사가 폭군이 될 수도 있다. 가정에서는 남편이 폭군이 될 수도 있고, 아내가 폭군이 될 수도 있다. 또 다른 폭군이 있는데 바로 갓난아이다. 그는 배가 고프면 밤낮 없이 보채고, 피곤하면 시도 때도 없이 징징거리고, 아프면 인정사정없이 울어댄다. 남을 전혀 배려하지 않는 오직 자기중심적인 폭군이다.

샤피로와 얀코프스키는 그의 책 『거친 상대를 제압하는 법』에서 세 종류의 폭군이 있다고 했다. 상황적 막무가내형, 전략적 막무가내형, 무작정 막무가내형이다. 평소에는 이성적인데 어떤 특정 상황에서 막무가내의 모습을 보이는 상황적 막무가내형이 있고, 자신이 원하는 것을 얻어내기 위하여 고집부리고 떼를 쓰고 소리를 지르고 화를 내서 자신의 요구를 관철시키는 전략적 막무가내형이 있고, 남을 괴롭힐 수만 있다면 '나 죽고, 너 죽자.'는 스타일의 무작정 막무가내형이 있다.

그 누구보다 더 악한 폭군은 바로 '옛 사람'이다. 오직 즐기고, 누리고, 섬김을 받으려는 옛 사람을 십자가에 못 박아야 한다(롬 6:6).

198. 욱하는 성질 ☕

일상생활 속에서 자신도 모르게 분노가 폭발한 경험이 있는가? 속된 말로 뚜껑이 열려 버린 경우가 있는가? 『욱하는 성질 죽이기』의 저자 로널드 T. 포터 에프론은 전체 인구의 약 20% 가량이 끓어오르는 화, 즉 욱하는 성질을 조절하는 데 어려움을 겪는다고 했으며 또한 욱하는 성질은 어떤 경우이든지 위험하고 치명적이라고 했다. 에프론은 욱하는 성질 곧 폭발하는 분노를 돌발성 분노, 잠재적 분노, 생존성 분노, 체념성 분노, 수치심 분노, 버림받음 분노의 6가지 유형으로 분류하고 있다.

욱하는 성질은 언제 터질지 모르는 시한폭탄과 같다. 욱하고 올라와 터지는 분노 때문에 치르는 값비싼 대가들이 있다. 이것 때문에 영적, 정신적, 육체적 피해가 생긴다. 이 피해는 자신에게만 아니라 다른 이들에게도 씻을 수 없는 상처를 주게 된다. 사회생활에서 인간관계가 깨지고 좋은 사람들이 슬며시 자신의 곁을 떠나버린다. 언제 터질지 모르는 시한폭탄 곁에 누가 있고 싶겠는가? 다시는 누군가에게 그런 상처를 주지 않겠다고 맹세하지만 얼마 안가서 성질이 폭발하고 만다.

자기 혐오 감정에 빠져 부끄러움과 죄책감으로 자신의 얼굴을 할퀴거나, 머리카락을 쥐어 뽑거나 머리로 벽을 들이받거나 심지어 자살을 생각하기도 한다. 결혼, 우정, 가족 관계도 망가지기도 한다. 또한 해고, 정학, 퇴학 등을 당할 수 있고, 접근금지를 당하거나 감옥에 갈 수도 있다. 가인은 욱하는 성질을 다스리지 못하여 동생 아벨을 쳐서 죽이고 말았다.

분노는 죄를 짓게 하기 쉽고, 분노는 해롭기에 품고 있지 말아야 하고, 분노는 마귀가 역사하는 통로가 되기 쉽다. 에베소 4장 26~27절에 "분을 내어도 죄를 짓지 말며 해가 지도록 분을 품지 말고 마귀로 틈을 주지 말라"고 했다.

199. 정신없이 사는 사람 ☕

한 인디언이 말을 타고 사냥을 하다가 갑자기 멈추었다. 그 모습을 본 여행자는 그냥 달리면 짐승을 잡을 수 있는데 멈추는 것이 이해되지 않았다. 왜 그렇게 했냐고 물었더니 자신이 너무 빨리 달렸기에 자신의 영혼이 따라오지 못할까봐 멈추어 기다렸다고 했단다.

남미를 여행하던 한 여행객은 인디언을 짐꾼과 가이드를 고용했다. 밀림을 탐험하게 되었는데 사흘이 지나도록 그곳을 벗어나지 못했다. 나흘째 되던 날 가이드 인디언이 갑자기 멈추었다. 왜 가지 않느냐고 물었더니 기다리는 중이라고 했다. 누구를 기다리느냐고 물었더니 자신의 영혼을 기다리고 있다고 했다고 한다.

정신없이 사는 현대인과 정신을 잃어버릴까 봐 달리다가도 기다리던 인디언들과 누가 더 잘사는 것일까? 인디언들은 정신없이 사는 현대인들에게 정신을 차리고 사는 법을 가르쳐 주고 있다.

어느 때인가 정부 고위관리가 '공무원은 영혼이 없다.'고 했다가 파문이 일었던 적이 있었다. 후에 '관료는 정부의 철학에 따라 일할 수밖에 없다.'는 뜻이라고 해명했다. 공직사회의 '영혼론'을 가장 먼저 제기한 건 독일의 사회학자 막스 베버다. 베버는 프로테스탄티즘 윤리와 자본주의 정신에서 관료는 개인적인 감정을 갖지 않는다고 하면서 '이상적인 관료는 영혼이 없다.'고 했다. 이는 공무원의 정치적 중립과 전문성을 강조한 표현이었다.

그러나 근래에 '영혼 없는 공무원'은 부패와 부정 그리고 무능한 사람을 뜻하게 되었다. '어떻게 지내냐?'는 물음에 '정신없이 산다.'고 하는 사람이 많다. '호랑이에게 물려가도 정신만 차리면 산다.'는 속담이 있다. 마귀가 우는 사자같이 삼킬 자를 찾고 있으므로 근신하고 깨어 있어야 한다(벧전 5:8). 그러므로 정신없이 살지 말고 정신을 차리고 살아야 한다.

200. 분노 다스리기 ☕

'주먹을 쥔 손은 굶주리게 된다.'는 서양 속담이 있다. 마음속에 풀리지 않은 분노는 복수를 위하여 주먹을 쥐게 된다. 하지만 주먹을 쥐면 잡을 수 없게 되고 결국 굶주리게 된다는 의미다.

오사카 의과대학에서 매우 화가 난 개의 뇌수를 채취하여 검사해 보니 '시안'이란 독소가 다량 검출되었는데 그 독소의 양은 개 80마리를 능히 죽일 수 있을 정도였다고 한다.

사람의 평균 심박수는 분당 약 80회이다. 그러나 분노는 분당 180번까지 심박수를 증가시킨다. 분노는 혈압이 120~80mmHg에서 220~130mmHg까지 증가되게 하여 심상마비나 뇌졸중을 일으킬 수도 있다.

분노는 우리 몸의 혈액을 응고시키는 화학물질을 분비하

여 혈전을 생성시키고, 소화장애, 편두통, 불면증을 일으키기도 한다. 2015년 통계에 의하면 폭력범 362,527명 중 40%에 달하는 152,249명이 우발적인 분노 범죄였다.

성경은 어리석은 자는 그 분노를 다 드러내어도 지혜로운 자는 그 분노를 억제한다고 하였고(잠 29:11), 분을 내어도 죄를 짓지 말며 해가 지도록 분을 품지 말라고 하였다(엡 4:26). 또한 너희는 모든 악독과 노함과 분냄과 떠드는 것과 훼방하는 것을 모든 악의와 함께 버리라고 하였다(엡 4:31).

옛날 여인들은 물동이로 물을 길어갈 때 물동이 안에 바가지를 띄우고 갔다. 시골의 농부들은 화장실의 인분을 퍼나를 때 쏟아지지 않도록 인분통 안에 지푸라기를 둘둘 말아 띄워놓았다.

빅토르 위고(Victor M. Hugo)의 글에 대포를 실은 배가 항해 도중 큰 폭풍을 만났다. 배가 흔들리자 대포를 묶어두었던 사슬이 끊어져 제멋대로 굴러다니며 배 안의 사람들과 물건들을 부수고 말았다. 그는 대포가 굴러다니는 배를 인생에 비유했다. 배 안에서 굴러다니며 파괴하는 대포는 조절되지 못한 미움과 원한과 분노다.

201. 중독에서 해방 🍺

중독은 질병인가? 장애인가? 아니면 개인의 취향이 조금 지나친 상태인가? 중독은 술이나 마약 따위를 계속적으로 지나치게 복용하여 그것이 없는 생활이나 활동을 하지 못하는 상태를 말한다.

중독(addiction)의 라틴어 어원인 'addicene'는 '동의하는 것', '양도하는 것', '굴복하는 것'이라는 뜻으로서 고대에 감금되거나 전쟁에서 패배하여 노예가 된 사람을 일컫는 말이었다. 그러므로 중독자는 집착 대상의 노예가 되는 것이다. 일반적으로 중독은 외부 물질(알코올, 마약류 등)을 습관적으로 사용하는 것이라고 생각해 왔지만 습관적인 행동이나 스스로 참지 못하는 '노예화'된 행위도 중독에 포함된다.

중독의 종류를 살펴보면 알콜 중독, 흡연(니코틴) 중독, 쇼핑 중독, 약물(마약) 중독, 탄수화물 중독, 게임 중독, 도박 중독, 일 중독, 포르노 중독, 인터넷 중독, 정치(권력) 중독, 인정 중독, 운동 중독, 관계 중독, 수집 중독(우표, 그림, 골동품, 책 등), 스마트폰 중독 등을 비롯한 다양한 중독들이 있다. 중독의 특징을 보면 중독은 아무리 채워도 만족되지 않고, 인정하려고 하지 않는다. 술을 좋아하는 사람들 중에 '내가 알콜 중독이면 대한민국에서 알꼴중독자 아닌 사람이 하나도 없다.'고 말하는 사람처럼 중독을 인정하지 않는다. 중독자는 자신의 중독을 인정하지 않기 때문에 치료의 때를 놓치게 되는 데 그 심각성이 있다.

중독은 일시적으로 자극, 흥분, 진정 및 해방감을 주지만 결국 중독자를 통제한다. 중독은 인격과 생활을 파괴한다. 집사는 술에 인이 박히지 아니해야 한다고 했다(딤전 3:8). 인박힘은 중독을 말한다. 중독은 질병이므로 의사로부터 치료를 받든지 아니면 만병의 의사이신 하나님으로부터 치료를 받든지 해야 한다.

202. 괴물의 심연 ☕

『괴물의 심연』의 저자 제임스 팰런(James Fallon)은 캘리포니아대학교 어바인 캠퍼스에서 신경과학 교수로 세 자녀를 둔 가장이다. 그의 전공은 '사이코패스' 살인마의 뇌 구조이다. 어느 날 뇌 스캔 사진들을 연구하다가 우연히 사이코패스의 특징이 명백하게 나타난 한 장의 사진을 발견했는데 그건 놀랍게도 자신의 뇌 사진이었다. 팰런 박사 자신의 뇌 영상사진에서 사이코패스의 특징이 발견되었다는 얘기를 들은 그의 아내는 '놀라운 일도 아니네.'라는 반응을 보였다고 한다. 제임스 팰런은 자기 집안의 역사를 조사

했더니 악명 높은 살인마가 자신의 조상 중에 있었다는 사실을 알게 되어 자기가 사이코패스의 유전자를 갖고 태어났음을 알게 되었다.

그의 연구 결과에 의하면 사이코패스의 공통점은 유아기 때 신체적, 감정적 학대나 성적 학대를 당한 사람이 많았다는 것과 생물학적 부모를 한쪽 이상 잃은 경우가 많다고 했다. 미국 텍사스 아동병원 정신의학과 교수 브루스 페리 박사는 같은 연령대임에도 불구하고 부모에게서 보살핌을 잘 받고 자란 아이는 부모의 사랑을 받지 못한 아이의 두뇌가 다르다고 했다.

학대를 받은 아이의 뇌는 노화나 알츠하이머를 앓는 사람에게서나 볼 수 있는 특징을 보였다고 했다. 어렸을 때 학대를 받은 사람들의 뇌를 조사했더니 전두엽의 부피가 감소되었다고 한다. 전두엽은 감정 및 충동 조절에 중요한 역할을 하는 부위로서 이것이 손상되면 감정과 충동에 대한 조절이 어려워진다. 전두엽의 감소는 성인이 된 후에도 영향을 미친다.

유태인들은 훈육할 때 손으로 때리기도 하지만 절대로 안 때리는 부위가 있는데 바로 머리라고 한다. 십자가의 보혈과 성령의 만지심으로 감정의 상처와 나쁜 기억까지도 치유되어야 한다.